이슈&시사상식 | vol.211

편집부 통신

언제부턴가 초저녁인데도 깊은 어둠이 내려앉아 있어 놀라지 않으셨나요? 낮과 밤의 경계가 앞당겨지며 하루가 조금 더 일찍 저물고 있음을 느낍니다. 이는 지구가 자전축이 약 23.5도 기운 상태로 태양 주위를 공전하기 때문인데요. 이 기울기로 인해 계절마다 태양빛이 비치는 각도가 달라져 해가 떠 있는 시간도 달라집니다. 겨울에는 태양빛이 더 비스듬히 들어오고 해가 짧게 떠 있는 것이죠. 이러한 자연현상은 오랜 옛날부터 사람들에게 시간의 흐름을 실감하게 하는 중요한 신호였습니다. 해가 짧아지는 이 시기, 우리는 자연스럽게 '한 해가 저물어가고 있구나'라는 생각을 하게 되죠.

북유럽 신화에서 태양은 '솔(Sól)'이라는 여신의 모습으로 묘사됩니다. 그녀는 하늘을 달리며 세상을 밝히지만 언제나 늑대 '스콜(Sköl)'에게 쫓기고 있습니다. 전설에 따르면 스콜이 솔을 삼키면 세상은 어둠에 잠기고 종말이 찾아온다고 합니다. 하지만 종말의 끝에 태양의 딸이 어머니의 자리를 이어 다시 하늘을 밝힌다는 이야기도 함께 전해지지요. 즉, 어둠은 단순한 끝이 아니라 언젠가 태양이 다시 돌아올 것이라는 기다림의 시간이었습니다. 또한 북유럽에서는 가장 긴 밤인 12월 13일에 '루치아의 날' 축제를 열어 흰옷을 입고 초를 밝혀 어둠을 보내고 빛을 불러들입니다. 이처럼 가장 깊은 어둠은 오히려 시작의 전조이며, 겨울 끝에 다시 찾아올 봄을 기대하게 하는 희망의 메시지인 셈입니다.

내지디자인	장성복, 임창구, 김휘주, 고현준, 이다희	편집/기획	김준일, 이세경, 남민우, 우지영, 류채윤	인쇄	미성아트	편저	시사상식연구소
발행인	박영일	표지디자인	김지수	마케팅홍보	오혁종	책임편집	이해욱	발행일	2025년 12월 5일	발행처	(주)시대고시기획
동영상강의	조한	홈페이지	www.sdedu.co.kr	창간호	2006년 12월 28일	주소	서울시 마포구 큰우물로 75[도화동 538번지 성지B/D] 9F
대표전화	1600-3600	등록번호	제10-1521호

※ 이 책은 저작권법에 의해 보호를 받는 저작물이므로 동영상 제작 및 무단전재와 복제를 금합니다.
※ 잘못된 책은 구입하신 서점에서 바꾸어 드립니다.

신입사원 적정연령

HOT - 취업테크

오래 지속되는 경기침체와 이에 따른 취업여건의 악화로 청년들의 첫 취업 시기도 점차 늦어지고 있다. 30대에 들어서야 첫 직장을 잡는 경우가 점점 흔해지고 있는 것이다. 20대 신입사원이 적어지면서 이제는 회사에 20대 사원보다 50대 부장이 더 많다는 말까지 나오고 있다. 이번 호에서는 취업플랫폼 인크루트가 회원을 대상으로 설문조사한 내용을 바탕으로, 신입사원의 연령대 실태와 기업과 취업준비생들이 생각하는 신입사원 적정연령 등 이모저모를 알아보도록 하겠다.

"20대 신입사원은 옛말?"

"신입사원의 적정연령은?"

취업플랫폼 인크루트는 2023년부터 회원을 대상으로 신입사원의 적정연령에 대한 설문조사를 진행하고 있다. 적정연령은 첫 조사부터 올해까지 꾸준히 상승하고 있다. 취업준비기간이 길어지고, 다른 곳에서 경력을 쌓고 신입사원으로 재도전하는 '중고신입'이 늘어나고 있기 때문인 것으로 분석된다. 인크루트가 회원 701명을 대상으로 조사한 결과 2025년 신입사원의 평균 적정연령은 남성 30.4세, 여성 28.2세로 나타났다. 한편 직장인 응답자를 대상으로 ==가장 최근 입사한 신입사원의 실제 평균연령은 남성 31.9세, 여성 29.5세로 조사됐다.==

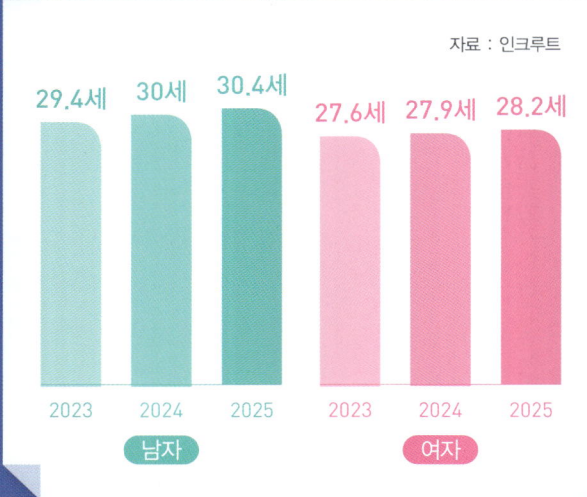

자료 : 인크루트

남자: 29.4세(2023), 30세(2024), 30.4세(2025)
여자: 27.6세(2023), 27.9세(2024), 28.2세(2025)

"신입사원 연령의 마지노선은?"

적정연령이 증가한 반면, 신입사원으로 입사할 수 있는 최대 연령인 마지노선 연령은 남성 32세, 여성 29.6세로 2024년보다 남녀 모두 1.0세 감소한 것으로 나타났다. 취업시장 문턱을 넘기 점차 어려워지면서 나이에 대한 압박감을 느끼는 취업준비생들의 심리가 반영된 것으로 보인다.

자료 : 인크루트

남자: 33세(2024), 32세(2025)
여자: 30.6세(2024), 29.6세(2025)

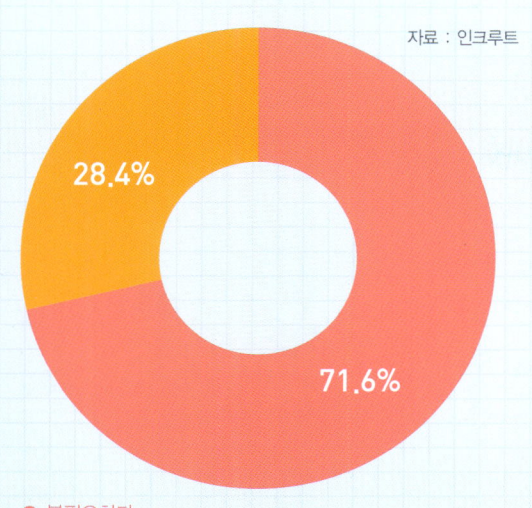

자료 : 인크루트

- 불필요하다 71.6%
- 필요하다 28.4%

"마지노선 연령은 필요한가?"

그렇다면 마지노선 연령에 대해서는 어떻게 생각할까? 응답자 중 71.6%는 불필요하다고 답했다. 불필요하다고 생각한 이유로는 '나이와 업무 능력은 상관없다고 생각해서'가 38.6%로 가장 많았다. 필요하다(28.4%)고 생각한 이유로는 ▲기존 직원들이 불편해서(38.2%), ▲입사 동기들과 어울리지 못할 것 같아서(20.1%), ▲취업이 늦어진 것이 불성실해 보여서(13.6%) 등 순으로 꼽혔다.

"채용시 신입사원 연령의 영향은?"

신입사원의 나이가 채용 합격에도 영향을 미치는지 물었다. 응답자의 81.7%가 영향이 크다고 생각했다(대체로 영향이 크다 59.2%, ▲매우 영향이 크다 22.5%). 다음으로 ▲대체로 영향이 적다(16.1%), ▲영향이 전혀 없다(2.1%) 순이었다. 마지막으로, 직장인 응답자를 대상으로 조사한 결과에 따르면 중소기업(42.0%)과 중견기업(50.5%)은 30대 직원이 가장 많았고, 대기업(53.7%)과 공공기관(47.6%)은 40대가 가장 많다고 답변한 비율이 제일 높은 것으로 나타났다.

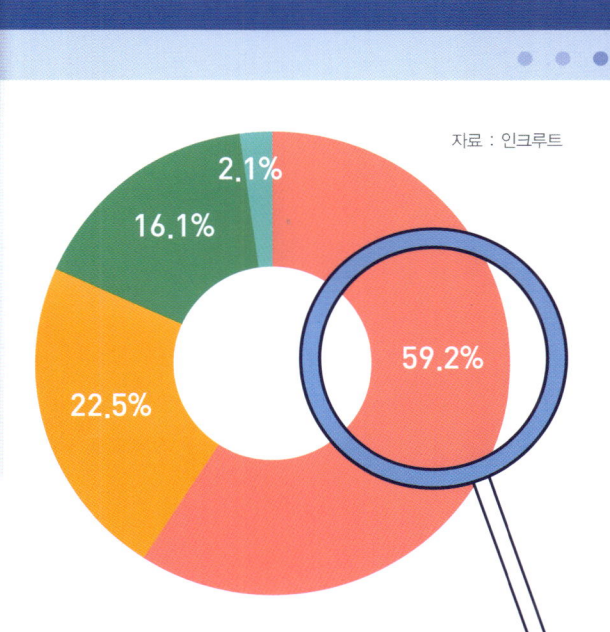

자료 : 인크루트

- 대체로 크다 59.2%
- 매우 크다 22.5%
- 대체로 적다 16.1%
- 없다 2.1%

공모전·대외활동·자격증 접수/모집 일정

12 December

SUN	MON	TUE	WED	THU	FRI	SAT
	1 국립중앙청소년디딤센터 힘링캠프 멘토링 마감 / 무당벌 푸드매거진 공모전 마감	2 AI 라이프 솔루션 챌린지 마감	3 대덕구 SNS 서포터즈 마감 / 경상북도 산업디자인 전람회 마감	4	5 하위정보 대응 아이디어 공모전 마감 / 민관데이터 융합활동 경진대회 마감	6 서울특별시농수산식품공사 필기 실시 / 용인중앙시장 숏폼 공모전
7 유엔평화개혁명 연수 프로그램 마감 / 국민체육진흥공단 공공데이터 활용 경진대회 마감	8 부천시 헬로 통합 공모전 마감	9 한국교통연구원 앱톤 및 공모전 마감	10 부산콘텐츠아카데미 게임기업 탐방 마감 / 대시코드 이패드 인테리어 콘테스트 마감	11 한국주식엽머천다이징협회 디자인 공모전 마감	12 삼성생명 금융연수 프로그램 9기 마감 / 매경미디어그룹 AI영상 광고·숏폼 공모전 마감	13 한국조폐공사 필기 실시 / 서울대학교 한국사회과학자료원 논문상 마감
14 국립대학육성사업 영상 콘텐츠 공모전 마감 / 한국통육산업협회 사진 공모전 마감	15 크레파스 환경캠프 마감	16	17	18 K-수퍼 메이킹 공모전 마감	19 한국평가데이터 서포터즈 마감 / 대학혁신지원사업 참여사례 영상 경진대회 마감	20 한국수산업기술개발 평가원 필기 실시 / 영양사 필기 실시 / 재경관리사 필기 실시
21 메이지캠 히라소개 크리에이터 마감 / 캠퍼스 Yipp개최 아이디어 공모전 실시	22	23 미쉐린가이드 2026 에디션 북 커버 디자인 공모전 마감	24	25	26 다문화시민교육 숏폼 영상 공모전 마감	27
28 예비대학생 글로벌 리더십 연수 (국내 23기) 마감	29 청주 갤러리언 공모전	30 FLY HIGH! AI 패션 디자인 공모전 마감	31 미디어유스 기자단 마감 / 검투스 글로벌 게임 개발 공모전 마감			

자격시험 Focus | 20일 실시
영양사

영양사는 급식시설을 채용하기 위한 식단계획·조리 등을 담당한다. 식품학·영양학을 전공하고 보건복지부령으로 정하는 요건을 갖춰야 시험응시가 가능하다.

채용 Focus | 6일 실시

서울특별시농수산식품공사

서울특별시농수산식품공사가 2025년 신입사원을 채용한다. 블라인드 및 NCS 기반 채용이며 정규직 6·7급을 선발한다. 전공근 서류, 필기, 면접 순으로 진행되며 요건에 따라 가산점을 부여한다.

01
January

SUN	MON	TUE	WED	THU	FRI	SAT
				1	2 공 정림학생건축상 2026 마감	3
4	5 공 KPR 대학생 PR 아이디어 공모전 마감	6	7	8 대 남성 뷰티·패션 플랫폼 MOTD 베타테스터 마감	9	10
11 공 앤데미 클리니 115 숏폼 공모전 마감 공 조선대학교 K-MOOC 학습경험공모전 마감	12	13	14	15	16 공 네오위즈 퀘스트 게임 개발 공모전 마감	17
18	19	20	21 공 구강보건 작품 공모전 마감	22	23 공 GH 청춘 빌드업 창업 공모전 마감	24
25	26	27	28	29	30 대 문화체육관광부 해외국립공원 봉사활동 마감	31

대 대외활동   채 채용   공 공모전   자 자격증

공모전 Focus 23일 마감

GH 청춘 빌드업 창업 공모전

경기도민, 경기도 소재 근로자·대학생, 초기창업자를 대상으로 GH가 신임 전 분야에 걸쳐 청년공모전을 주최한다. 입상자는 수원권선 청년특화주택 입주 시 가점이 주어진다.

대외활동 Focus 8일 마감

MOTD BETA TESTER

남성 뷰티·패션 플랫폼 MOTD

주식회사 엔오티디가 남성을 위한 뷰티·패션 플랫폼의 정식출시를 앞두고 베타테스트 참가자를 모집한다. 우수한 피드백을 진행한 인원에게는 수료증을 발급할 예정이다.

❖ 일정은 향후 조율될 수 있습니다. 참고 용으로 사용한 뒤 상세일정은 관련 누리집을 직접 확인해주세요.

2025 이슈&시사상식

VOL.211

CONTENTS

▎HOT ISSUE

1위 관세협상 타결 · 핵잠수함 승인 … 경주 APEC	10
2위 이재명정부 세 번째 부동산대책 … 서울 전역 삼중규제	16
3위 고수익 꿀알바는 없다 … 캄보디아 범죄 사태	20
4~30위 최신주요뉴스	24

간추린 뉴스		66
포토뉴스	논란 속 운항 … 한강버스	74
팩트체크	중국인 3대 쇼핑 … 한국경제 망가진다?	76
뉴스픽!	최장기 셧다운에 반란법까지 … 미국 어디로 가나?	78
이슈평론	위험천만 전동킥보드 … 단속 철저하게 이뤄져야	82
세계는 지금	가로등 꺼지고 열차 멈추고 … 구리도둑 기승	84
찬반토론	낚시면허제 / 탑골공원 장기 금지	86
핫이슈 퀴즈		90

▌필수 시사상식

시사용어브리핑	94
금융상식 실전문제	100
시사상식 기출문제 SBS / 조선비즈 / 부산광역시공공기관통합채용 / 청주시공무직통합채용	106
내일은 TV 퀴즈왕	112

▌취업! 실전문제

최종합격 기출면접 ｜ 인천국제공항공사 / 한전KPS	116
기업별 최신기출문제 ｜ 한국동서발전 / 신협중앙회	120
한국사능력검정시험	130
면접위원을 사로잡는 답변의 기술 ｜ NCS 면접키워드 : 경력관리 3요소	140
합격으로 가는 백전백승 직무분석 ｜ 고객 자금의 든든한 안전망 … 금융권	144
센스 있는 신입사원이 되는 비법 ｜ 상대를 배려한 보고 … PREP	148
최신자격정보 ｜ 화재감식평가기사	150

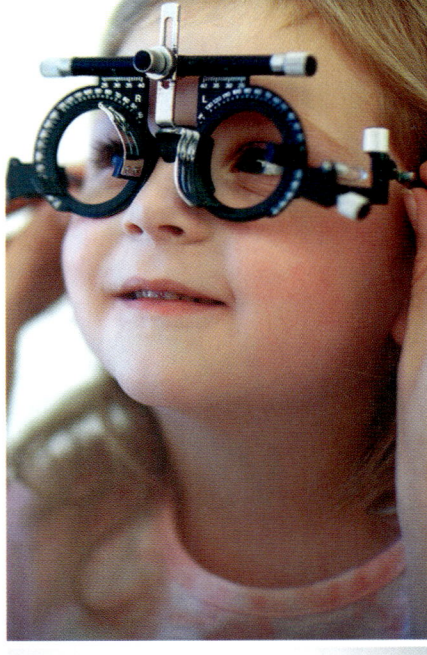

▌상식 더하기

생활정보 톡톡! ｜ 스마트폰 1시간 더? … 아이들 근시위험 높여요!	154
초보자를 위한 말랑한 경제 ｜ 한국경제의 온도계 … 코스피(KOSPI)	156
유쾌한 세계사 상식 ｜ 우긴다고 진실이 되지는 않아 … 뮬란	158
세상을 바꾼 세기의 발명 ｜ 전기시대의 문을 열다 … 화학전지	160
지금, 바로 이 기술 ｜ 대학가 AI 부정행위 … AI 윤리는 어디로?	162
잊혀진 영웅들 ｜ 독립운동이 아니라 독립전쟁이다 … 이용준 지사	164
발칙한 상상, 재밌는 상식 ｜ 왕자 살해범 돼지의 선물	166
일상을 바꾸는 홈 스타일링 ｜ 생활습관이 묻어나는 공간 … 옷방	168
문화가 산책	170
3분 고전 ｜ 화광동진(和光同塵)	172
독자참여마당	174

HOT ISSUE

최신주요뉴스	10
간추린 뉴스	66
포토뉴스	74
팩트체크	76
뉴스픽!	78
이슈평론	82
세계는 지금	84
찬반토론	86
핫이슈 퀴즈	90

이슈&시사상식
최신주요뉴스

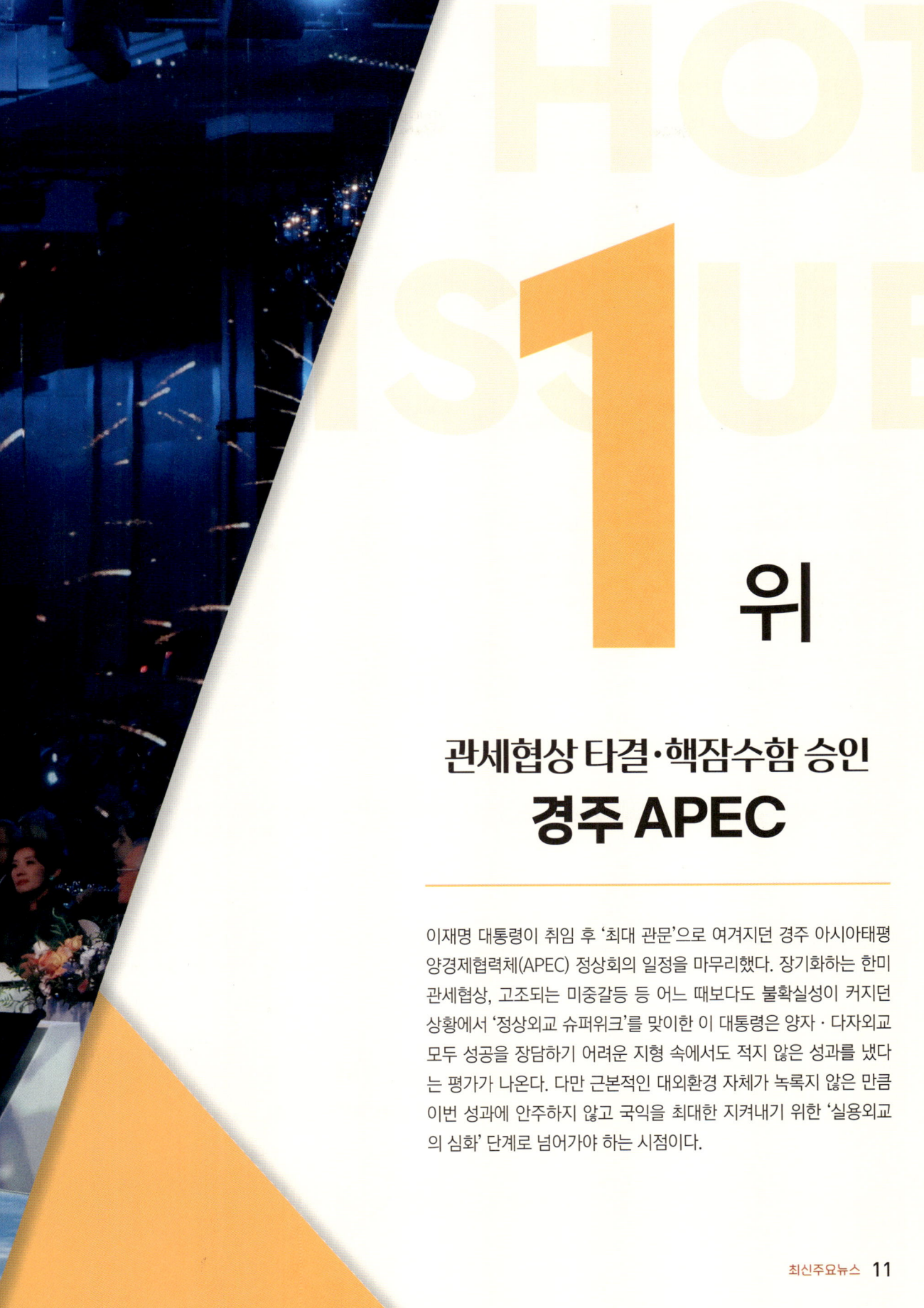

HOT ISSUE 1위

관세협상 타결·핵잠수함 승인
경주 APEC

이재명 대통령이 취임 후 '최대 관문'으로 여겨지던 경주 아시아태평양경제협력체(APEC) 정상회의 일정을 마무리했다. 장기화하는 한미 관세협상, 고조되는 미중갈등 등 어느 때보다도 불확실성이 커지던 상황에서 '정상외교 슈퍼위크'를 맞이한 이 대통령은 양자·다자외교 모두 성공을 장담하기 어려운 지형 속에서도 적지 않은 성과를 냈다는 평가가 나온다. 다만 근본적인 대외환경 자체가 녹록지 않은 만큼 이번 성과에 안주하지 않고 국익을 최대한 지켜내기 위한 '실용외교의 심화' 단계로 넘어가야 하는 시점이다.

이번 한미정상회담으로 관세협상 비로소 타결

이번 경주 아시아태평양경제협력체*(APEC)에서 가장 화제를 모았던 10월 29일 한미정상회담은 이재명 대통령이 통과한 최대 시험대였다. 관세협상의 장기화 속에 자칫 '빈손 회담'이 될 수 있다는 우려도 나오던 상황이었다. 당초 핵심쟁점이던 대미투자 방식을 놓고 양국이 이견을 좁히지 못했던 터라 도널드 트럼프 미국 대통령의 방한기간 내 타결은 어려울 것이란 관측이 지배적이었다. 하지만 양국은 치열한 조율 끝에 한국이 총 3,500억달러의 대미 투자금 중 2,000억달러를 현금투자하되 연간한도를 200억달러로 제한하는 데 뜻을 모았다.

아시아태평양경제협력체

보통 APEC이라고 칭하며 태평양 주변 국가들의 정치·경제적 결속을 다지는 기구로 지속적인 경제성장과 공동의 번영을 위해 1989년 호주 캔버라에서 12개국 간의 각료회의로 출범했다. APEC은 세계인구의 40%, GDP의 52%, 교역량의 45%를 차지하는 최대의 지역협력체로 총 회원국은 한국, 미국, 일본, 오스트레일리아, 뉴질랜드, 캐나다, ASEAN 6개국(말레이시아, 인도네시아, 태국, 싱가포르, 필리핀, 브루나이) 등 총 21개국이 가입해 있다.

한미는 11월 14일 이러한 정상회담 합의내용을 담은 '공동 팩트시트(Joint Fact Sheet)'를 발표한 데 이어 대미투자 관련 양해각서(MOU)에도 서명했다. MOU에 따르면 3,500억달러 규모의 전략적 투자는 총 2,000억달러의 투자와 우리 기업의 직접투자(FDI), 보증, 선박금융 등을 포함한 1,500억달러의 조선협력투자로 구성된다.

먼저 2,000억달러 투자는 미국 대통령이 미국 상무장관이 위원장인 투자위원회(투자위)의 추천을 받아 선정한다. 투자위는 사전에 한국의 산업통상부 장관이 위원장으로 있는 협의위원회와 협의해 '상업적으로 합리적인 투자'만을 미국 대통령에게 추천한다.

'상업적 합리성이 있는 투자'란 투자위가 신의성실의 원칙에 따라 판단했을 때 충분한 투자금 회수가 보장되는 투자를 의미한다. 2,000억달러 투자분야는 조선, 에너지, 반도체, 의약품, 핵심광물, 인공지능(AI)·양자컴퓨팅 등으로, 양국의 경제 및 국가안보 이익을 증진하는 분야다. 투자사업 선정은 트럼프 대통령 임기가 끝나는 2029년 1월까지 마친다.

한미 관세·안보 협상 팩트시트 주요 내용

한미정상회담(10월 29일) 합의내용을 문서화한 조인트 팩트시트(공동 설명자료) 11월 14일 발표

관세관련
- 자동차 및 자동차 부품: 25% → 15% 인하(시행 시기 미정시)
- 의약품: 15% 이하
- 반도체: 미국이 앞으로 다른 나라(반도체 교역량 한국 이상 국가)와 체결할 합의보다 불리하지 않은 관세 적용
- 항공기 및 항공기 부품
- 제네릭(복제약) 의약품: 15% → 관세 철폐

안보관련
- 주한미군 지속적 주둔
- 미국, 핵 포함 모든 범주의 능력 활용해 확장억제 제공
- 미국, 한국 핵추진 잠수함 건조승인 및 연료조달방안 등 협력 약속
- 한국, 국방비 GDP 대비 3.5%로 증액
- 한국, 2030년까지 미국산 군사장비 250억달러(약 36조원) 구매 및 주한미군에 330억달러(약 47조원) 규모의 포괄적 지원 제공
- 전시작전통제권 전환 위한 동맹 협력 지속

투자관련
- 한국, 미국에 총 3,500억달러 투자(투자 약정: 2029년 1월)
  - 전략적 투자에 관한 양해각서(MOU) 체결에 따른 현금 2,000억달러(연 200억달러 상한)
  - 조선업 1,500억달러 투자
    → 시장 매입 이외의 방식으로 달러 조달
    투자 약속 이행이 외환시장 불안정 초래 시 한국이 투자 금액·시기 조정 요청 가능

기타
- 한국, 식품 및 농산물 교역에 영향을 미치는 비관세 장벽 논의 위해 미국과 협력
- 미국산 농산품 검역협상 전담데스크 설치

자료 / 대통령실, 백악관

트럼프, 한국 핵추진 잠수함 건조 승인

관세협상 타결과 더불어 이 대통령은 트럼프 대통령을 만난 자리에서 직접 '핵추진 잠수함'을 의제로 꺼

내 승인을 얻어냄으로써 안보와 관련한 숙원 하나를 해결했다. 이 대통령은 회담에서 "디젤 잠수함은 잠항능력이 떨어져 북한이나 중국잠수함에 대한 추적활동에 제한이 있다"며 "연료공급을 허용해주시면 저희가 저희 기술로 재래식 무기를 탑재한 잠수함을 여러 척 건조해, 한반도 해역의 방어활동을 하면 미군의 부담도 줄어들 것"이라고 말했다. 우리정부가 핵추진 잠수함 도입 의지를 공식 천명한 것은 이번이 처음이었다. 핵추진 잠수함을 개발해 운용하려면 소형 원자로와 농축우라늄 연료를 확보해야 하는데 이를 위해선 미국 측 동의가 필수적이다. 이 대통령이 언급한 핵추진 잠수함은 핵무기를 싣고 다니는 전략핵잠수함(SSBN)이 아닌 핵무기를 탑재하지 않는 원자력 추진 잠수함(SSN)을 의미한다.

트럼프 대통령에게 선물한 금관을 앞에 두고 악수하는 양국정상

트럼프 대통령은 이러한 이 대통령의 요청에 호응, 한국의 핵추진 잠수함 건조를 승인했다고 10월 30일 전격 천명했다. 그동안 '핵 확산'을 우려해 핵연료 공급에 극도로 신중하던 역대 미 행정부의 입장에서 확연히 달라진 결정을 내린 것이다. 잠수함 건조 또한 일국의 주권사항이나 한미원자력협정 개정 내지 보완과 미국의 기술지원 및 연료공급 등이 수반될 필요가 있는 일이라는 점에서 트럼프 대통령이 승인을 언급한 것으로 풀이된다.

한중정상회담, 9년 만에 사드사태 극복하나

한편 11년 만에 국빈으로서 한국을 방문한 시진핑 중국 국가주석과의 한중정상회담도 주목됐다. 11월 1일 열린 회담에서 양국은 호혜적이고 안정적으로 양국의 관계를 발전시켜 나가자는 데 공감대를 이뤘다. 여전히 한국에 있어 중국이 경제적으로나 안보적으로 중요한 파트너라는 사실을 강조하며 '미국의 대중견제에 동참한다'는 의심을 누그러뜨리겠다는 목표를 일단 달성한 셈이다.

회담 이후 위성락 국가안보실장은 "한중관계를 전면적으로 복원하는 성과가 있었다"고 설명했다. 이는 한국이 2016년 주한미군 사드배치를 결정한 데 중국이 반발하면서 틀어졌던 한중관계가 9년 만에 복원을 위한 본궤도에 올랐다는 의미로 보인다. 한중관계 호전으로 우리가 중국에 기대할 수 있는 것 중 하나로 북한 핵 문제에 대한 중국의 건설적 역할이 꼽힌다. 중국은 북한의 뒷배로 여겨지며, 필요하다면 한국이 원하는 방향으로 영향력을 행사할 수도 있기 때문이다. 위 실장은 "양측은 역시 미북 대화가 제일 중요하다는 데 의견을 같이했고 그런 분위기 조성을 위해 노력해 나가기로 했다"라고 했다. 북핵문제 해결의 방법론으로 북미대화에 힘을 실어야 한다는 점에 양측이 공감대를 형성했다는 취지다.

아울러 이번 APEC에서는 한중·한미뿐 아니라 미중정상회담도 함께 성사됐다. 시 국가주석은 10월 30일 트럼프 대통령과의 정상회담에서 "(미중 양국이) 상호보복의 악순환에 빠져서는 안 된다"면서, 미국과의 '관세전쟁' 봉합 의지를 재확인했다. 회담 모두발언에서도 시 주석은 "중국의 발전과 부흥은 트럼프 대통령이 추구하는 '미국을 다시 위대하게(MAGA)' 목표와 상충하지 않는다"면서 양국이 공동으로 번영할 수 있다고 역설했다. 트럼프 대통령

또한 이 자리에서 "중국은 미국의 가장 큰 파트너이고, 두 나라가 손을 맞잡으면 세계에서 많은 일을 할 수 있다"면서 "앞으로 미중협력은 더 큰 성과를 이룰 것"이라고 강조했다.

귓속말하는 트럼프 대통령과 시진핑 주석

치맥회동·AI 대규모 투자, 젠슨 황 방한 화제

이번 APEC 기간에는 각국 정상뿐만 아니라 세계를 대표하는 기업인들도 대거 경주를 찾았는데, 특히 젠슨 황 엔비디아 CEO가 숱한 화제를 불러일으켰다. 2010년 이후 15년 만에 한국을 다시 찾은 황 CEO는 10월 30일 이재용 삼성전자 회장, 정의선 현대차그룹 회장과 서울 삼성역 인근의 한 치킨집에서 치맥회동을 하며 수백명이 넘는 인파를 모았다.

이후 세 사람은 서울 코엑스 K-POP 광장에서 열린 엔비디아 지포스 게이머 페스티벌 무대에서도 모습을 드러냈다. 황 CEO는 이 자리에서 고(故) 이건희 선대 삼성 회장이 1996년 보내온 편지내용을 소개하며 추억을 상기하기도 했다. 그는 AI의 핵심 인프라로 꼽히는 그래픽처리장치(GPU) 등이 e스포츠와 한국 덕분이라고 공을 돌렸다. 그는 "엔비디아가 발명한 GPU, 지싱크(G-SYNC), 저지연 리플렉스 등은 모두 e스포츠 덕분이고 한국 덕분"이라며 "e스포츠에 대한 한국인들의 열정 덕분에 우리가 여기 있을 수 있다"고 말했다.

이튿날 10월 31일 황 CEO는 경주 예술의전당에서 열린 APEC CEO 서밋 특별세션에서 기조연설을 했다. 그는 "지금이 한국에게 특히 기회가 될 수 있는 시기"라고 말했다. 황 CEO는 이날 "소프트웨어는 꼭 필요한 기술인데 한국이 엄청 많이 가지고 있다"며 "다음은 제조역량이다. 소프트웨어와 제조역량을 결합하면 로보틱스의 활용기회가 많아지고 이게 피지컬AI의 차세대 모델"이라고 설명했다. 그러면서 "한국은 소프트웨어와 제조, 여기에 AI 역량도 있다"고 강조했다.

이재용 회장(왼쪽), 정의선 회장(가운데)과 젠슨 황 CEO

황 CEO는 이날 국내기업들과 AI 기술개발과 제조혁신에 대한 파트너십을 맺은 데 대해 "우리는 한국에 AI 생태계를 조성하려 한다. 이제 한국은 AI 주권국가, AI 프론티어가 될 것"이라고 말했다. 앞서 엔비디아는 이날 ==정부와 삼성, SK그룹, 현대차그룹, 네이버클라우드 등에 26만장의 GPU를 공급==한다고 발표했다. 황 CEO는 "네이버와 엔비디아가 GPU 인프라를 6만개로 더 확대하기로 했고, 삼성과는 AI를 같이 만들어 디지털트윈 시스템 중심으로 5만개 이상의 GPU를 활용한 AI 팩토리를 구축할 것"이라고 말했다. 또 "SK그룹과도 AI 팩토리를 만들고 현대차와도 로봇공장을 만들 것"이라고 덧붙였다.

각자도생·AI 등 … 경주선언에는 어떤 내용이?

한편 이번 APEC 회원 대표들이 의기투합한 끝에 11월 1일 내놓은 정상 합의문인 '경주선언'은 트럼프 행정부의 입김으로 다자무역질서가 약해진 현실을 여실히 보여줬다. 트럼프가 밀어붙이는 보호무역 기조에 따라 경주선언에서는 다자무역을 상징하는 세계무역기구(WTO) 문구가 빠졌기 때문이다. 최소한 경제적 측면에서는 '동맹이냐 경쟁자냐'의 이분법을 넘어 세계 주요국가와 부문별로 협력과 경쟁이 복잡하게 교차하는 국면에 들어섰다는 의미다.

그러나 또 한편으로는 자칫 경주선언 채택이 불발될 수도 있다는 우려를 딛고 모든 회원이 동의하는 결과물을 도출했으며, 경주선언에 'WTO의 중요성'을 인정한다는 각료선언을 높이 평가하는 대목을 반영해 APEC이 지향하는 자유무역 정신의 '마지노선'은 지켰다는 평가도 나왔다.

그런가하면 APEC을 계기로 AI의 중요성을 부각한 것은 '미중 틈바구니' 속에서 돌파구를 모색하고 있는 한국경제로서는 주목할 성과로 꼽힌다. 경주선언에 'AI 이니셔티브'를 명시한 것이 대표적인 성과다. 'APEC AI 이니셔티브'는 미국과 중국이 모두 참여한 AI 관련 최초의 정상급 합의문이다. 새정부 경제성장전략에서 AI를 전면에 부각하고 17년 만에 과학기술부총리 직제를 부활시킨 이재명정부의 기조를 반영한 대목으로도 볼 수 있다. 정부로서는 이번 계기로 이뤄진 엔비디아의 GPU 공급으로 주권형(소버린) AI 구축에 속도를 낼 수 있게 됐다.

또한 이번 APEC은 수출에 비해 크게 부진한 내수시장 기반을 확충하고, 미중 위주 무역에서 벗어나 유럽연합(EU)·동남아·일본 등으로 시장을 다변화해야 한다는 한국경제의 오랜 숙제도 다시금 확인

APEC 정상 '경주선언', 'AI 이니셔티브' 등 채택

APEC 정상 경주선언
- 무역·투자, 디지털·혁신, 포용적 성장 등 APEC의 핵심 현안 포괄
- 인공지능(AI) 협력 및 인구구조 변화 대응에 대한 공동인식·협력 의지 집약
- 모두가 혜택을 누릴 수 있는 경제성장 위해 협력 강화, 실질적인 조치 촉구
- 견고한 무역 및 투자가 아시아·태평양 지역 성장·번영에 필수적이라는 공동인식 재확인, 변화하는 글로벌 환경을 헤쳐나가기 위해 경제협력 계속 심화
- '문화창조산업'을 아시아·태평양 지역 '신성장동력'으로 인정, 협력 필요 (첫 명문화)

APEC AI 이니셔티브
- 모든 회원이 AI 전환 과정에 참여하고 AI 기술 발전의 혜택을 공유할 수 있도록, AI 혁신을 통한 경제성장 촉진, 역량 강화 및 AI 혜택 확산, AI 인프라 투자 확대 등

APEC 인구구조 변화 대응 공동 프레임워크
- 회복력 있는 사회시스템 구축, 인적자원 개발의 현대화, 기술기반 보건·돌봄 서비스 강화, 모두를 위한 경제역량 제고, 역내 대화·협력 촉진 등 5대 중점 분야별 정책방향과 협력방안 제시

한 자리였다. 반도체·자동차 등 주력업종을 이을 차세대 먹거리로 서비스 업종의 성장 잠재력을 확인할 수 있었던 것도 성과로 꼽을 수 있다. 특히 경주선언에서 '문화창조산업'을 아시아·태평양 지역의 '신성장동력'으로 인정하고 협력 필요성을 명문화함으로써 'K-컬처'가 아태지역 내 성장동력으로 자리 잡는 계기가 마련됐다는 게 대통령실 설명이다.

서비스업 육성과 관련해 중국시장을 활용할 계기도 마련됐다. 한중정상이 자리한 가운데 체결한 '서비스무역 교류·협력 강화에 관한 양해각서'는 한중 FTA(자유무역협정) 서비스·투자 협상의 실질적 진전을 통해 양국 간 경제협력의 제도적 기반을 뒷받침할 것으로 보인다.

2위

이재명정부 세 번째 부동산대책
서울 전역 삼중규제

이재명정부가 6·27 대출규제와 9·7 공급대책에 이어 출범 4개월 만에 세 번째 부동산대책을 내놨다. 기존 규제지역인 강남3구·용산구를 포함한 서울 25개 구 전역과 한강 이남의 경기도 12곳 등 총 37곳을 조정대상지역·투기과열지구·토지거래허가구역 등 '삼중규제지역'으로 묶고 금융규제까지 강화하는 초강력 대책이다. 강남3구와 용산구 등 구 단위가 아닌 시 전체가 토지거래허가구역까지 광범위하게 묶인 것은 이번이 처음이다.

서울 전역 규제지역 추가 지정

정부는 이번 10·15대책에서 기존 규제지역인 강남3구와 용산구 등 4곳의 규제지역을 유지하면서 서울 나머지 21개구와 과천시, 광명시, 성남시 분당구·수정구·중원구, 수원시 영통구·장안구·팔달구, 안양시 동안구, 용인시 수지구, 의왕시, 하남시 등 경기지역 12곳을 조정대상지역(조정지역)·투기과열지구(투과지구)로 지정했다. 서울 전역과 경기도 4개 지역(과천, 성남 분당·수정, 하남, 광명)은 지난 2023년 1월 조정지역과 투과지구에서 풀린 지 2년 9개월여 만의 재지정이다. 정부는 서울은 물론 경기지역도 최근 3개월간 주택가격상승률과 물가상승률 등의 정량적 기준을 모두 충족했다고 설명했다. 다만 투과지구내에 적용할 수 있는 분양가상한제 지역으로는 묶지 않았다.

정부는 이뿐만 아니라 이들 규제지역 전체를 내년 12월 31일까지 모두 토지거래허가구역(토허구역)으로 지정했다. ==서울·경기 지역 37곳이 조정·투과지역과 함께 토허구역까지 '삼중규제지역'으로 묶인 것==이다. 토허구역에서 아파트뿐만 아니라 동일단지 내 아파트가 1개 동 이상 포함된 연립·다세대 주택이 허가대상으로 포함됐다.

정부가 이처럼 강력한 규제카드를 꺼내 든 것은 이재명정부 출범 이후 6·27 대출규제와 9·7 공급대책 등 두 차례의 대책에도 집값이 잡히지 않고 서울 도심은 물론 외곽으로 상승세가 확산 조짐을 보여서다. 이번 조처로 서울을 비롯한 수도권 37곳은 ==대출·청약·세제 등이 종전보다 강화되는 것은 물론, 전세를 낀 갭투자까지 전면 차단되면서 주택거래가 급격하게 위축될 것==으로 예상된다. 일단 조정지역과 투과지구에서는 대출이 종전 6·27대책 때보다 대폭 강화된다. 주택담보대출비율(LTV)이 무주택(처분조건부 1주택 포함)은 종전 70%에서 40%로 강화되고, 유주택자는 아예 대출이 금지된다.

정부는 규제지역에서 주택가격에 따라 주택담보대출(주담대) 한도를 차등운영하기로 했다. 시가 15억원 이하 주택은 기존 6·27대책의 6억원 한도가 유지되지만 15억원 초과 25억원 이하는 4억원, 25억원 초과는 2억원으로 대출액이 줄어든다. 이에 따라 15억원 이하 주택이 많은 서울 강북과 경기지역보다는 최근 주택가격 상승의 진원지인 강남3구와 '마용성' 등 한강벨트의 고가주택 위주로 대출이 대폭 강화되며 주택구입이 어렵게 될 전망이다. 또 규제지역내 1주택 보유자가 재건축·재개발로 중도금·이주비 대출을 받는 경우 추가 주택구입이 제한되고 주택 매매·임대사업자 외 주택구입목적의 주담대(사업자 대출)도 금지된다.

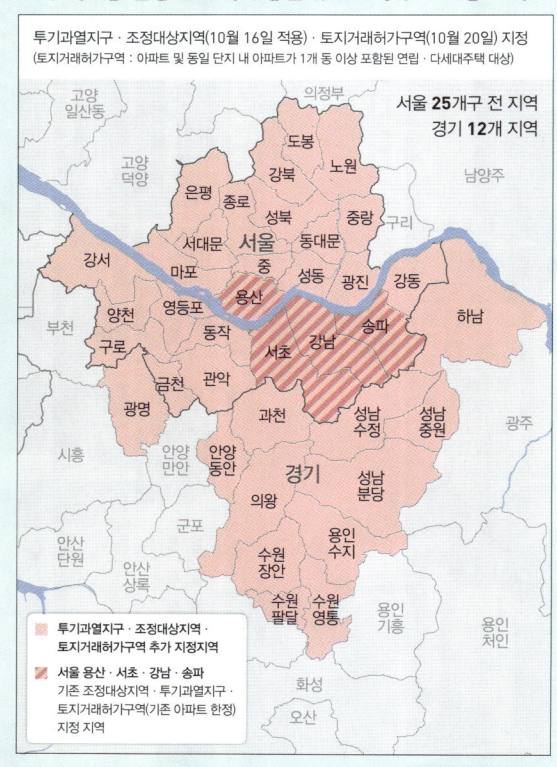

주택시장 안정화 대책 부동산 규제지역 추가 지정 지역

자료 / 국토교통부

야당 "서민 죽이기", 여당 "정상화 위한 고육지책"

더불어민주당과 국민의힘은 정부의 10·15대책을 정반대로 평가하며 공방을 벌였다. 국민의힘이 정부가 청년·서민의 내 집 마련 기회를 박탈했다고 비판하자 민주당은 왜곡된 시장흐름을 바로 잡으려는 고육지책이라고 반박했다.

장동혁 국민의힘 대표는 10월 15일 국회에서 기자간담회를 열고 "청년·서민 죽이기 대책이자 '주택완박(완전 박탈)'"이라며 "좌파정권이 대책을 발표할 때마다 부동산가격이 오를 것이란 확신만 심어주고 있다"고 말했다. 이어 "좋은 집에 살고 싶은 국민의 꿈이 왜 투기이고, 내 집 마련을 위한 서민의 노력이 왜 비난받아야 하느냐"고 반문했다. 그러면서 "반시장적 주택정책이 아니라 시장 친화적 주택정책으로 전환해야 한다"며 "근본대책은 민간 중심 주택공급 확대"라고 강조했다.

이에 대해 민주당은 부동산시장의 불안에 윤석열정부와 국민의힘 소속 오세훈 서울시장의 탓이 크다며 이를 정상화하기 위한 과정이라고 밝혔다. 박수현 민주당 수석대변인은 논평에서 "최근 부동산시장의 불안은 윤석열정부 시절의 공급절벽과 오 시장의 무리한 토허구역 해제로부터 촉발된 후폭풍의 영향이 크다"며 "이재명정부와 민주당은 집값 안정화를 위한 수요억제와 공급대책 마련에 최선을 다하고 있고, 오늘 대책도 왜곡된 시장흐름을 바로잡기 위한 불가피한 고육지책"이라고 강조했다.

시장 '숨 고르기 전망', 집값 안정세는 지켜봐야

한편 전문가들은 이번 대책에 대해 당분간 시장이 숨 고르기로 돌아설 것으로 보면서도 집값이 안정세에 접어들지는 지켜봐야 한다는 의견을 내놨다. 박원갑 KB국민은행 수석부동산전문위원은 "서울 한강벨트는 물론 수도권 아파트값을 주도하는 경기남부 벨트도 타격을 받을 것"이라며 "수요자들이 관망세로 돌아서 전반적으로 숨고르기 장세에 들어갈 듯하다"고 말했다. 함영진 우리은행 부동산리서치랩장도 "서울 강남권과 한강벨트의 포모*(FOMO) 및 '패닉바잉' 수요는 일부 숨을 고를 전망"이라며 "다주택자와 고가주택 매입 대기자도 규제지역 세금부담과 대출문턱이 높아져 좁아진 가수요 유입문턱을 돌파하기가 쉽지 않은 상황이 됐다"고 진단했다.

> **포모**
>
> 포모(FOMO)는 'Fear Of Missing Out'의 줄임말로 마케팅 용어이자 사람들의 불안심리를 표현하는 심리용어다. 어떤 가치 있는 대상을 나만 소유하지 못한다든가, 최신 트렌드를 파악하지 못하거나 그럼으로써 타인으로부터 소외·단절되는 것에 불안함을 느끼는 것을 말한다.

다만 규제가 지나치게 강력해 '거래단절' 수준의 상황이 오면 오히려 유동성이 풍부한 고액 자산층만 주택거래를 할 수 있게 돼 양극화가 심화할 것이라는 우려도 나왔다. 양지영 신한프리미어 패스파인더 전문위원은 "대출 의존도가 낮은 현금 자산가 중심으로만 거래가 이뤄지고, 공급제한과 매물 희소성으로 강남3구, 용산구, 성동구 등 고급 주거지만 가격이 오르는 '초양극화'가 우려된다"며 "1주택자의 갈아타기도 사실상 차단돼 실수요자 이동성이 차단될 것"이라고 말했다.

서진형 광운대 부동산법무학과 교수도 "사실상 '매매금지'에 가까운 조치인데 부동산시장을 매수 억제 정책만으로 안정시키는 데는 한계가 있다"며 "규제지역을 서울 전역과 경기도로 확대한 건 실수요자 불편만 가중할 것이고, 거주이전의 자유를 제한하는 것과 마찬가지"라고 지적했다.

HOT ISSUE

3위

고수익 꿀알바는 없다
캄보디아 범죄 사태

캄보디아 범죄단지에서 벌어지는 한국인을 대상으로 한 취업사기와 감금 등 범죄가 최근 크게 공론화되며 사태가 커졌다. 현지 박람회에 다녀오겠다며 출국했던 경북 지역의 한 대학생이 현지 범죄조직에 고문을 당한 뒤 숨진 사건이 알려진 이후 광주와 충북, 전북, 제주, 강원 등 전국 곳곳에서 비슷한 피해신고가 이어졌다. 경찰은 캄보디아 경찰과 '코리안데스크' 설치를 위한 양자회담을 가졌으며, 대통령실도 태스크포스를 구성해 총력대응에 나섰다.

캄보디아서 한국인 납치·감금 사례 속출해

캄보디아에서 20대 한국인 대학생이 현지 범죄조직에 의해 살해돼 국민적 분노를 유발한 가운데 우리 국민이 캄보디아에 갔다가 실종·감금된 사례가 가족들의 신고 등으로 속속 드러나고 있다. 지난 8월 19일 경북 상주에서 '캄보디아로 출국한 30대 남성 A씨와 연락이 닿지 않는다'는 신고가 경찰에 접수됐다. A씨는 출국 이후 연락이 두절됐다가 닷새 뒤인 24일 텔레그램 영상통화로 가족에게 "2,000만원을 보내주면 풀려날 수 있다"고 말하고는 다시 연락이 끊긴 것으로 파악됐다.

또한 광주에서도 지난 8월 B(20대)씨가 연락되지 않는다는 가족의 실종신고가 접수됐다. 경찰은 출입국 기록을 통해 그가 두 달 전 태국으로 출국한 사실을 확인하고 행방을 추적했다. 가족들은 B씨가 태국에서 캄보디아로 이동한 것으로 추정했으며, 최근에는 모르는 번호로 '살려달라'는 내용의 전화가 걸려 온 것으로 전해졌다. 충북경찰에도 지난 10월 9일 '아들 C가 캄보디아에서 감금된 것 같다'는 부모의 신고가 들어왔다. C씨의 부모는 "아들이 동갑인 남성 지인 2명과 함께 캄보디아로 여행을 갔다가 프놈펜의 한 건물 안에서 감시받고 있다고 카카오톡으로 연락해왔다"고 경찰에 진술했다.

'고수익 알바'로 현혹해 범죄 가담시켜

캄보디아 등 동남아국가에서 활동하는 범죄단체들은 조직원 이탈과 수사망을 피하기 위해 갖은 불법적인 방법을 동원하는 것으로 파악됐다. 법조계에 따르면 대구지법이 지난 9월 24일 선고한 '고수익 미끼 사기범죄' 판결문을 보면 동남아에서 활동하는 범죄단체 조직원 관리방식과 범행수법 등을 자세히 확인할 수 있다.

해당 판결문에 등장하는 범죄단체는 2019년 11월부터 베트남과 필리핀, 국내에 사무실을 차려놓고 한국인을 대상으로 조직원 포섭에 나섰다. 이들은 인터넷에 '고수익 알바' 유인 글을 올리거나 개인적인 친분을 이용해 지인에게 접근한 뒤 "돈을 많이 벌 수 있다"고 속여 동남아행 비행기에 탑승하도록 했다.

총책 등은 캄보디아를 거쳐 베트남으로 가거나 필리핀으로 입국하는 이들에게 항공권과 숙소를 마련해 준 뒤 '4명씩 1팀' 혹은 '6명씩 1팀'을 지정했고, 철저히 가명을 쓰도록 했다. 또 외출을 원천적으로 제한한 뒤 실적이 좋지 않은 조직원들을 질책하며 보이스피싱, 로맨스 스캠* 등 범행을 독려했고, 여권을 빼앗아 마음대로 도망갈 수도 없도록 관리했다.

로맨스 스캠

주로 SNS상이나 데이팅 모바일 애플리케이션 등을 통해 신분을 위장하는 방식으로 이성을 유혹한 뒤 결혼이나 사업자금을 명목으로 금전을 갈취하는 사기범죄 수법이다. 신분을 속이고 일정기간 대화를 나누며 피해자에게 호감을 산 후 거액의 투자를 유도하거나 사기행각을 저지르도록 강요하기도 한다. 경찰은 2020년부터 이러한 로맨스 스캠 유형의 사기범죄가 본격화한 것으로 보고 있다.

해당 범죄단체는 불가피하게 조직원을 탈퇴시킬 때도 휴대전화 속 사진과 연락처 등 범죄와 관련한 모든 자료를 지우도록 한 뒤에야 귀국시켰다. 수사당국에 따르면 이와 함께 동남아에서는 감금된 뒤 도주하거나 탈퇴의사를 밝힌 조직원들이 고문 수준의 폭행을 당하거나 '몸값' 수천만원을 조직에 전달하고서야 여권을 받고 풀려나는 일도 일어났다.

한국-캄보디아 공동대응, 한국인 구금자 송환

피해사례가 속출하자 국회에서도 여야가 입을 모아 정부에 적극대응을 주문했고, 이에 정부는 김진아 외교부 2차관과 박성주 국가수사본부장을 포함한 합동 대응팀을 캄보디아에 파견했다. 캄보디아 당국과 논의한 대응팀은 '웬치'라고 불리는 범죄단지에서 현지경찰에 체포되거나 구출된 한국인 64명을 10월 18일 한꺼번에 송환했다. 송환된 이들은 범죄단지 감금 피해자이면서도 한국인 대상 피싱 범죄를 저지른 공범 및 가해자인 이중적 상황이다. 이들은 현지경찰의 범죄단지 단속을 통해 적발됐으며, 전세기에 타자마자 기내에서 한국 경찰에 체포됐다.

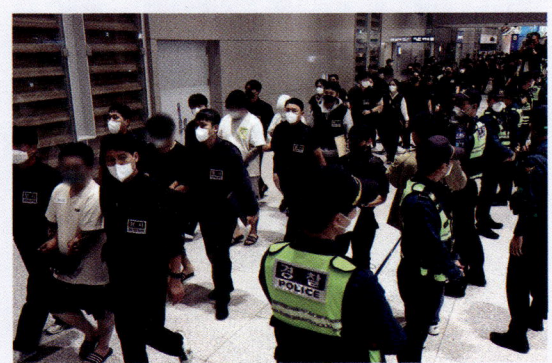

캄보디아에서 송환된 한국인 구금자들

앞서 캄보디아정부는 한국인 80여 명이 구금 중이며 본인들이 귀국을 거부하고 있다고 밝힌 바 있다. 외교부 당국자에 따르면 지난해부터 올해 8월까지 캄보디아에 입국했다가 연락두절 또는 감금됐다는 신고가 들어온 한국인 중 지난 8월 기준으로 80여 명의 안전이 확인되지 않는 상태로 전해졌다.

부패한 캄보디아 경찰과 공조 제대로 될지 의문

한편 캄보디아 경찰이 한국 경찰과 현지 경찰서에서 함께 근무하면서 공조수사를 하는 '코리안데스크'는 캄보디아에 두지 못했다. 다만 한국과 캄보디아 양국은 태스크포스(TF)를 꾸려 사건에 함께 대응하기로 했다. 그러나 실제 수사공조가 제대로 될지는 의문으로 남는다. ==캄보디아 경찰이 범죄단지로부터 정기적으로 상납을 받고 수시로 단속정보를 흘리기 때문==이다. 캄보디아에 사는 교민들도 범죄조직이 수시로 상납하고, 그 대가로 현지경찰은 단속정보를 미리 알려준다고 입을 모았다. 옥해실 재캄보디아 한인회 부회장은 "캄보디아 경찰에 단속되는 범죄단지는 평소에 상납을 제대로 안 한 곳"이라며 "큰 범죄단지는 경찰 윗선까지 연결돼 있고, 단속 직전에 미리 다 도주한다"고 강조했다. 실제로 올해 캄보디아 경찰이 현지에서 최대 범죄구역으로 꼽힌 '태자(太子) 단지' 내부를 급습했을 때 수천명의 피의자 대부분은 이미 도주한 상태였다.

캄보디아 경찰이 코리안데스크를 받아들이지 않는 이유도 부패한 자신들의 민낯이 드러날까 봐 걱정해서라는 것이 교민들 주장이다. 20년 넘게 프놈펜에 산 한 교민은 "현재 한국대사관에서 근무하는 경찰관들은 현지 경찰 내부 속사정까지는 알 수 없다"며 "코리안데스크는 현지 경찰서에서 함께 일하면서 보고 듣는 것이 많을 수밖에 없어 캄보디아정부가 거부한 것"이라고 말했다.

아울러 캄보디아는 국가 전체가 범죄산업에 의존하고 있는데, ==그 배경에 절대적으로 권력을 누리는 훈 센 전 총리 가문이 있다는 지적==이 있다. 38년 동안 캄보디아를 통치한 훈 센 전 총리의 측근이나 친인척이 아직도 막강한 영향력을 행사하고 있고, 범죄조직과도 연루됐다는 의혹이 나온다. 태자 단지를 운영한 것으로 알려진 프린스그룹의 중국계 천즈 회장도 훈 센 전 총리 고문 출신이며, 캄보디아 금융서비스 대기업 후이원(Huione) 그룹의 여러 계열사에 이사로 등재된 훈 토는 훈 마네트 현 총리와 사촌지간이다. 프린스 그룹과 후이원 그룹 모두 최근 미국과 영국정부에 제재대상에 올랐다. 국제앰네스티는 "캄보디아정부가 범죄시설이 번창하도록 방치하고 있다"고 주장했다.

HOT ISSUE

국정자원 전산실 화재 …
아날로그로 돌아간 국가행정망

9월 26일 국가정보자원관리원(국정자원) 대전본원에 있는 전산실 내 리튬이온배터리에서 화재가 발생해 정부 업무시스템 647개의 가동이 중단됐다. 이로 인해 무인민원발급기와 모바일 주민등록증 발급, 정부24 등이 동시에 마비됐다. 국민신문고 접속이 끊기고, 내부행정망인 '온나라시스템'까지 작동을 멈추면서 주말근무를 위해 출근한 공무원들도 정상적인 업무를 하지 못했다. 화재로 중단된 시스템은 10월 31일에야 90.3% 복구됐다.

국가정보자원관리원의 화재 흔적

배터리 화재로 647개 행정시스템 마비돼

행정안전부(행안부) 등에 따르면 국가전산망의 '심장부'라 볼 수 있는 국정자원 대전본원에 불이 난 것은 오후 8시 15분께다. 전산실 내 '무정전 전원장치 배터리(UPS)'를 작업자가 지하로 이전하는 과정에서 불이 난 것으로 추정된다. UPS는 전산시스템 단절 없이 전기공급을 안정적으로 유지해주는 장치다.

화재가 발생한 배터리는 58V 리튬배터리로 12개를 수납하는 캐비닛 총 16개 중 8개가 불에 탄 것으로

소방당국은 파악했다. 내부에 있던 리튬배터리의 절반가량이 소실된 것으로 볼 수 있다. 화재로 전산실 내부에 열기가 강해지자 전산실 적정온도를 유지해주는 항온항습장치가 작동을 멈췄고, 서버 등 전산장비가 훼손될 것을 우려한 국정자원 측은 대전 본원 내 시스템 647개의 전원을 모두 차단했다.

국정자원 배터리 살피는 감식반

화재 이후 첫 평일인 29일 시스템 복구가 늦어지면서 정부부처는 큰 혼선을 빚었다. 업무에 필요한 결재서류를 일일이 수기로 작성하는 '아날로그 정부'로 회귀한 모습도 나타났다. 산업통상부 등 일부 부처들은 전산망 밖에서 수기로 문서대장을 관리하는 방식으로 제한적이나마 긴요한 문서부터 처리한 것으로 알려졌다. 국민은 각종 민원서류나 증명서 등을 디지털로 발급받지 못해 시·군·구청이나 주민센터를 직접 방문하는 등 불편을 겪었다.

국가공무원 업무자료 클라우드도 소실돼

이번 화재로 중앙행정기관(중앙부처) 공무원 업무용 자료저장소인 'G드라이브'가 전소되면서 국가공무원들이 개별적으로 저장해둔 업무자료가 모두 소실된 것으로 파악됐다. G드라이브는 중앙부처 공무원 등이 직무상 생산·취득한 업무자료를 클라우드컴퓨팅*을 활용해 저장하고 관리할 수 있는 정보시스템이다. G드라이브는 중앙부처 48개, 위원회 26

개 등 총 74개 기관에서 국가공무원 19만 1,000여 명이 이용한 저장장치로 사용용량은 올해 8월 기준 858테라바이트(TB)다. 1TB가 A4 26억장 분량임을 감안하면, A4 2조 2,308억장 분량의 개인 업무 자료가 모두 사라진 것이다.

클라우드 컴퓨팅

인터넷상의 서버에 데이터를 저장해두고 언제 어디서나 인터넷에 접속해 다운받을 수 있어서 시간과 공간의 제약 없이 원하는 일을 할 수 있다. 구름(Cloud)처럼 무형의 형태인 인터넷상의 서버를 클라우드라고 하며, 사용자가 스마트폰이나 PC 등을 통해 문서, 음악, 동영상 등 다양한 콘텐츠를 편리하게 이용할 수 있다. 클라우드 환경의 종류에는 SaaS, IaaS, PaaS가 있다.

행안부는 2018년 'G드라이브 이용지침'을 마련해 '생산·관리되는 모든 업무자료는 PC에 저장하지 말고, G드라이브에 저장해야 한다'는 원칙을 제시해 왔다. G드라이브는 중앙부처별로 사용편차가 큰 것으로 전해졌다. 다만 공무원 개인업무용 자료 외에 공식적인 결재와 보고가 이뤄진 공문서는 온나라시스템에도 저장돼 온나라 정상화 이후 공문서 자료복구도 가능할 것으로 예상됐다.

한편 경찰은 이번 화재의 원인규명을 위해 10월 2일 국정자원과 관련업체 3곳 등 4곳에 대한 압수수색을 했다. 전담수사팀장인 김용일 대전경찰청 형사과장은 "사업계획서와 배터리 로그기록 등 다수의 자료를 확보했다"며 "압수물 분석과 관계자 조사 등을 통해 화재원인과 사건경위를 명확히 규명하겠다"고 밝혔다.

이에 앞서 경찰은 국정자원 관계자 1명과 배터리 이전 공사현장 업체 관계자 2명, 작업 감리업체 관계자 1명 등 4명을 업무상 실화 혐의로 입건했다. 국정자원은 당시 5층에 있던 배터리를 지하로 이전하기에 앞서 배터리 전원을 끄고 케이블을 끊는 작업을 하던 중 알 수 없는 이유로 배터리에서 불꽃이 튀었다고 설명했다.

국가전산망 장애담당팀을 총괄하던 행안부 공무원이 10월 3일 투신해 사망하는 사건도 발생했다. 경찰수사팀의 한 관계자는 "해당 공무원이 현재까지 참고인 조사나 수사대상에는 포함되지 않은 무관한 사람인 것으로 보고 있다"고 밝혔다.

HOT ISSUE 5위

과열 우려 속 코스피 사상 첫 4,000 돌파

코스피가 10월 27일 미중 무역협상 타결 기대와 뉴욕증시 강세 등에 힘입어 사상 처음 4,000선을 넘어섰다. 반도체를 중심으로 자동차·이차전지주가 주가상승을 이끌었다. 코스피 사상 첫 4,000선 돌파라는 역사적 순간을 맞이한 가운데 일각에서는 증시과열에 대한 우려도 고개를 들고 있다.

반도체에서 자동차·이차전지 등으로 확산

10월 27일 오전 9시 24분 기준 코스피는 전장보다 79.57포인트(2.02%) 오른 4,021.16이었다. 한때 장중 기준 역대 최고치를 4,029.44까지 높이기도 했다. 코스피가 4,000을 넘은 것은 지난 6월 20일 3,000을 돌파한 지 약 4개월 만이다.

코스피의 연초 이후 상승률은 68.49%였다. 주요 20개국(G20)의 주가지수 가운데 가장 최근 거래일 종가기준 60%대의 상승률을 보인 곳은 없었다. 2위인 일본의 닛케이225평균주가의 수익률이 이날 기준 26.61%인 점을 고려하면 코스피의 상승률은 타의 추종을 불허하는 수준이라고 할 수 있다. 이는 코스피가 장기간 정체를 겪은 뒤 얻어낸 값진 기록이다.

이 같은 상승세 원동력은 반도체 대형주였다. 미국 금리인하 전망과 반도체 업황 회복 기대에 코스피 시총 비중이 큰 삼성전자와 SK하이닉스가 '쌍끌이'로 주가를 견인하자 코스피는 무섭게 오르기 시작했다. 특히 빅테크뿐 아니라 거대 금융회사들도 인공지능(AI) 설비투자에 동참하기 시작했다는 소식에 투자심리가 살아났다. 이에 호응하듯 삼성전자가 잠정적으로 3분기 깜짝 실적*을 발표했고, SK하이닉스도 사상 처음 영업이익 '10조 클럽'에 입성할 것으로 예상되면서 투자심리에 불을 당겼다. 반도체에 대한 기대감이 커지면서 전력기기 및 소부장(소재, 부품, 장비) 기업의 주가도 덩달아 올랐다.

깜짝 실적(Earning Surprise)

기업의 실적발표 시즌에 실제 실적이 시장의 예상치를 상회할 때 쓰는 표현으로 순이익·영업이익이 '어닝'에 해당한다. 반대로 기업의 성과가 시장의 예상보다 저조할 때는 '어닝 쇼크(Earning Shock)'라는 표현을 쓴다. 둘 다 주가에 큰 영향을 끼치는데 어닝 서프라이즈는 단기간 급등, 어닝 쇼크는 단기간 급락의 원인이 될 수 있다.

그간 지수를 끌어온 반도체에 이어 코스피를 밀어 올리는 업종은 자동차와 이차전지 등이다. 특히 현대차와 기아의 경우 한미 무역협상이 장기화하면서 관세 불확실성에 주가가 눌려 있었지만, 아시아태평양경제협력체(APEC) 정상회의를 앞둔 10월 하순부터 타결 가능성에 대한 기대감이 커지면서 달리기 시작했다. 여기에 국장을 외면해온 개인 투자자가 유가증권시장에서 본격적으로 매수에 나선다면 코스피 상승세가 당분간 지속할 것으로 증권가는 보고 있다.

'버블 논란 이르다' vs '극심한 과열권' 전망 엇갈려

10월 들어서만 코스피가 18% 넘게 껑충 뛰어오르면서 단기급등에 대한 조정위험을 바라보는 투자자가 늘며 과열에 대한 우려도 커지고 있다. 지수가 가파르게 치솟는 가운데 장중 변동성도 극심해졌다.

금융투자업계와 한국거래소 정보데이터시스템 등에 따르면 이날 장 종료 기준으로 코스피의 10월(1~27일) 일평균 일중 변동률은 1.85%로 집계됐다. 이는 월별 기준으로 2021년 2월(2.03%) 이후 4년 8개월 만에 가장 높은 수준이다. 일중 변동률은 해당일 고가와 저가의 평균값에 비해 지수 변동폭이 얼마나 컸는지를 보여주는 것으로 지수의 장중 등락범위가 넓을수록 높은 값이 나온다. 한국형 공포지수로 불리는 '코스피200 변동성지수(VKOSPI)'도 9월 말

(20.62)보다 59.7% 급등한 32.94를 나타냈다. 도널드 트럼프 미국 대통령의 상호관세 발표로 전 세계 증시가 혼란을 겪었던 지난 4월 8일(37.83) 이후 최고치다.

증권가 전문가들은 <mark>단기급등에 대한 부담을 염두에 둬야 한다면서도 중·장기적으로 코스피의 우상향 흐름 자체에는 변함이 없을 것</mark>이라고 입을 모았다. 정부의 증시 활성화 정책으로 '코리아 디스카운트'로 불리는 국내증시의 고질적 저평가를 부른 요인들이 차츰 해소될 것이란 기대가 큰 상황이고, 최근 많이 오르긴 했지만 코스피 밸류에이션 수준도 글로벌 평균 대비 낮은 편이란 이유에서다.

대법원 전원합의체

사법개혁안 관련해 여당·법원 시각차 커

민주당이 내놓은 5대 사법개혁안을 두고 여당과 법원 간에는 첨예한 논쟁이 벌어졌다. 먼저 민주당은 개혁안에 대법관을 법안공고 1년 후부터 매년 4명씩 3년에 걸쳐 12명을 증원하고 3년 후 '26명 체제'가 완성되면 대법원을 6개 소부와 2개 연합부 체제로 운영하는 내용을 담았다. 법관평가에는 외부평가를 반영해 대한변호사협회(변협)의 법원 인사에 반영하기로 했다. 대법관후보추천위원회 구성도 다양화한다. 추천위원을 10명에서 12명으로 늘리는데, 사법부 몫인 법원행정처장은 빠지고 대신 헌법재판소 사무처장 등이 포함된다.

민주당 5대 사법개혁안 박차 … 개혁방향 두고 법원은 우려

HOT ISSUE

더불어민주당 사법개혁특별위원회(사개특위)가 <mark>대법관 증원, 법관 평가제 도입, 대법관 추천위 구성 다양화, 하급심 판결문 공개 확대, 압수수색 영장 사전 심문제 등을 담은 5대 사법개혁 과제</mark>를 발표했다. 당 지도부는 여기에다 법원의 판결에도 헌법소원을 제기할 수 있는 '재판소원제', 법을 잘못 적용하거나 해석한 검사와 판사에 대해 징계·처벌을 규정한 '법왜곡죄'를 더해 7대 개혁과제를 추진한다는 방침을 내놨다. 아울러 당내에서는 현직 대통령에 대한 형사재판을 중지하는 내용의 재판중지법(형사소송법 개정안), 법원행정처(행정처) 폐지 등도 사법개혁의 일환으로 추진해야 한다는 목소리가 나왔다.

대법원 소속의 행정처는 그간 대법관 증원과 법관평가제도, 재판소원 도입 문제와 관련해 반대입장을 밝혀왔다. 행정처는 앞서 사개특위에 낸 의견서에서 "대법관 수를 과다하게 증가시키는 개정안은 재판연구관 인력 등 대규모 사법자원의 대법원 집중투입으로 인해 사실심 약화의 큰 우려가 있다"는 입장을 밝힌 바 있다.

법원재판을 헌법소원 심판 대상으로 삼는 '재판소원제' 또한 뜨거운 쟁점으로 부상했다. 기존 사법 시스템의 근간을 흔들 수 있는 파급력 있는 사안인 만큼 재판소원을 둘러싼 사법계 안팎의 찬반양론도 첨예하다. ==사법부에 대한 헌법적 통제로 국민의 기본권을 더욱 두텁게 보호할 수 있으리라는 기대와 사실상의 '4심제'로 작동해 최고법원으로서 대법원의 기능이 약화하거나 '재판 지연' 현상이 심화할 수 있다는 우려가 교차==한다.

천대엽 법원행정처장

아울러 '법왜곡죄' 도입의 경우 대법원은 "권력이 사법부를 장악하기 위한 수단으로 악용될 여지가 있다"며 신중한 검토가 필요하다는 의견을 밝혔다. 그러면서 "특히 정치적 이슈가 되는 사안일 경우 법관의 소신 있는 재판에 대해서 법왜곡죄 혐의를 씌울 위험성이 있고, 이 경우 법관의 독립적인 사법권 행사를 저해할 수 있다"고 밝혔다.

법원행정처 폐지론도 다시금 부상해

한편 그간 사법부의 쇄신방향을 거론하면서 종종 터져 나왔던 행정처 폐지론도 뜨겁다. 폐지를 찬성하는 쪽에서는 외부인사로 구성된 별도 사법행정 기구를 만들어 대법원장에 집중된 사법행정 권한을 분산해야 한다고 주장한다. 반면 사법권 침해나 사법의 정치화를 초래할 수 있다는 반론도 나온다.

행정처는 전국 법원의 조직, 예산, 인사를 총괄하는 대법원 산하조직이다. 현재 민주당이 검토하는 행정처 폐지방안은 2017년 양승태 대법원장 시절 **사법농단*** 의혹으로 본격화한 논의의 연장선에 있다고 평가된다. 당시 행정처가 사법농단의 진원지로 지목되며 강도 높은 개혁 필요성 목소리가 제기됐다. 안팎의 비판 속에 거센 폐지론이 제기됐으나 이후 논의과정에서는 대안 부재와 법원 내부 반발, 정치권 동력 상실 등이 겹쳐 유야무야됐다.

> **양승태 사법농단 사태**
>
> 2017년 박근혜정부 시절 양승태 대법원장이 법원행정처와 함께 '상고법원 도입'에 정부 도움을 받을 목적으로 일제 강제징용 피해자 소송과 통합진보당 사건 등 민감한 판결에 개입을 시도하며 사법행정권을 남용하고 법관 독립을 침해했다는 사건이다. 양 전 대법원장은 직권남용·재판개입·블랙리스트 작성 등 47개 혐의를 받고 재판에 넘겨졌으나, 2024년 1월에 열린 1심 판결에서 전부 무죄선고를 받았다.

그 무렵 활동을 시작했던 국회 헌법개정특별위원회 자문위원회(자문위)는 '사법평의회' 신설을 제안했다. 자문위는 당시 보고서에서 "대법원장이 최고 사법권의 수장이자 사법행정권의 수장이라는 이중적 지위를 향유하고 있어 권력독점 현상, 법관 관료화 현상이 발생하고 있다"며 "사법행정권을 분리·독립해 사법권력 독점, 법관 관료화 현상을 해소할 수 있다"고 밝혔다.

HOT ISSUE **7위**

울산화력발전소 보일러타워 붕괴 … 사고원인 또 인재

한국동서발전의 울산화력발전소에서 노후화된 보일러타워를 철거하던 중에 붕괴사고가 발생했다. 작업자 7명이 매몰돼 구조작업을 진행했으나 사망자가 발생했고, 실종자 확인에는 시간이 소요될 것으로 보인다. 전문가들이 사고원인을 추정하는 가운데 고용노동부는 사고원인 조사계획을 밝혔다.

구조된 매몰자를 이송하는 구급차

순식간에 무너진 타워 … 사망자 발생, 수색은 난항

11월 6일 오후 2시경 울산화력발전소에서 60m 높이 보일러타워가 무너졌다. 목격자 A씨는 "쾅 소리가 들려서 돌아보니까 타워가 무너지고 있었다"며 "큰 소리에 놀라서 쳐다보니 먼지가 훅 나면서 넘어지더라"고 전했다. 붕괴된 보일러타워는 높이 60m의 대형 구조물인 데다가 철재로 돼 있어 이를 잘라가며 매몰자를 구조하는 데 상당한 시간이 걸렸다.

사고 직후 병원으로 이송된 부상자 2명은 생명에는 지장이 없는 것으로 전해졌다. 매몰자 구조가 이어졌으나, 사고현장 내 추가붕괴 위험성이 커 구조작업에 난항을 겪었다. 소방당국은 11월 7일 현장 브리핑에서 매몰됐다가 이날 오전 구조된 2명이 모두 숨졌다고 밝혔다.

오전 9시 6분께 구조된 1명은 병원으로 이송돼 사망판정을 받았고, 11시 15분에 구조된 1명은 현장에 설치된 응급의료소*에서 의료진으로부터 사망판정을 받은 뒤 병원으로 옮겨졌다. 또 구조물에 낀 채 발견된 1명은 밤샘 구조작업이 진행됐으나, 이날 오전 4시 53분께 끝내 사망판정을 받았다. 사고 8일째인 13일 기준 매몰자 시신 1구가 추가로 수습되며 사망자는 6명으로 늘었다.

> **응급의료소**
> 재난현장에서 사상자를 신속하게 분류·처치·이송해 응급의료를 담당하는 임시 의료시설로 응급의학전문의, 간호사 등 최소 5인 이상으로 편성된다. 사고현장의 1차 통제선 밖에 위치해야 하며 보건소장 또는 응급의료센터장이 의료소장으로 올 때까지는 소방공무원이 설치·운영한다.

동서발전이 해체공사를 발주해 HJ중공업이 시행사를 맡고, 코리아카코(발파업체)가 하도급을 받아 지난달부터 취약화 작업을 하던 중 사고가 났다. 취약화 작업은 발파를 통한 철거 전 구조물이 쉽게 무너지도록 하기 위해 지지대 역할을 하는 철재 등을 미리 잘라놓는 공정이다. 사고 당일도 코리아카코 측 작업자들이 아침부터 조를 나눠 서로 다른 지점에서 취약화 작업을 한 것으로 파악됐다.

보일러타워 붕괴원인은 … '비틀림' 등 거론

이번 사고의 붕괴원인을 놓고 여러 분석이 나오고 있다. 보일러타워는 작업자들이 25m 높이에서 산소절단기 등 공구로 구조물 일부를 절단하는 작업을 하다가 붕괴됐다. 관련 업계에서는 작업 중 한쪽에 하중에 더 많이 실리면서 무게중심이 흔들려 사고가 났을 가능성이 있는 것으로 추정한다. 마치 나무를 벨 때 도끼질을 더 많이 한 쪽으로 무너지듯 보일러타워가 붕괴했을 수 있다는 것이다. 소방당국도 현장 브리핑에서 "구조물 기둥 등을 다 자르고 하기 때문에 거기에서 흔들렸다든지, 기울어졌다든지 여러 문제가 있을 것 같다"고 밝혔다.

이 때문에 작업 전에 제대로 된 안전 관련 조치가 이뤄졌는지가 관건이 된다. 중심이 흔들려 한쪽으로 무게가 실렸더라도 주변에서 보일러타워가 넘어지지 않도록 와이어(끈)가 잡아주는 설비나 받쳐주는 장치가 있었는지 따져봐야 한다는 것이다. 사고 직후 현장을 찾았던 업계 관계자는 "붕괴 가능성에 대비해 보일러타워 무게를 지탱해주는 와이어 작업을 했는지 등이 사고원인에 중요한 지점이 될 수 있다"고 말했다.

또 다른 가능성은 구조물이 작업 중 뒤틀린 것이다. 보통 대형 구조물 철거는 균형유지를 위해 상부에서부터 작업하는데, 사고 당시 작업자들이 25m 높이에 있었던 것을 고려하면 해당 부분에 ==보일러타워를 떠받치는 지지대나 기둥 등이 다른 지점보다 집중적으로 설치돼 있었을 가능성이 큰 것으로 추정==된다. 문제는 예상보다 기둥이나 지지대의 노후화가 커 작은 충격에도 순간적으로 뒤틀리면서 한쪽으로 쏠렸을 수 있다는 것이다. 또한 사상자 9명 중 정규직은 1명뿐이었던 것도 문제로 지적됐다. 고용노동부는 압수수색 등 강제수사를 적극 추진해 사고원인을 밝힐 계획이다.

울산 화력발전소 붕괴현장

HOT ISSUE

8위

이태원참사 3년 만 첫 기억식 … 감사원, "경찰배치 부족" 인정

'10·29이태원참사' 3주기를 맞아 정부 차원의 첫 공식 추모행사가 10월 29일 서울 광화문광장에서 열렸다. 행정안전부(행안부)는 10·29이태원참사 유가족협의회, 10·29이태원참사 시민대책회의, 서울시와 이날 오전 10시 29분 '이태원참사 3주기 기억식'을 공동개최했다.

10·29이태원참사 3주기 기억식

정부 차원의 참사 희생자 추모행사 처음으로 열려

이번 행사는 정부대표가 처음으로 참석해 참사 희생자를 진정으로 추모하고 유가족을 위로하는 자리로서 그 의미가 크다고 행안부는 강조했다. 김민석 국무총리가 참석한 가운데 우원식 국회의장, 정당·종교계 인사, 시민단체 관계자, 시민 등 약 2,000명이 함께했다. 유가족과 시민들은 참사 상징색인 보라색 재킷 등을 입고 애도의 뜻을 전했다.

기억식은 오전 10시 29분부터 1분간 울린 추모사이렌과 함께 희생자를 기리는 묵념으로 시작됐다. ==사이렌은 참사 3년 만의 진정한 추모와 우리 공동체의 책임, 그리고 비극적인 참사 재발방지를 위한 다짐==

등의 의미를 담았다. 이재명 대통령은 영상으로 전한 추모사에서 "국민의 생명과 안전을 책임지는 대통령으로서 참사 유가족과 국민들께 다시 한 번 깊은 사과의 말씀을 드린다"며 "미흡했던 대응, 무책임한 회피, 충분치 않았던 사과와 위로까지 이 모든 것들을 되돌아보고 하나하나 바로잡아 가겠다"고 강조했다. 우원식 국회의장은 참사의 재발을 막기 위해 생명안전기본법*을 반드시 통과시키겠다는 뜻을 밝혔다.

> **생명안전기본법**
> 2014년 4월 16일 세월호 참사 이후 반복되는 대형재난과 산업재해, 사회적 참사를 막기 위해 2020년 처음 발의된 법안이다. 누구나 안전하게 살아갈 권리인 '안전권'을 법에 명시하고, 사고예방과 피해자 보호를 위한 국가와 기업의 책임을 제도적으로 규정하는 것이 핵심이다. 이재명 대통령의 대표공약이기도 하다.

송해진 유가족협의회 운영위원장은 "국가가 국민의 생명을 지키는 가장 기본적인 의무를 다했다면 159명의 희생자는 지금 우리 곁에서 각자의 내일을 살고 있었을 것"이라고 지적했다. 또 "오늘은 참사 3년 만에 정부가 처음으로 유가족과 시민들 곁에 섰지만, 이것은 출발점에 불과하다"며 "오늘의 약속이 내일의 행동으로 증명돼야 한다"고 말했다.

감사원, "참사에 대통령실 이전 영향 있어"

한편 참사의 발생·수습 과정을 정부와 감사원이 감사한 결과 윤석열정부의 대통령실 용산 이전으로 인한 경찰 경비인력 부족과 용산구청의 무능한 대처가 문제로 지목됐다. 국무조정실은 새 정부 출범 이후인 지난 7월 23일부터 경찰청·서울시청·용산구청에 대한 정부 합동감사를 실시, 이 같은 결과를 이날 발표했다.

기억식에서 묵념하는 참사 유가족들

국무조정실은 우선 "예견된 대규모 인파 운집에 대한 경찰의 사전대비가 명백하게 부족했다"며 "이 과정에서 대통령실의 용산 이전이 영향을 미쳤다"고 밝혔다. 참사 당일 대통령실에는 인근 집회관리를 위한 경비인력이 집중적으로 투입됐으나 이태원 일대에는 전혀 배치되지 않았고, 당시 경찰 지휘부 역시 이 점을 알면서도 의문만 표할 뿐 대책을 강구하지 않았다는 게 국무조정실 설명이다. 또한 서울시나 용산구 등 지자체의 대처 역시 부적절했다고 평가했다. 국무조정실은 "용산구청의 초기대응이 미흡했으며, 재난수습과정에서도 관련규정이 준수되지 않는 등 총체적 부실대응이었다"고 지적했다.

끝으로 국무조정실은 서울시 역시 참사 발생 및 대응에 책임이 있는 이들에 대한 징계 등 후속조치에 미흡한 점이 있었다고 결론 내렸다. 2023년 5월 용산구청의 징계요구를 받고도 공식절차 없이 내부 보고만으로 징계를 보류했고, 결국 당사자는 아무런 징계 없이 정년퇴직했다는 것이다. 이어서 "이번 감사를 통해 참사대응에 책임이 있거나 책임자 징계 등 후속조치과정에서 비위가 확인된 관련자에 대해 상응하는 조치를 요구할 계획"이라고 밝혔다.

HOT ISSUE

9위

한미, 관세협상 합의 …
상호관세 15%·현금투자도 상한 둬

한미 양국이 총 3,500억달러의 대미 투자금 가운데 2,000억 달러를 현금투자하되 연간한도는 200억달러로 제한하기로 10월 29일 합의했다. 상호관세 세율은 지난 7월 합의한 대로 15%를 유지하기로 했다. 양국이 팩트시트 발표 등 막바지 조율단계에 들어간 가운데 우리 정부는 일부 품목에 대해 소급적용을 시도하는 것으로 추정됐다.

도널드 트럼프 미국 대통령과 이재명 대통령

"외환시장 충격 없을 것" … 중요품목 방어 집중

김용범 대통령실 정책실장은 브리핑에서 이재명 대통령과 도널드 트럼프 미국 대통령의 정상회담을 계기로 이 같은 한미 관세협상 세부내용 합의결과를 발표했다. 김 실장은 "대미 금융투자 3,500억달러는 현금투자 2,000억달러와 조선업 협력 1,500억달러로 구성된다"며 특히 "연간 투자상한을 200억달러로 설정했다는 점이 중요하다"고 거듭 강조했다. 이어 "연간 200억달러 한도에서 사업진척 정도에 따라 투자하기 때문에 우리 외환시장이 감내할 수 있는 범위에 있으며 시장에 미치는 영향도 최소화할 수 있다"며 "외환시장의 불안이 우려되는 경우 납입시기와 금액의 조정을 요청할 근거도 마련했다"고 부연했다.

이른바 '마스가 프로젝트'로 명명된 조선업 협력 1,500억달러는 한국기업의 주도로 추진하고, 투자 외에 보증도 포함하는 것으로 합의했다. 원금회수 가능성을 높이기 위한 안전장치도 다층적으로 마련했다고 김 실장은 전했다. "상업적 합리성이 있는 프로젝트만 추진하기로 하고 이를 양해각서(MOU) 문안에 명시하기로 했다"며 투자위원회 및 협의위원회를 가동해 양국이 투자할 가치가 없는 프로젝트의 경우 제외하는 방안을 검토 중이라고 소개했다. 이에 더해 원리금 상환 전까지 한미가 수익을 5대 5로 배분하기로 하고 20년 이내에 원리금을 전액 돌려받지 못하면 수익배분 비율을 조정하기로 상호양해가 이뤄졌다고 밝혔다.

이와 함께 김 실장은 "특정 프로젝트에서 손실이 나더라도 다른 프로젝트에서 이를 보전할 수 있도록 '우산 형태'로 특수목적법인*(SPC) 구조를 설계, 손실 리스크를 크게 낮췄다"고 설명했다. 이번 합의에 따라 미국이 한국에 부과하는 자동차 관세는 25%에서 15%로 인하된다. 상호관세는 지난 7월 말 합의 이후 이미 15%가 적용되고 있다. 또 품목관세 중 의약품·목재 등은 최혜국 대우를 받고, 항공기 부품·제네릭(복제약) 의약품·미국 내에서 생산되지 않는 천연자원 등에는 무관세를 적용받기로 했다고 김 실장은 밝혔다. 특히 반도체의 경우 우리의 주된 경쟁국인 대만과 대비해 불리하지 않은 수준의 관세를 적용받기로 했으며, 쌀·쇠고기를 포함한 농업분야 추가개방을 막고 검역절차에서 소통을 강화한다는 수준의 합의로 접점을 찾았다고 덧붙였다.

특수목적법인
특정 프로젝트 사업을 수행하고 청산되는 독립법인이다. 주요 프로젝트로는 부동산 개발, 자산유동화 등이 있으며 SPC는 자금조달과 사업위험 분리에 유리해 자주 이용된다. 대개 유한회사이며 모회사와 분리돼 운영하는 경우가 많다. SPC는 일반적으로 페이퍼컴퍼니이기 때문에 조세회피나 공직자의 전관 취업 우회 등의 문제가 발생할 수 있다.

팩트시트·MOU 막바지 조율 … 마지막까지 협상

11월 14일에는 지난 7월 말 한미가 큰 틀에서 관세 협상을 타결한 뒤 약 3개월 반에 합의문을 확정하고 공동 팩트시트(Joint Fact Sheet)를 발표했다. 앞선 김 실장의 언급대로 한국의 외환시장 불안 등이 우려될 경우, 투자자금의 납입시기나 규모조정을 요구할 수 있도록 장치를 마련했다. 한국의 대미투자가 용이하도록 미국은 사업추진에 필요한 연방토지 임대, 용수·전력 공급, 구매계약 주선 및 규제절차 가속화를 위해 노력하기로 했다. 투자수익 배분은 원리금 상환 전까지는 한국과 미국이 각각 5대 5의 비율로 배분하되, 원리금 상환 이후부터는 이 비율이 1대 9로 바뀐다.

김정관 산업통상부 장관과 하워드 러트닉 미국 상무부 장관

이재명 대통령은 팩트시트 합의를 발표하며 "이로써 우리 경제와 안보의 최대변수 중 하나였던 한미 무역·통상 협상 및 안보협의가 최종적으로 타결됐다"고 의미를 부여했다.

HOT ISSUE 10위

반트럼프 정서에 진보돌풍 … 미국 일반선거 민주당 압승

도널드 트럼프 미국 대통령의 재집권 이후 처음으로 열린 일반선거에서 반(反)트럼프 메시지를 전면에 내세운 야당 민주당이 여유 있게 승리했다. 트럼프 대통령의 9개월 국정운영에 대한 민심을 보여주는 성격이 있는 정치이벤트인 만큼 다채로운 해석이 뒤따르고 있다.

셧다운 장기화에 불만 투표

11월 4일(현지시간) 열린 버지니아 주지사 선거에서 민주당의 에비게일 스팬버거 전 연방 하원의원이, 뉴저지 주지사 선거에서는 민주당의 마이키 셰릴 연방 하원의원이 각각 당선됐다. 이번 주지사 선거는 미 전국 50개주 가운데 동부지역의 두 곳에 불과하지만, 연방 상·하원 의석이 걸린 내년 11월 중간선거 전초전 성격이 있는 데다가 트럼프행정부에 대한 민심을 가늠할 수 있는 기회라 주목받았다.

에비게일 스팬버거(왼쪽)와 마이키 셰릴

미국 정치권과 언론은 민주당이 최근 몇 차례 대선에서 민주당 후보를 지지해 '블루스테이트(Blue State)'로 분류되는 버지니아와 뉴저지의 주지사 선

거에서 승리할 가능성이 크다고 봤기에 득표율에 주목했다. 조 바이든 전 대통령이 당선된 2020년 대선 때는 버지니아에서 10%포인트(p), 뉴저지에서 16%p 차로 트럼프 대통령을 따돌렸지만, 카멀라 해리스 전 부통령이 출마해 패배한 작년 대선 때는 그 격차가 각 주에서 6%p로 좁혀졌기 때문이다.

AP통신에 따르면 이번 주지사 선거에서 공화당 후보와의 득표율 차이는 스팬버거 전 의원 15%(95% 개표율), 셰릴 의원 13%(95% 개표율)다. 민주당이 격차를 크게 벌린 배경에는 트럼프 대통령과 그의 정책에 대한 비판에 메시지를 집중한 전략이 트럼프 대통령의 국정운영에 불만이 많은 유권자를 투표소로 끌어낸 것으로 보인다. 연방정부 셧다운이 최장 기록을 세우면서 각종 복지서비스와 정부운영에 차질이 생긴 가운데 이 사태에 일부 책임이 있는 트럼프 대통령을 향한 민심이 곱지 않다는 게 확인된 셈이다.

최연소·무슬림 첫 뉴욕시장 파란

민주당은 미국 최대도시이자 자본주의의 심장 격인 뉴욕시장 선거에서도 진보 아이콘인 조란 맘다니(34) 뉴욕주 의원을 내세워 승리했다. 맘다니 신임 뉴욕시장은 우간다에서 태어난 인도계 무슬림으로 뉴욕시 역사상 최초의 이슬람교도이자 남아시아계 시장이며, 100여 년 만의 최연소 시장이라는 기록을 세웠다.

뉴욕주 하원의원인 맘다니는 올해 초까지만 해도 무명에 가까운 후보였으나, 여론조사를 거듭하며 선두로 치고 나갔다. 그의 당선은 미국 진보진영의 중대한 분기점이자 뉴욕시 정치지형이 변하고 있음을 보여주는 신호탄으로 분석된다. 앞서 트럼프 대통령은 유권자들에게 "맘다니를 뽑으면 안 된다"면서 자신을 오랫동안 비판해온 앤드루 쿠오모 전 뉴욕주지사를 지지하기까지 했다. 쿠오모 후보는 민주당 경선에서 패배한 뒤 무소속으로 출마한 상태였다.

▲ 최연소 뉴욕시장이 된 조란 맘다니

미국 상원의원인 버니 샌더스와 마찬가지로 **민주사회주의***(Democratic Socialism)자를 자처하는 **맘다니는 선거공약으로 최저임금 인상, 무상버스, 무상교육 등 뉴욕시민의 생활여건 개선을 내세우면서 주목**받았다. 물론 공화당이나 재계에서는 그의 부유층 증세 공약 등을 '좌파 포퓰리즘'이라고 강하게 비판했지만, 트럼프행정부에 돌아선 민심을 되돌리기는 역부족이었다.

> **민주사회주의**
>
> 정치체제로서는 민주제를, 경제체제로서는 사회주의를 지향하는 사상이다. 민주사회주의자들은 자본주의의 경제적 결함을 해결하기 위한 사회민주주의자들의 개혁이 경제의 다른 부분에서 더 많은 문제를 야기할 것이며, 자본주의 경제체제는 결코 인간화될 수 없으므로 궁극적으로는 사회주의 경제체제로 대체돼야 한다고 믿는다. 자유민주주의와 혼합경제를 기반으로 노동자의 권리를 대변하는 사회민주주의와는 구별된다.

한편 캘리포니아주에서는 연방하원 선거구 임시조정안 주민투표도 68% 개표 기준 64.1%의 찬성으로 통과됐다. 이번 주민투표는 트럼프 대통령이 텍사스

주에서 공화당의 연방하원 의석을 늘리기 위해 선거구 조정안을 통과시킨 데 대한 맞대응 성격으로 민주당의 차기 '잠룡'으로 꼽히는 개빈 뉴섬 캘리포니아주지사 주도로 치러졌다. 투표결과에 따라 민주당은 내년 중간선거에서 캘리포니아주에서만 연방 하원의석 5석을 추가로 확보할 수 있을 것으로 전망된다. 이로써 하원에서 공화당을 다수당으로 유지하려던 트럼프 대통령의 계획이 틀어지게 됐다.

HOT ISSUE 　　　　**11위**

6개월 만에 뜯어고친 고교학점제 교사업무 줄이고 정원 늘린다

교육부가 올해 고등학교 1학년부터 전면 시행된 고교학점제를 한 학기 만에 대폭 손질했다. 현장교사들의 과도한 업무부담 호소와 반발로 제도안착이 사실상 어려워졌다는 판단이 작용한 것으로 보인다.

고교학점제 폐지 촉구 기자회견

선택의 자유가 부담으로

고교학점제는 학생들이 자신의 진로와 적성에 따라 과목을 선택하고 이수기준에 도달한 과목에 대해 학점을 취득·누적해 졸업하는 제도다. 학생의 과목 선택권을 보장하는 학생 중심 교육체제로의 전환을 위해 도입됐다. 그러나 학생이 선택할 수 있는 과목이 다양해지면서 ==교사들의 수업준비, 시험출제, 학생 개인별 학생부 기록업무가 가중됐고 기존 학년 단위가 학기 단위로 바뀌면서 업무량도 배가== 됐다. 학생이 원하는 과목이 학교에 없을 경우 공동교육과정을 개설해야 하고, 이에 따른 운영관리업무는 물론 빈번한 수강신청내역 변경요구까지 쏟아졌다.

학생과 학부모도 충분한 진로탐색 없이 조기에 과목을 선택해야 하는 압박감을 호소했다. 1학년 때 선택했던 과목과 다르게 2학년이나 3학년에 진로를 변경해야 하는 경우 대학입시에 실패할 수 있다는 불안감도 확산하고 있다. 또 대학에서는 **전공자율선택*** 이 확대되는 추세인데 고교학점제로 자신의 진로를 미리 결정해야 하는 상황은 서로 모순된다는 의견도 나왔다.

> **전공자율선택**
> 학생들의 전공선택권 확대를 위해 학생이 전공을 정하지 않고 입학한 후 대학의 체계적인 지원하에서 진로를 탐색하고 전공을 자유롭게 선택하는 제도다. 정부는 대학 일반재정지원사업(대학혁신지원사업, 국립대학육성사업) 인센티브 평가를 통해 전공자율선택제를 확대하는 대학에 재정지원을 확대하는 방식을 통해 권장하고 있다.

지난 5월 8일 전국교직원노동조합과 교사노동조합연맹은 정부서울청사 앞에서 기자회견을 열고 "학생들이 다양한 경험과 실패를 통해 자신을 알아가고 진로를 탐색해야 하지만, 현재의 고등학교 시스템에서는 불가능하다"며 고교학점제 전면 폐지를 요구했다. 이들 단체는 4월 21일부터 5월 2일까지 진행한 고교학점제 폐지 촉구 온라인 서명에 고등학교 교사 1만 9,664명이 참여했다고도 밝혔다.

교육부·국교위 고교학점제 개편 논의 시동

고교학점제를 향한 비판의 목소리가 거세지자 교육부는 9월 25일 시도부교육감 회의에서 '고교학점제 운영 개선대책'을 발표했다. 교육부 대책안의 골자는 제도시행에 따른 교사들의 업무부담을 낮추는 한편 교원정원은 대폭 늘리겠다는 것이다. 우선 교원단체들이 재검토해달라고 요구해온 '최소성취수준 보장지도' 기준을 완화했다. 현행 1학점당 5시수였던 예방·보충지도 시수를 1학점당 3시수 이상으로 개편했다. 이제 교사들이 담당해야 할 예방·보충지도 시수는 4학점 과목의 경우 최소 20시간에서 최소 12시간으로 대폭 줄어든다.

더 나아가 최소성취수준 보장지도와 관련한 구체적 지침을 올 하반기부터는 각 시도교육감이 정하도록 했다. 또한 '3분의 2 이상' 출석률에 미달한 학생들에 대한 추가학습의 경우 100% 온라인 프로그램으로 가능케 한 것도 교사들의 업무부담을 낮출 것으로 기대된다. 아울러 교육부는 고교학점제의 원활한 운영을 위해 2026년 교원정원을 대폭 확대하는 방안을 긴급히 추진하기로 했다.

국가교육위원회 제61차 회의

교육부는 개선대책 논의과정에서 제기된 현행 학점이수기준 자체를 개편하는 방안을 국가교육위원회(국교위)에 제안하기로 했다. 관련법에 따라 국가교육과정 개정사항은 대통령 소속 행정위원회인 국교위 소관 사무이기 때문이다. 교육부는 현재 출석률과 학업성취율 두 기준을 모두 충족해야 하는 학점이수기준을 공통과목은 현행대로 유지하되 선택과목에 대해서는 출석률만 적용하는 방안을 제안했다. 국교위는 10월 23일 정부서울청사에서 제61차 회의를 열어 앞서 교육부가 요청한 국가교육과정 개정을 진행, 고교학점제의 도입취지와 교육현장에 미치는 영향 등을 종합적으로 고려해 교육과정 개정을 진행하기로 의결했다.

HOT ISSUE 12위

AI에 일자리 뺏겼다 …
거대 기술기업 대규모 감원

아마존과 메타 등 거대 기술기업들이 인공지능(AI)의 생산성 향상 속에 연이어 대규모 해고를 발표하고 있는 가운데 IBM도 감원을 발표했다. 미국발 관세폭탄 여파로 코로나19 팬데믹 이후 이어진 '저해고' 기조가 종료하고, 고용시장에 경고등이 켜졌다는 분석이다.

팬데믹 이후 이어진 '저해고' 기조 종료

10월 27일(현지시각) 월스트리트저널은 미국 전자상거래업체인 아마존이 최대 3만명의 본사인력을 감원하기로 하고 작업에 들어갔다며 소식통을 인용해 보도했다. 해고는 인사, 클라우드 컴퓨팅, 광고 등 여러 사업부에 걸쳐 이뤄질 전망인데, 이번 감원은 아마존이 2022년에 약 2만 7,000명의 직원을 해고한 이래 최대규모로서 전체 인원의 10%에 가까운 규모다.

코로나19 팬데믹 당시 온라인 쇼핑이 급증하자 아마존은 2년 동안 물류망을 두 배로 확장하고 이에 맞춰 채용을 적극 늘렸다가 팬데믹이 끝난 뒤 지속적으로 감원을 추진해왔다. 이번 감원도 그 당시 늘어난 인력을 감축하는 차원으로 보고 있다고 아마존 관계자는 전했다.

하지만 월스트리트저널은 아마존의 이번 대대적인 감원을 "AI 도입, 물가상승, 노동시장 경색, 트럼프 대통령의 무역전쟁 격화 등으로 기업 경영진이 허리띠를 졸라매는 방안"의 일환으로 분석했다. 베스 갈레티 아마존 인력 경험 및 기술 담당 수석부사장의 "우리는 더 적은 계층구조와 더 많은 주인의식으로 조직의 군살을 빼야 고객과 사업을 위해 더 빨리 움직일 수 있다고 확신한다"는 발언이 이런 분석에 힘을 싣고 있다.

이보다 앞서 지난 6월 앤디 제시 아마존 최고경영자(CEO)도 AI 기술혁신에 따라 향후 수년간 감원이 이어질 가능성을 내비친 바 있다. 그는 직원들에게 보낸 사내 메모에서 "AI의 도입으로 업무처리방식이 변화할 것"이라며 "AI를 활용해 회사의 효율성이 높아지면 사무직 직원은 줄어들 것으로 예상한다"고 밝혔다. 제시 CEO의 발언이 4개월 만에 현실화한 셈이다.

관세 부담 떠안고 인건비 절감

감원계획이 있는 기업은 아마존만이 아니다. 11월 4일 IBM은 대규모 해고를 발표했다. IBM의 전체 직원 수가 지난해 말 기준 27만명인 것을 고려하면 1%만 줄더라도 해고되는 직원의 수는 2,700명에 달하게 된다. 이보다 앞선 10월 22일에는 수백억 보상패키지로 AI 인재를 싹쓸이하던 메타마저 자사의 AI 조직인 '슈퍼 인텔리전스 랩스'에서 600명을 정리해고했다.

대기업뿐만 아니라 중소기업이나 스타트업도 AI 혁신 영향에 따른 인력감축을 벌이고 있다. 미국의 온라인 교육업체 체그(Chegg)는 생성형 AI의 영향으로 자사로의 이용자 유입이 줄면서 직원의 45%에 해당하는 388명을 해고했다.

이 같은 대규모 정리해고 사태에 대해 블룸버그는 ▲ AI와 자동화 기술의 진전 ▲ 트럼프행정부 관세 부담에 따른 비용절감 압박 ▲ 기업들의 이익방어 전략 등을 꼽았다. 많은 대기업들이 소비자가격을 올리는 대신 관세부담을 직접 떠안고 인건비 절감을 선택했다는 설명이다. 특히 AI와 자동화로 인해 '기업 관리자들에게서 해고에 대한 두려움이 사라지고 있다'며 지금까지의 미국 저고용 저해고*(Low-hire, Low-fire) 경제상황이 끝난 것일 수도 있다는 전망을 내놨다.

저고용 저해고

기업들이 신규채용을 활발히 하지 않는 동시에 기존 직원들도 쉽게 해고하지 않는 노동시장의 상황을 의미하는 경제용어다. 경기침체나 경제전망에 대한 불확실성이 커질 때, 인력확보가 어려울 때, 안정적인 숙련인력을 유지하고자 할 때, 정규직 직원을 채용하고 해고하는 과정에 드는 비용과 법적 위험부담이 클 때 취하는 전략이다. 하지만 전반적인 고용이동이 둔화되고 노동시장이 경직되며, 한번 실직하면 재취업이 쉽지 않기 때문에 실업기간이 장기화되는 부작용이 있다.

HOT ISSUE 13위

서울시 마을버스 환승제도 탈퇴 혼란

대중교통 환승할인 보전규모를 놓고 서울시와 갈등을 빚는 마을버스 업계가 요구안이 수용되지 않으면 내년 1월 1일부터 환승제에서 공식적으로 탈퇴하겠다고 예고했다.

서울시 마을버스

"재정지원 없으면 환승제 탈퇴"

서울시마을버스운송사업조합(조합)은 올해 5월부터 환승제도 개선과 재정지원 현실화를 요구하며 서울시와 갈등을 빚었다. 이견이 좁혀지지 않자 여러 차례 환승제 탈퇴 카드를 꺼내들어 시를 압박해왔다. 결국 조합은 지난 9월 22일 기자회견을 열어 환승제 탈퇴에 대한 입장을 밝혔다. 김용승 조합 이사장은 "지난 20년 동안 환승손실금은 매년 평균 1,000억 원이 발생했고 그간 서울시로부터 보전받지 못한 금액은 1조원을 상회한다"면서 "그런데도 시는 오히려 지금보다 더 자주 운행하라고 요구하면서 마을버스 업계를 사지로 몰고 있다"고 주장했다.

기자회견에서 발언하는 김용승 서울마을버스조합 이사장

조합에 따르면 2004년 7월 1일 체결한 **대중교통 환승합의서***는 그해 12월 31일까지 유효기간을 두고 참여기관의 별다른 의사표시가 없을 경우 1년간 연장한다고 돼 있다. 협약체결 이후부터 올해 말까지 자동연장돼왔으나 이번에는 탈퇴하겠다는 것이 조합의 입장이다. ==마을버스가 환승제에서 탈퇴하면 마을버스 승객은 더는 지하철, 시내버스와의 환승할인을 받을 수 없고 별도로 마을버스 요금을 내야== 한다.

대중교통 환승합의서

서울시가 버스·지하철 간 요금체계를 통합하고 효율적인 대중교통 운영을 위해 서울시버스운송사업조합, 서울시마을버스운송조합과 체결한 협약이다. ▲ 버스-지하철 간 요금통합 ▲ 거리비례 요금제 시행 ▲ 환승할인 손실금 분담 등을 핵심내용으로 담고 있다. 2007년부터 경기도와 인천까지 확대되면서 수도권 전역의 환승체계가 완성됐고, 이는 오늘날 수도권 대중교통 시스템의 기반이 됐다.

이에 서울시는 9월 23일 시청에서 브리핑을 열어 강경대응에 나섰다. 법적으로 조합의 일방적 탈퇴는 불가능하며, 환승제 탈퇴는 교통운임(요금) 변경·조정에 해당하기에 여객자동차법 8조에 따라 시에 변경신고 후 수리를 받아야 한다는 것이다. 또한 시는 마을버스 운행률 개선과 업계 경영난 해소를 위해 재정지원 기준 인상, 내년도 지원규모 증액, 수익성이 낮은 노선에 대한 지원확대 등을 조합에 제안했으나 조합이 이를 받아들이지 않고 환승제 탈퇴선언을 했다고 말했다.

'반쪽 합의' … 계속되는 환승탈퇴 압박

서울시는 10월 2일 밤 11시 55분께 조합과 '마을버스 운송서비스 개선을 위한 합의문'을 체결했으며, 조합이 환승제 탈퇴의사를 철회했다고 밝혔다. 그러나 불과 이틀 만에 조합이 이를 부인하면서 시민 혼란만 가중됐다. 조합은 지난 10월 4일 입장문을 내 "철회내용은 사실이 아니다"라며 환승손실 보전이 받아들여지지 않으면 내년 1월 1일부로 탈퇴를 강행한다는 기존 입장을 고수했다. 실제 양측이 작성한 합의문에는 환승 관련 내용이 '추가 논의사항'으로 포함됐다. 당초 시는 '환승제에 계속 참여한다'는 취지의 문구를 합의문에 담으려 했지만, 조합 측 반대로 넣지 못한 것으로 전해졌다.

조합이 합의문 체결 직후 강경모드로 전환하게 된 데는 업체마다 다른 경영사정이 배경으로 작용했을 것이란 분석이 나온다. 서울에서 운행 중인 140개 마을버스 업체 가운데 작년 기준 회계상 흑자업체는 100여 곳이다. 이 중 40여 곳은 시 재정지원 기준을 넘는 수익을 내 서울시의 보조금 대상이 아니다. 이번 합의과정에서 적자가 심한 업체에 주는 재정지원 폭이 커졌는데, 흑자업체로서는 이 같은 혜택을 받지 못하기 때문에 환승손실에 대한 보전을 추가적으로 챙겨야 한다는 내부 목소리가 나왔을 수 있다는 것이다. 5개월 넘게 이어진 갈등이 좀처럼 해소되지 않으면서 시민들의 불안과 피로감이 커지고 있다.

HOT ISSUE 14위
주한미군 규모 유지 … 미 국방수권법안에 명시

미국 상원 본회의를 통과한 2026회계연도 국방수권법안(NDAA)에 '주한미군 규모 유지' 내용이 명시된 것으로 확인됐다. 도널드 트럼프 2기 행정부 들어 주한미군 감축이나 역할 재조정 가능성이 거론되는 가운데 의회가 주한미군 규모를 현 수준으로 유지할 것을 강하게 권고했다는 점에서 주목된다.

한미연합훈련 중인 미군 장갑차

NDAA에 주한미군 규모 감축 금지 명시돼

10월 22일(현지시간) 미국 의회 의안정보시스템에 올라온 NDAA 상원 통과본 전문을 보면 해당 법안은 "한국에 영구주둔하거나 배치된 미군 병력을 2만 8,500명 밑으로 감축하는 데 이 법에 의해 승인된 예산을 사용할 수 없다"는 조항을 담았다. 국방수권법은 국방부의 예산지출과 정책을 승인하는 연례 법안이다. 상·하원의 최종조율을 거쳐 이 내용이 확정되면 트럼프행정부가 충분한 사전협의 없이 주한미군 감축에 나설 경우 의회가 행정부를 견제할 근거로 활용될 수 있을 것으로 전망된다. 국방수권법의 예산을 주한미군 감축에 사용하지 못하게 하는 조항은 트럼프 1기 시절에 의회가 행정부의 일방적인 감축을 견제하기 위해 2019~2021회계연도 국방수권법에 포함됐다가 이후 바이든행정부 들어 사라졌는데 트럼프 2기 행정부 들어 5년 만에 재등장한 것이다.

> **전시작전통제권**
>
> 보통 '전작권'이라고 부른다. 평상시에는 작전통제권을 우리가 갖고 있지만 전투준비태세인 '데프콘'이 적의 도발징후가 포착되는 상황인 3단계로 발령되면 한미연합사령관에게 통제권이 넘어가도록 돼 있다. 다만 수도방위사령부 예하부대 등 일부 부대는 작전통제권 이양에서 제외돼 유사시에도 한국군이 독자적으로 작전권을 행사할 수 있다.

주한미군 전략적 유연성, 이전 합의내용 재확인

한편 이번 10월 경주에서 열린 아시아태평양경제협력체(APEC)의 한미정상회담에서는 한국의 국방비 확대와 함께 주한미군의 전략적 유연성에 대해서도 논의됐는데, 2006년에 한미가 합의한 내용을 재확인하는 수준에서 일단 정리된 것으로 전해졌다. 주한미군 전략적 유연성 문제는 노무현 대통령 재임 때 미국 조지 W. 부시행정부의 요구에 따라 불거졌고, 한미는 2006년에 입장을 정리한 바 있다. 당시 발표된 한미 공동성명은 "한국은 동맹국으로서 미국의 세계 군사전략 변화의 논리를 충분히 이해하고, 주한미군의 전략적 유연성의 필요성을 존중한다"는 내용이 담겼다.

한미 국방장관

법안은 이와 함께 한미연합사령부의 **전시작전통제권***(전작권)을 미국 지휘사령부에서 한국 지휘사령부로 전환하는 행위에도 예산을 사용할 수 없다고 명시했다. 또 국방장관이 '주한미군 감축'이나 '전작권 전환'을 하고자 할 경우 이것이 미국의 국가안보 이익에 부합하고 한국 등 동맹국과 충분한 협의를 거쳤음을 보증하는 확인서를 의회에 제출해야 한다는 내용을 담았다. 상원을 통과한 NDAA는 주한미군 규모를 명시할 뿐만 아니라 이 법에 따른 예산을 주한미군 감축에 사용하지 못하게 해 하원 통과 법안보다 훨씬 강제력이 있는 것으로 평가받는다.

공동성명에는 "전략적 유연성의 이행에 있어서 미국은 한국민의 의지와 관계없이 동북아 지역분쟁에 개입되는 일은 없을 것이라는 한국의 입장을 존중한다"는 내용도 포함됐다. 우리나라 입장에서는 주한미군을 필요에 따라 재배치하고, 역내외 비상시 투

입할 기동군으로 활용하길 원하는 미국 측 요구에 일정부분 부응하는 동시에 원하지 않는 분쟁에 연루되는 상황을 피하기 위한 나름의 안전판도 마련한 셈이었다.

다만 19년 전인 2006년에 비해 중국의 군사력이 훨씬 커졌고, 남중국해와 대만해협 등에서 중국의 현상변경 의지도 강해졌기 때문에 당시보다 주한미군 전략적 유연성은 보다 현실적 문제로 다가올 가능성이 있다. 아울러 미국이 조만간 대중견제와 동맹의 안보책임 강화를 골자로 한 새 국방전략(NDS)을 내놓은 이후 주한미군 전략적 유연성 강화 혹은 역할 조정에 대한 미국 측의 추가요구가 있을 것이라는 관측도 제기된다.

HOT ISSUE **15위**

초코파이 엄벌·쿠팡은 솜방망이 … 검찰의 형평성·책임성 논란

최근 '초코파이 절도사건'과 '쿠팡 수사외압 의혹'을 둘러싸고 검찰의 수사 형평성과 책임성에 대한 논란이 잇따르고 있다.

1,050원 어치 간식 먹고 법정에 선 노동자

완주군의 한 물류회사 보안업체 직원인 A씨는 지난해 1월 18일 오전 4시께 사무실 냉장고 안에 있던 초코파이와 커스터드를 훔친 혐의로 기소됐다. 올해 5월 1심 재판부는 절도죄가 성립한다고 보고 A씨에게 벌금 5만원을 선고했다. 그는 절도죄로 유죄를 받으면 경비업법에 따라 직장을 잃을 수 있어 항소하고 무죄를 다투고 있다. 10월 21일 법제사법위원회 국정감사에서는 이른바 '초코파이 절도사건'을 두고 전주지법과 전주지검을 향한 질타가 쏟아졌다.

커스터드와 초코파이

서영교 더불어민주당 국회의원은 "물류회사 하청업체 직원이 이거 하나 먹었다고 재판을 했다"고 지적했다. 이어 "지금 이 사건을 전주지법에서 항소심 중인데 (피고인은) 하청에, 하청에, 하청에 하청인 4차 하청업체에 근무한다"며 사건을 다시 잘 논의해달라고 주문했다. 같은 달 28일 열린 전주지법 국정감사에서도 "초코파이 절도사건은 현대판 장발장"이라며 전북경찰청의 과도한 사건처리를 비판하는 목소리가 나왔다.

지난 10월 30일 항소심 결심공판에서 검찰은 시민위원회의 의견을 반영해 선고유예를 구형했다. 검사는 선고유예를 요청하면서도 "이 사건의 모든 증거와 법리를 종합하면 공소사실은 명백히 인정된다"며 "지금까지 자신의 범행을 반성하지 않고 있어 비난받아 마땅하다"고 덧붙였다. 같은 날 이민경 민주노총 전북본부장은 전주지법 앞에서 무죄판결을 촉구하는 1인 시위를 했다. 공판이 끝난 뒤 그는 "==검찰은 산업재해나 임금체불 등의 사건에 대해 솜방망이 처벌을 하지만 노동자 생존권이 걸린 부분에 대해서는 과도한 재판==을 하고 있다"고 비판했다.

검사 양심고백 … 쿠팡 수사외압 의혹 불거져

지난 10월 15일 고용노동부 국정감사에서 문지석 광주지검 부장검사가 검찰 지휘부의 수사무마 외압이 있었다고 폭로했다. 올해 1월 중부지방고용노동청 부천지청은 취업규칙을 변경해 일용직 노동자의 퇴직금을 체불한 혐의로 쿠팡 물류 자회사인 쿠팡풀필먼트서비스(CFS)의 인사부문 대표이사를 검찰에 송치했다. 그러나 지난 4월 검찰은 무혐의·불기소 처분을 내렸다. 당시 인천지검 부천지청에 재직하던 문 부장검사는 검찰 지휘부가 핵심증거를 누락하는 방식으로 사건을 무혐의로 처분하게 했다고 말했다. 또한 상급자인 엄희준 당시 지청장과 김동희 당시 차장검사가 무혐의 처분을 하라고 압력을 줬다고 말했다. 문 부장검사는 자신과 주임검사는 쿠팡의 취업규칙 변경이 불법이라고 주장했으나 김 전 차장이 '무혐의가 명백한 사건'이라며 회유하고, 엄 전 지청장은 주임검사를 따로 불러 쿠팡사건 무혐의 가이드라인을 줬다는 것이다.

문지석 광주지검 부장검사

논란이 일자 엄 전 지청장은 지난 10월 17일 검찰 내부망인 이프로스*에 문 부장검사의 악의적 허위주장은 무고에 해당한다고 반박했다. 그는 "쿠팡사건과 관련해 기소하기 어렵다는 의견을 제시했고, 저는 주임검사의 의견이 그렇다면 유사 사안을 잘 검토해 신속히 마무리하자고 말했다"며 "주임검사 의견을 무시한 채 일방적이고 강압적으로 무혐의 지시를 한 사실은 절대 없다"고 강조했다.

> **이프로스(e-PROS)**
>
> 검찰 내부 전산망으로 검찰 구성원만 접속할 수 있는 폐쇄형 온라인 시스템이다. 이곳에서는 공지·인사발령·법률자료·판례·업무지침 등이 공유되며, 검사와 직원들이 의견을 교환하거나 제도 개선의견을 제시하는 내부 게시판도 있다.

이 사건은 결국 상설특검으로 넘어가게 됐다. 정성호 법무부 장관은 10월 24일 해당 의혹에 대한 상설특검 수사를 결정했다고 밝혔다. 문 부장검사는 지난 5월 대검찰청에 감찰과 수사를 의뢰했고, 대검은 10월 20일 부천지청을 현장조사하는 등 감찰을 진행해왔다. 상설특검이 출범하면 해당 감찰 건도 넘겨받게 될 것으로 보인다. 법무부는 "특검에 적극 협조해 사건의 실체가 명명백백히 규명될 수 있도록 적극 협력할 것"이라고 전했다.

HOT ISSUE 16위

지구 이산화탄소 농도 역대최고 증가속도마저 최악

세계기상기구(WMO)의 최신보고서에 따르면 지난해인 2024년 대기 중 이산화탄소 농도가 전년보다 3.5ppm 증가한 423.9ppm를 기록했다. 이는 관측 이래 가장 높은 수치이자 1957년 현대적 관측이 시작된 이후 가장 큰 연간 증가폭이다. 인간활동과 관련된 다른 온실가스인 메탄과 아산화질소 역시 역대 최고수준으로 상승했다.

산불 증가, 숲·해양 흡수능력 상실이 원인

2011년부터 2020년까지 최근 10년 동안의 이산화탄소 증가속도는 연간 평균 0.8ppm 증가한 1960년대의 정확히 3배에 달했다. 현재의 이산화탄소 농도는 인류문명이 시작된 80만년 이상 전에 존재했던 수준이라고 WMO는 전했다.

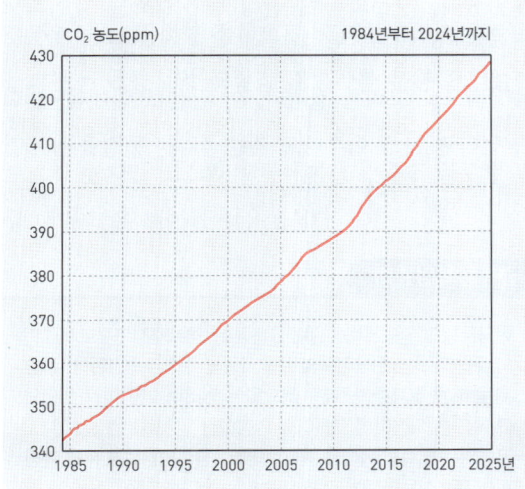

자료 / 세계기상기구(WMO)

보고서는 2023년 다수 국가들이 화석연료 감축을 약속했음에도 여전히 석탄·석유·가스 연소가 지속됐다는 점에서 원인을 찾았다. 또한 2024년은 관측 역사상 가장 더운 해로 기록됐는데, 이로 인해 건조한 기후 속 산불이 빈번하게 발생하면서 이산화탄소를 크게 발생시켰다고 보았다. 즉, 화석연료 사용이 줄지 않고 있는 데다 산불이 이산화탄소의 직접 배출과 토지의 이산화탄소 흡수에도 지속해서 영향을 주고 있다는 것이다. 실제로 지난해 남미의 볼리비아와 브라질, 북미의 캐나다 산불로 인해 이산화탄소 배출량이 많았고, 아마존의 경우 적은 강수량과 극심한 가뭄, 산불로 인한 이산화탄소 배출량이 최고수준이었다.

오히려 열대우림이 이산화탄소 발생의 주범

하지만 과학자들은 이보다 더 우려되는 부분을 탄소흡수원의 약화로 꼽았다. 현재 지구가 배출하는 이산화탄소의 거의 절반이 바다에 녹거나 식물에 흡수돼 대기에서 제거된다. 그러나 해양온도 상승으로 용해능력이 감소한 것으로 나타났다. 여기에 고온·건조한 날씨의 반복과 빈번한 대형산불로 식물의 성장과 탄소흡수가 저해되면서 상황이 악화되고 있다는 것이다.

특히 대형산불에 대한 우려가 크다. 보통 나무는 성장할 때 이산화탄소를 흡수해 광합성을 한다. 하지만 기온이 너무 높으면 수분증발을 막기 위해 잎의 기공을 닫아버리는데, 이는 곧 이산화탄소 흡수를 멈춘다는 의미다. 심지어 나무가 죽으면 나무에 저장된 이산화탄소는 대기 중으로 배출된다.

산불피해를 입은 아마존 정글

또한 미국 스미스소니언 열대연구소 연구에 따르면 32.2℃를 넘으면 열대우림이 이산화탄소를 흡수하는 속도보다 배출하는 속도가 빨라지는 것으로 나타났다. 열대우림이 지구 전체의 식물이 저장하고 있는 탄소의 약 40%를 저장하고 있는 것을 고려하면 지속적인 대형산불로 죽은 나무가 늘어나고 기후변화로 인한 높은 기온이 장기화되면 이산화탄소 배출량이 더욱 커질 수 있다는 의미다. 지구의 허파로 불리며 지구온난화에 있어 보루로 여겨지던 열대우림이 오히려 주범이 될 수 있는 것이다.

코 배럿 WMO 사무총장은 이산화탄소와 다른 온실가스에 갇힌 열이 지구온난화를 부채질하고 더욱 극단적인 기후를 불러온다고 경고했다. 그는 "대기 중의 온실가스를 줄이는 것은 기후변화를 막는 것은 물론 경제적 안보와 지역사회의 복지를 위해서도 필수적"이라고 역설했다. 아울러 온실가스 배출량을 근본적으로 줄이지 않으면 2015년 **파리기후변화협정***(파리협정, Paris Agreement)의 목표를 달성하지 못할 것이라고 경고했다. 전 세계는 파리협정을 통해 지구의 평균 온도상승을 1.5℃ 이내로 억제하자고 약속한 바 있다.

파리기후변화협정

신기후체제의 근간이 될 국제협정이다. 2020년부터 지구 평균기온 상승을 산업화 이전 대비 2℃보다 상당히 낮은 수준으로 유지하고, 1.5℃로 제한하기 위해 노력한다는 전 지구적 장기목표가 제시됐다. 모든 국가가 2020년부터 기후행동에 참여하며, 5년 주기 이행점검을 통해 점차 노력을 강화하도록 규정했다. 2015년 제21차 당사국총회(COP21, 파리)에서 체결했고, 2016년 4월 미국 뉴욕에서 서명됐으며 10월 5일 발효요건이 충족돼 11월 4일 공식발효됐다.

HOT ISSUE **17위**

한국은행, 부동산기조에 맞춰 기준금리 3연속 동결

10월 23일 한국은행(한은) **금융통화위원회***(금통위)가 통화정책방향 회의에서 기준금리를 연 2.50%로 유지했다. 정부의 부동산정책과 기조를 같이하고 1,430원을 넘나드는 환율과 수출여건 등의 요인을 종합적으로 고려한 결과다. 이 같은 요인에 큰 변화가 없다면 11월 이후에도 기준금리는 동결을 유지할 것이라는 전망이 우세하다.

금융통화위원회

한국은행의 금융통화위원회(금통위)는 정책결정기구로서 7인의 위원이 통화신용정책의 주요사항을 심의·의결한다. 금통위는 매월 둘째주, 넷째주 목요일에 열리나 2인 이상 위원의 요구 또는 의장이 필요하다고 인정하면 임시회의를 개최한다. 금통위는 본회의 외에도 위원협의회·심의위원회를 통해 평상시에 통화신용정책에 관한 심도 있는 논의를 진행한다.

부동산 억제책과 공조, 1,430원대 환율도 부담

한은 금통위가 상반기에 두 차례 금리를 인하한 반면, 하반기 들어서는 3차례 연속 금리를 동결했다. 6·27, 9·7 대책에도 서울 집값 상승세가 잡히지 않아 10·15 대책까지 나온 상황에서 섣불리 금리를 낮춰 '영끌(영혼까지 끌어모아 주택구입)'과 주택가격에 기름을 부을 이유가 없다고 판단한 것으로 해석된다. 최근 1,430원대를 넘나드는 원/달러 환율이 더 치솟을 위험도 고려됐다. 올해 상반기에도 네 차례 회의 중 2·5월 두 차례 인하로 완화기조를 이어갔다. 건설·소비 등 내수부진과 미국 관세영향 등에 올해 경제성장률이 0%대에 그칠 것으로 예상되자 통화정책의 초점을 경기부양에 맞춘 결과다.

6·27대책에도 10월 둘째 주(한국부동산원 통계·10월 13일 기준) 서울 아파트 가격은 2주 전(연휴 전)보다 0.54% 더 올라 상승폭이 오히려 더 커졌다. 이에 정부는 10·15대책을 서둘러 발표했다. 더 강한 부동산규제가 나온 지 불과 1주일 만에 한은이 금리를 낮춰 주택담보대출을 부추길 경우 '정책 엇박자' 논란이 불가피한 상황이다. 이창용 한은 총재 역시 10월 20일 국회 기획재정위원회 국정감사에 출석해 "한은 입장에서는 유동성을 더 늘려 부동산 시장에 불을 지피는 역할을 하지 않으려고 한다"고 분명히 밝혔다.

금융통화위원회 본회의에 참석한 이창용 한국은행 총재

금리인하 기조 속 동결 … 전문가 "동결유지" 전망

이날 금통위도 회의 의결문에서 "성장의 경우 전망 불확실성이 여전히 크지만 소비·수출 중심으로 개선세를 이어가고 있고, 부동산대책의 수도권 주택시장·가계부채 영향, 환율 변동성 등 금융안정 상황을 계속해서 살펴볼 필요가 있는 만큼 현재의 기준금리 수준을 유지하는 것이 적절하다고 판단했다"고 밝혔다.

미국 관세협상 불확실성 외에도 최근 불안한 환율흐름이 금리동결의 주요근거가 됐다. 10월 14일 서울 외환시장에서 원/달러 환율 주간(낮)거래 종가(오후 3시 30분 기준)는 1,431.0원으로 4월 29일(1,437.3원) 이후 5개월 반 만에 처음 주간 종가기준으로 1,430원대에 다시 올라섰다. 이후로도 뚜렷하게 떨어지지 않고 1,420~1,430원대에서 오르내리고 있다. 여기에서 기준금리까지 낮아지면 원화가치가 더 떨어져 1,430원대 이상의 환율수준이 굳어질 위험이 있다. 아울러 ==반도체 등 수출호조와 주식 등 자산가격 상승에 따른 소비심리 회복, 내년 성장률 회복 전망 등으로 경기부양 목적의 금리인하 압박이 줄어든 점도 금통위원들의 동결결정에 영향==을 미친 것으로 보인다.

아울러 금통위는 향후 통화정책 방향에 대해 "금융안정 측면에서 추가 부동산대책의 효과를 점검하는 한편, 큰 환율 변동성의 영향에도 유의할 필요가 있다"며 "성장의 하방위험 완화를 위한 금리인하 기조를 이어 나가되, 이 과정에서 대내외 정책여건 변화와 물가흐름, 금융안정 상황 등을 점검하면서 추가 인하 시기와 속도를 결정할 것"이라고 예고했다.

전문가들 사이에서는 집값·환율 불안이 진정되지 않을 경우 한은이 다음 달에도 기준금리를 낮추기가 쉽지 않을 것이라는 분석이 우세하다. 조영무 NH금융연구소장은 "대책으로 주택시장에 변화가 나타나면 좋겠지만, 11월에도 지금 같은 분위기가 이어지고 부동산과 환율 관련 우려가 계속 커지면 11월 금리인하 가능성도 크게 줄어들 수밖에 없다"고 진단했다.

HOT ISSUE

18위

박물관이 위험하다…
루브르박물관 보석 도난

외제니 황후의 왕관

세계최대 미술관이라 불리는 프랑스 파리의 루브르박물관이 전시하던 보석들을 도난당했다. 4인조 괴한이 침입해 전시 중이던 왕실 보석 9점을 훔쳐 달아난 것이다. 사건 6일 만에 침입한 4명 중 2명이 체포되는 등 용의자들이 잡혔지만, 도난당한 1,400억 원대 보석들의 소재는 여전히 오리무중이다.

4분 동안 1억달러 탈취… 7분 만에 도주

일요일이었던 10월 19일(현지시간) 오전 9시 34분. 범인들은 루브르박물관 건물의 센강변 외벽에 사다리차를 이용해 건물 2층(프랑스식 1층)에 닿은 후 유리창을 깨고 프랑스왕실 보석류가 전시돼 있던 '아폴론 갤러리'로 들어갔다. 경보시스템이 울렸지만 범행은 계속됐으며, 이들은 유리진열장을 잘라내고 9점의 귀금속을 훔쳤다. 오전 9시 40분 올라왔던 대로 사다리차를 통해 다시 내려갔으며, 곧바로 전동스쿠터를 타고 현장을 떠났다. 침입부터 도주까지 걸린 시간은 7분에 불과했으며, 이들이 전시실 안에 머문 시간은 3~4분 정도였다.

보안요원들은 침입사실을 인지한 즉시 경보를 울리고 경찰에도 알렸지만, 경찰이 출동한 때는 범인들의 도주가 완료된 후였다. 박물관 폐쇄에 이어 경찰은 주변보안을 위해 루브르박물관 앞 카루젤광장도 폐쇄하고 수색에 나섰고, 이 과정에서 범인들이 도주하면서 떨어뜨린 것으로 추정되는 외제니 황후의 왕관을 발견했다. 루브르 홈페이지에 따르면 이 왕관은 다이아몬드 1,354개와 에메랄드 56개로 장식된 나폴레옹 시대 유물이다.

프랑스 문화부는 '아폴론 갤러리에서 도난당한 보물 8점은 값을 매길 수 없을 만큼 귀중한 문화유산'이라며 나폴레옹 1세가 부인 마리 루이즈 황후에게 선물한 에메랄드·다이아몬드 목걸이, 나폴레옹 3세의 부인 외제니 황후의 왕관과 브로치, 18세기 마리 아멜리 왕비와 오르탕스 왕비와 관련된 사파이어 목걸이 등이 포함돼 있다고 밝혔다.

CCTV 허술, 보험도 없었다… 박물관 절도 연이어

프랑스 사회는 큰 충격에 빠졌다. 엠마뉘엘 마크롱 프랑스 대통령은 "우리 역사에 대한 공격"이라고 말했고 극우정당 '국민연합'의 대표는 "참을 수 없는 모욕"이라며 분노했다. 일각에서는 ==10년간 루브르 박물관의 감시직 190개가 사라졌다는 것을 들어 이미 예견된 도난사고였다는 비판의 목소리==도 커지고 있다. 또한 각 전시실에 개별 CCTV가 없고 노후화된 박물관 시설이 범행을 수월하게 했다는 비판도 나왔다.

일간 르몽드는 박물관 직원들이 보안시스템을 현대화할 '안전계획'이 연기된 점을 지적하며 반복되는 자원부족 탓에 보안에 허점이 생겼다고 보도했다. 올해 초 루브르 측이 노후화된 전시관 복원 및 소장품 보호강화를 위해 프랑스정부에 지원을 요청하고 이에 마크롱 대통령이 **뉴 르네상스 프로젝트*** 일환으로 루브르 리모델링을 약속했지만, 사업 시작이 내년이어서 이번 사건을 막는 데 역부족이었다는 점을 꼬집은 것이다.

> **뉴 르네상스 프로젝트**
>
> 프랑스정부가 추진하는 루브르박물관의 대규모 개보수 및 현대화 계획이다. 연간 800만명이 넘는 방문객으로 인한 과밀화, 노후화 등의 문제를 해결하고 보안을 강화하는 것이 목표다. 세부적으로는 '모나리자'를 위한 독립전시실 마련, 새로운 기념비적 입구 설치, 박물관 지하에 별도 전시 및 방문객 서비스 공간추가 등이 포함된다. 약 7억~8억유로(1조원 이상)의 비용이 예상되며, 2026년부터 시작해 2031년 완공을 목표로 한다.

현재 도난당한 유물 9점 중 훼손된 채 발견된 1점을 제외한 8점의 가치는 루브르 쪽이 보석시세 등을 고려해 평가한 결과 8,800만유로(1,460억원)에 달한다. 프랑스 검찰은 현장감식을 통해 식별된 4명 외에 건물 밖에서 이들을 도운 조력자 3명 등 총 7명을 피의자로 입건했으며, 그중 2명을 사건 6일 만에 체포하고 공범들을 추적하고 있다.

루브르박물관 절도사건의 현장감식

한편 루브르박물관 절도사건이 발생한 지 24시간도 지나지 않아 북동부 랑그르에 있는 프랑스 계몽주의 철학자 드니 디드로를 기념하는 박물관 '메종 데 루미에르(계몽의 집)'가 금화와 은화 2,000개를 도난당한 사실이 뒤늦게 알려졌다. 이보다 나흘 전에는 미국 캘리포니아주 지역박물관인 오클랜드 박물관(OMCA)에서 소장품 1,000여 점이 도난당하는 일도 있었다. 이에 영국 BBC는 ==박물관에 소장된 고가의 전시품을 표적으로 삼은 절도범죄가 점차 늘어나고 있다==고 지적하며, "박물관은 보석점과 비교해 보안이 허술하고 경비원이 무장하지 않아 강도의 좋은 표적이 된다"고 경고했다.

HOT ISSUE **19위**

무대사고 성악가 끝내 숨져…
예술인 산재 대책 마련해야

공연 리허설 중 사고를 당했던 성악가 안영재 씨가 투병 끝에 숨지면서 공연예술인의 열악한 안전망과 산업재해보상보험(산재보험) 사각지대 문제가 다시 주목받고 있다.

세종문화회관

예술인 산재보험 의무화 촉구

10월 24일 중대재해 예방과 안전권 실현을 위한 학자·전문가 네트워크(중대재해전문가넷)는 서울 종로구 세종문화회관 앞에서 안씨를 추모하는 기자회견을 열고 예술인의 산업재해에 대한 대책마련을 촉구했다. 중대재해전문가넷에 따르면 안씨는 2023년 3월 세종문화회관 공연 리허설 중 400kg이 넘는 무대장치에 깔려 하반신이 마비됐고, 장기간 치료를 받던 중 지난 10월 21일 약물 부작용으로 끝내 숨졌다. 안씨는 산재보험에 가입하지 못한 채 억대의 병원비를 부담했으며 손해배상 민사소송 중이었던 것으로 전해졌다.

공연예술노동자들은 프리랜서나 단기계약, 용역계약 형태로 일하는 탓에 대부분 산재보험 적용대상에서 제외된다. 중대재해전문가넷은 성명서를 통해 "예술인 산재보험을 의무화하고 고인의 근로자성을 인정해 산재보험을 적용하라"고 촉구했다. 또한 이들은 범부처 차원의 조사위원회를 꾸려 이번 사고의 구조적 원인을 규명해야 한다고 덧붙였다.

이에 세종문화회관 측은 "사고 당일 무대장치 추락은 없었고 출연자가 무대장치에 깔리지 않았다"며 "예정된 동선에 따라 (구조물이) 천천히 하강하던 중 고인이 들고 있던 소품에 닿은 것과 직후 고인이 스스로 무대를 나가는 모습이 영상에서 확인된다"고 설명했다. 안씨의 사망원인과 관련해서도 "사고와 하반신 마비의 인과관계가 있는지 고인의 기존 질병을 포함해 의학적 감정을 통해 조사 중"이라고 부연했다. 아울러 세종문화회관 측은 프리랜서인 예술인에게 산재보험이 적용되지 않는 법적 한계를 보완하기 위해 공연 참여자 전원을 대상으로 단체 상해보험을 별도로 운영해왔고, 안씨에게도 지난해 6월 최대 보장한도 내에서 보상을 했다고 설명했다.

반복되는 공연장 사고, 실효성 있는 대책 필요해

지난 10월 20일 대한민국시도의회운영위원장협의회 2차 정기회의에서 공연법* 개정 필요성을 강조하는 목소리가 나왔다. 김영현 세종시의원은 ==공연자,== ==공연예술 작업자 및 관객의 안전사고 예방과 대응을 위해 안전·책임보험 가입을 의무화하고 공연장 운영자와 공연단체의 보험가입 확인 및 행정처분 규정을 신설해야 한다==고 주장했다. 또한 공연장 사용계약 시 공연단체의 보험가입 내용 제출 의무화도 개정안에 담아야 한다고 지적했다.

> **공연법**
>
> 예술의 자유를 보장하고, 공연자 및 공연예술 작업자의 안전한 창작환경 조성과 건전한 공연활동의 진흥을 위해 공연에 관한 사항을 규정한 법이다. 여기서 공연이란 음악·무용·연극·연예·국악·곡예 등 예술적 관람물을 실연(實演)에 의해 공중(公衆)에게 관람하도록 하는 행위로 상품판매나 선전에 따르는 공연은 제외한다.

김 의원이 공연법 개정을 촉구한 데는 지난 8월 세종시 예술의전당에서 발생한 무용수 추락사고가 계기가 됐다. 당시 공연계약을 한 단체가 상해보험, 산재보험에 가입하지 않아 추락사고로 크게 다친 무용수가 막대한 치료비를 자부담해야 했다. 공연장 운영자인 세종문화관광재단도 책임보험 가입 여부를 확인하지 않은 것으로 전해졌다. 김 의원은 "이번 사고는 ==단순한 현장 부주의가 아니라 공연계에 만연해 있는 보험 미가입 관행이 만든 인재=="라고 지적했다.

10월 29일 국회 문화체육관광위원회 종합감사에서도 공연장 안전사고 대책 미비와 예술인 산재보험 보장 사각지대 문제를 지적했다. 진종오 국민의힘 의원은 "예술인 산재보험 가입률이 2%에 불과해 예술인 대부분이 사고 시 제대로 된 보상을 받지 못하고 있다"고 말했다. 또한 "한국산업기술시험원이 최근 5년간 약 230억원을 투입해 공연장 안전기준을 마련했지만, 현장에 전담 안전관리자가 없어 사실상 관리가 이뤄지지 않고 있다"며 "인력이 부족하다면 보완대책을 즉시 마련해야 한다"고 촉구했다.

관련 사항을 질의하는 진종오 국민의힘 의원

이에 최휘영 문체부 장관은 "노동부가 국정과제로 전 국민 산재보험 의무화를 추진하고 있고, 예술인도 그 안에 포함돼서 산재보험 혜택을 받을 수 있도록 반드시 추진하겠다"고 답했다.

HOT ISSUE 20위

못 믿을 신용평가 …
조달청, 못 받은 수수료도 수두룩

조달청이 10월 국정감사 기간 중 여러 지적을 받으면서 구설수에 올랐다. 조달업체를 선정할 때 참고하는 신용등급의 신뢰성부터 조달과정에서 발생하는 수수료의 수납지연, 조달업체가 취한 부당이득까지 공공조달을 둘러싼 각종 문제점이 드러났다. 여야를 막론하고 의원들은 비판과 함께 제도보완을 촉구했다.

신용평가 관리부실 … '등급쇼핑'에 납품차질까지

정일영 더불어민주당 의원은 10월 21일 국회 기획재정위원회의 조달청 국정감사에서 "조달청이 공공조달 참여업체의 신용등급을 산정할 때 자본시장법상 메이저 **신용평가사***(한국기업평가, 한국신용평가, NICE신용평가)와 신용정보법상 일반 신용평가사를 구분하지 않고 동일한 효력으로 인정하면서 실제 재무상태와 동떨어진 과도한 등급 인플레이션이 일어나고 있다"고 말했다.

> **신용평가회사**
>
> 신용평가회사는 데이터베이스를 바탕으로 원리금을 상환할 가능성을 분석해 개인·법인·정부 등의 신용등급을 평가한다. 금융상품뿐 아니라 기업경영 의사결정에 필요한 자료를 지원하기도 하는데, 무디스(Moody's), S&P, 피치(Pitch) 등이 세계 주요 3대 신용평가회사로 분류된다.

정 의원이 조달청으로부터 받은 자료에 따르면 일반 신용평가사들이 매긴 등급이 메이저 신용평가사보다 최대 8단계 높게 부풀려진 사례도 확인됐다. 매출 5,448억원, 영업이익 315억원 규모의 한 철도차량 제작업체 A사는 부채비율이 무려 435%에 달해 메이저평가사에서는 'BB' 등급을 받았지만, 일반평가사에서는 'A+' 등급을 받아 무려 7단계 상승했다.

문제는 메이저 신용평가사에 비해 일반 신용평가사에 대한 평가체계 기준이 지나치게 느슨하다는 것이다. 일반 신용평가사는 수수료를 추가로 내면 하루 만에 등급결과를 발급받을 수 있지만, 메이저 신용평가사는 평가에 통상 20일 이상 걸리기 때문에 기업들이 빠르고 높은 등급을 주는 평가사를 찾아다니는 '등급쇼핑' 현상이 심화하고 있다.

정 의원은 "==일부 중소 평가사들이 '급행수수료만 내면 하루 만에 A+ 발급 가능'과 같은 광고를 내세우며 조달신용평가가 사실상 돈으로 사는 등급장사로 전락==했다"고 비판했다. 이 같은 부실평가로 인해 공공사업 납품차질이 잇따르고 있는 것으로 나타났다.

수수료 35억 못 받고 조달업체 부당이득은 377억

같은 날(21일) 국회 기획재정위원회 소속 박성훈 국민의힘 의원이 조달청으로부터 제출받은 자료에 따르면 예산부족 등을 이유로 조달수수료를 미납 중인 기관은 총 49곳이며 미수납액은 총 35억 1,800만원인 것으로 조사됐다.

조달청은 공사계약, 기술용역, 맞춤형 서비스, 총사업비 검토, 설계 적정성 검토 등 과정에서 수수료를 부과하는데 징수결정액은 ▲ 2020년 378억원 ▲ 2021년 457억원 ▲ 2022년 463억원 ▲ 2023년 497억원 ▲ 2024년 610억원으로 증가했다. 수납액도 2020년 355억원에서 지난해 551억원으로 늘었다. 반면 징수결정액 대비 수납률은 ▲ 2021년 95.1% ▲ 2022년 92.9% ▲ 2023년 91.2% ▲ 2024년 90.4%로 하락세인 것으로 파악됐다.

국회 기획재정위원회에서 조달청에 질의 중인 박성훈 의원

박 의원은 19일에 조달청으로부터 2021년부터 올해 8월까지 조달업체 부당이득 적발현황 자료를 제출받은 결과 최근 5년간 조달업체들이 부당하게 챙긴 이득금의 규모가 377억 5,900만원에 달하는 것으로 드러났다고 밝혔다. 특히 2024년 적발액(244억 2,900만원)은 2021년(12억 6,400만원)에 비해 19배나 급증했다.

부당행위 유형별로는 허위서류 제출사례가 166억 1,500만원(44.0%)으로 가장 많았다. 구체적으로는 계약규격과 다른 성능미달 제품을 납품해 수요기관을 속이거나, 시장가격보다 높은 가격으로 공급해 '우대가격 규정'을 위반한 일들이 적발됐다. 또 중국산 부품을 국산으로 둔갑시켜 납품하는 원산지 속임수를 쓰거나 직접생산 기준을 어기고 하청을 통해 납품하는 편법을 동원한 업체, 입찰·계약 과정에서 서류를 위조해 허위로 제출한 업체도 있었다.

박 의원은 "조달시장은 국가재정 및 국민생활과 직결되는 분야임에도 각종 불법이 만연해 있다. 국민 혈세를 갉아먹는 셈"이라며 "부당이득 환수는 물론 재발을 원천차단할 수 있는 강력한 제재와 관리·감독 강화가 시급하다"고 강조했다.

HOT ISSUE **21위**

'SM 주가조작' 혐의 김범수 무죄판결

SM엔터테인먼트(이하 SM엔터) 시세를 조종한 혐의로 기소된 카카오 창업자 김범수 미래이니셔티브 센터장이 1심에서 무죄를 선고받았다.

시세조종으로 보기 어려워 … 1심 무죄

지난해 8월 김 센터장은 2023년 2월 SM엔터를 인수하는 과정에서 경쟁사인 하이브의 공개매수를 방해하기 위해 주가를 공개매수가보다 높게 고정하는 방식으로 시세를 조종한 혐의로 기소됐다. 하지만 10월 21일 서울남부지법 형사합의15부(양환승 부장판사)는 김 센터장의 선고공판에서 무죄를 선고했으며, 같은 혐의로 기소된 배재현 전 카카오 투자총괄 대표에게도 무죄를 선고했다. 행위자와 법인을 함께 처벌하는 양벌규정에 따라 기소된 주식회사 카카오, 카카오엔터테인먼트도 무죄를 선고받았다.

김범수 미래이니셔티브센터장

재판부는 하이브의 SM엔터 주식 공개매수 기간 중 카카오의 대규모 장내매수가 시세에 영향을 미쳤다는 이유만으로 시세조종으로 볼 순 없다고 판단했다. 카카오 매수주문의 시간 간격 등을 살펴봤을 때 시세 조종성 주문과는 차이가 있으며, 시세에 인위적인 조작을 가해 정상적 시장가격보다 높은 수준으로 고정할 목적이 있었다고 보기 어렵다는 것이다. 재판부는 당시 시장에서 하이브의 공개매수 기간이 끝난 뒤에도 SM엔터의 주가가 오를 것이라는 전망이 있었으며, 카카오의 주식매수가 시세조종이 아닌 물량확보 목적이었다는 피고인들의 진술이 합당하다고 봤다.

재판부는 특히 공소사실에 부합하는 사실상 유일한 증거인 **카카오와 원아시아파트너스가 SM엔터에 대한 시세조종을 위해 공모했다는 이준호 전 카카오엔터 투자전략부문장의 진술이 허위**라고 판단했다. 재판부는 "이씨는 이 사건뿐만 아니라 별건으로도 조사를 받았고, 수차례 구속영장이 청구돼 극심한 심리적 압박을 받았다"라고 했다. 이어 "이씨는 공소사실에 부합하는 진술을 하고 **리니언시***를 신청했고 그 결과 이 사건에서 기소되지 않았다"라며 "수사와 재판에서 벗어나고자 (허위진술을 할) 동기와 이유가 명확하다"라고 말했다.

리니언시

수사기관에 자수하거나 수사·재판절차에서 해당 사건에 관한 다른 사람의 범죄를 규명하는 진술 또는 증언이나, 그 밖의 자료제출행위 또는 범인검거를 위한 제보와 관련해 자신의 범죄로 처벌되는 경우에는 그 형을 감경 또는 면제해주는 제도를 말한다. 공정거래법상 담합 사건에서 주로 활용되던 리니언시가 2024년 1월부터 내부자 거래와 주가조작 등 자본시장법 위반 사건에 활용되고 있다.

재판부 "별건·압박 수사로 진실 왜곡"

해당 선거공판에서 재판부는 이례적으로 검찰에 대한 강도 높은 비판발언을 했다. 재판부는 이씨의 진술이 없었다면 피고인들이 자리에 없었을 것이고 일부는 구속도 안 됐을 것이라며 "이씨는 허위진술을 했고 그것이 이런 결과를 낳았다"고 강조했다. 그러면서 "**본건과 별다른 관련성 없는 별건을 강도 높게 수사하면서 (다른 사건을) 수사하는 방식은 진실을 왜곡**할 수 있다. 수사 주체가 어디든 이제 (그런 방식이) 지양됐으면 한다"고 말했다.

법사위 전체회의에서 발언하는 김태훈 서울남부지검장

이 같은 재판부의 지적과 관련해 10월 23일 열린 국회 법제사법위원회(법사위) 전체회의에서 김태훈 서울남부지검장은 "재판부가 '별건수사로 압박해 허위 진술을 받아냈다'고 지적한 부분에 대해 아프게 생각한다"고 말했다. 그러면서 "별건수사를 통해서 이와 같이 사실과 다른 진술을 얻어내거나 하는 부분에 대해서는 방지책을 만드는 방안을 연구해보겠다"고 덧붙였다.

그러면서도 서울남부지검은 "사실오인 및 법리오해 등의 사유가 있다"며 자본시장법 위반 혐의로 기소된 김 센터장 등에 대한 1심 판결에 대해 항소를 제기했다고 밝혔다. 이어 SM엔터 인수를 위해 하이브 공개매수를 저지하자며 시세조종을 상의한 카카오 관계자들의 메시지와 통화녹음 등 객관적 증거와 수사가 시작된 뒤 대응논리를 짜며 입을 맞추는 내용의 통화녹음 등이 1심에서 고려되지 않았다고 지적했다. 그러면서 "1심 판결에서 재판부가 핵심증인이 별건수사 등으로 압박을 받자 이를 모면하기 위해 허위로 진술한 것으로 보인다고 언급한 부분에 대해서는 판결당부를 떠나 엄중하게 받아들이고 제도적 방지책을 마련하겠다"고 덧붙였다.

국정감사

국회가 국가행정 전반에 관해 상임위원회별로 감사(監査)하는 것으로 매년 정기국회 기간 중 30일 이내로 시행한다. 다만 본회의 의결로 그 시기를 연장할 수 있다. 대상기관은 국가기관, 특별시·광역시·도, 정부투자기관, 한국은행, 농·수·축협중앙회와 감사가 필요하다고 본회의에서 인정된 감사원의 감사 대상기관이다.

고성으로 점철된 법사위와 과방위

이번 국감의 최대 격전지였던 법제사법위원회(법사위)는 10월 13일 대법원을 상대로 진행한 국감 첫날부터 논란의 중심에 섰다. 더불어민주당 소속 추미애 법사위원장은 인사말을 하러 출석한 조희대 대법원장의 이석 요청을 관례를 깨고 허락하지 않았다. 당시 민주당 의원들은 이른바 대선개입 의혹 등과 관련해 조 대법원장을 향해 약 90분간 질문공세를 이어갔다. 조 대법원장이 모든 질문에 답변을 하지 않고 버티자 여당의원들이 15일 대법원 현장검증을 강행했고, 이에 국민의힘 의원들은 항의하며 국회로 복귀해 '반쪽 국감'이 이뤄지기도 했다.

HOT ISSUE 22위

이재명정부 첫 국정감사 … 정쟁과 공방만 남겨

10월 13일에 시작된 이재명정부 첫 국정감사*(국감)가 3주의 여정 동안 정쟁과 공방만 남긴 채 30일 사실상 마무리됐다. 여야는 당초 국감에서 각각 윤석열정부와 이재명정부의 실정을 파헤치겠다는 의지를 다졌으나, 정책질의는 실종되고 고성만 오갔다는 평가다.

법제사법위원회 국정감사

그런가 하면 이번 국감에서는 일부 의원들이 현장검증과 질의과정을 유튜브 쇼츠로 찍어 올리면서 이른바 '쇼츠 국감'도 도마 위에 올랐다. 의원들이 정책

질의 대신 지지자들을 겨냥한 자극적인 '쇼츠용' 발언에만 집중했다는 지적이다.

과학기술정보방송통신위원회(과방위)는 이른바 '문자폭로' 사태로 공방을 벌였다. 김우영 민주당 의원은 10월 14일 국감 도중 박정훈 국민의힘 의원으로부터 욕설이 담긴 문자를 받았다며 전화번호와 함께 해당 문자를 공개했고, 박 의원은 이를 문제삼으면서 '한심한 XX'라고 발언했다. 이후 비공개회의에서도 원색적 언사가 오갔고 이는 양당이 서로 상대 의원을 고발하는 사태로까지 번졌다. 이 과정에서 과방위 증인·참고인들은 휴식시간을 빼고 4시간 30여 분을 국회에서 대기해야 했다.

최민희 과학기술정보방송통신위원회 위원장

최민희 과방위원장의 딸이 국회에서 국감 중 결혼식을 올리면서 이를 둘러싼 논란도 크게 불거졌다. 여기에 최 위원장이 MBC를 상대로 한 비공개 업무보고에서 자신에 대한 보도를 문제삼아 보도본부장을 퇴장시키는 일까지 발생하면서 최 위원장을 둘러싼 논란이 확대됐다. 국민의힘은 최 위원장이 피감기관으로부터의 축의금 수금 의혹 등을 제기하면서 사퇴 공세를 이어갔다. 이에 대응해 최 위원장은 본인과 관계 없이 딸 단독으로 진행한 결혼이며 의원들의 축의금을 돌려줬다고 반박했다.

일각에서는 급기야 '국감 무용론'까지 나와

이번 국감 초·중반에는 김현지 대통령실 부속실장을 둘러싼 공방도 여러 상임위에서 벌어졌다. 국민의힘은 김 실장과 관련한 의혹이 있다면서 이른바 '만사현통' 공세를 벌였고, 민주당은 근거나 증거도 없는 정치공세로 국감을 파행으로 몰고 있다고 맞섰다. 양측은 김 실장의 국정감사 출석을 놓고도 대립했다. 여야는 11월 초 겸임 상임위인 운영위 국감을 앞두고 김 실장의 증인채택 문제에 대한 담판을 시도했으나 끝내 결렬됐다. 민주당은 11월 6일 오전 김 실장이 일반 증인으로 국감에 참석하는 방안을 제시했으나, 국민의힘은 종일 출석안을 요구했다. 결국 운영위는 김 실장에 대한 일반증인 채택 합의에 실패했다.

여아 간 공방으로 이번 국감 역시 '역대 최악의 국감'이라는 평가가 나왔으나 여야는 이를 두고도 '네탓' 주장만 반복했다. 정치권 안팎에서는 국감 무용론도 일부 제기됐다. 유용화 한국외대 초빙교수는 "국감의 본래 의미는 야당이 여당을 견제하고 (입법부가) 행정부의 문제점을 지적하면서 비판적으로 국정 운영의 생산성을 만들어내는 건데, 여야 모두 전략이 없었던 것으로 보인다"고 지적했다.

HOT ISSUE **23위**

'억대' 전공의 수당 지급판결에 의료계 긴장

전공의들이 수련병원을 상대로 낸 임금소송에서 약 1억원대의 추가수당을 지급하라는 대법원 판결이 나오자 '줄소송' 가능성에 의료계가 긴장하고 있다.

대법 "전공의 추가수당 지급해야"

9월 11일 대법원은 2014~2017년 아산병원에서 응급의학과 레지던트로 일했던 A씨 등 3명이 연장·야간 근로를 했는데도 근로기준법상의 추가수당을 받지 못했다며 주 40시간을 초과한 부분의 수당을 청구한 소송에서 원고승소한 원심판결을 확정했다.

계약서에는 "주당 소정 수련시간은 80시간을 원칙으로 하되, 교육적 목적이 있는 경우 8시간의 범위에서 추가실시 가능", "레지던트의 야간당직 수련은 주 3회를 초과할 수 없다" 등의 내용이 담겨 있었다. 병원 측은 A씨 등이 훈련생 지위에 있어 근로기준법이 적용되지 않으며, 설령 근로자라 할지라도 묵시적 **포괄임금**＊약정을 체결해 추가 근로수당을 줄 이유가 없다고 주장했다.

포괄임금
근로계약 체결 시 연장·야간·휴일근로 등의 가산수당을 미리 산정해 일정액으로 지급하는 임금산정 방식이다. 즉, 실제 근로시간을 따로 계산하지 않고 매월 일정액의 시간외근로수당을 기본급에 포함하거나 제수당(기본임금 이외에 지급되는 모든 종류의 수당)을 통합해서 지급하는 방식이다.

재판부는 A씨 등이 병원에서 진료업무를 하며 매월 월급을 받은 점, 고용보험과 건강보험에 가입돼 있고 근무시간표에 따라 출근한 점 등을 들어 근로자 지위가 인정된다고 판단했다. 묵시적 포괄임금약정을 체결했다는 병원 측 주장도 받아들이지 않았다. 1심은 수련시간을 1주당 80시간으로 규정한 계약서에 따라 해당 시간을 넘긴 근로만 추가수당을 주면 된다며 A씨 등이 받아야 할 초과임금액을 117만~191만원으로 책정했다. 하지만 2심에서 초과임금이 대폭 늘었다. 2심은 초과분 기준을 '1주 40시간'으로 보고 병원이 1명당 1억 6,900만~1억 7,800만원을 지급하라고 선고했다. 대법원은 2심 판단에 근로기간 산정, 묵시적 포괄임금약정 성립 등에 관한 법리오해의 잘못이 없다며 병원의 상고를 기각했다.

전공의 노조 "왜곡된 임금체계 밝힐 것"

그간 대부분의 수련병원에서는 전공의들의 근무시간을 정확히 관리하지 않아 그림자 노동이 만연하고 사실상 초과근무가 빈번하게 이뤄진다는 지적이 이어져 왔다. 의료계에 따르면 해당 판결이 난 지 얼마 지나지 않은 데다 병원마다 계약형태가 다른 만큼 아직 수련병원을 상대로 한 줄소송이 이어지고 있는 상황은 아닌 것으로 파악된다. 또한 임금채권의 소멸시효는 3년이라 이전 근로분의 경우 소를 제기하더라도 법원이 받아들일 가능성은 적다. 이번 판결의 대상이 된 서울아산병원의 경우 소송제기 이후인 2018년 이후로는 관련 규정을 변경해 전공의를 근로자로 보고 근로기준법에 따라 수당을 책정해 지급한 것으로 알려졌다.

10월 23일 전공의노동조합(노조)은 전공의에게도 근로기준법상 초과근무수당을 지급해야 한다는 대법원 판결을 환영하며 법적검토와 실태조사에 나서겠다고 밝혔다. 이날 노조는 "이번 판결로 병원이 포괄임금 명목으로 전공의들에게 노동의 대가를 지불하지 않았음이 확인됐다"며 "그러나 병원재단과 경영자들은 여전히 노동 취약계층인 전공의들에게 포괄임금 계약을 전제로 정당한 대가 없이 무분별한 업무지시를 내리고 초과근무를 강요하고 있다"고 주장했다. 노조는 현재 전공의들이 시간당 1만 1,000원 안팎의 최저임금 수준 시급을 받고 있다며 열악한 전공의들의 처우 개선을 위해 보건복지부와 노정교섭을, 수련병원협의회와 산별교섭을 요청할 것이라고 밝혔다. 아울러 수련병원 경영진들을 향해 과거의 악습을 포기하고 전공의를 정당하게 대우하라고 촉구했다.

HOT ISSUE 24위

급우 휩쓰는 유럽에서 아일랜드, 좌파성향 대통령 선택

10월 24일(현지시간)에 치러진 아일랜드대선이 무소속 좌파성향의 캐서린 코널리 후보의 승리로 끝났다. '변화의 상징'으로 인식되며 젊은 층으로부터 전폭적 지지를 받은 결과다. 의원내각제 국가인 아일랜드에서 대통령의 역할은 상징적이지만 반유럽연합(EU) 성향인 그의 직설적 화법으로 주변국들과 마찰이 예상된다는 지적도 나온다. 당장 우파성향 공화당 소속으로 현재 내각을 이끄는 미할 마틴 총리와의 갈등도 우려된다.

세계적 반정부 정서에 편승 … 극우 난립 속 파란

25일 로이터통신 등에 따르면 코널리는 전날 치러져 이날 개표가 완료된 대선에서 63.4%를 얻어 29.5%에 그친 통일아일랜드당 후보 헤더 험프리스를 두 배 이상 따돌리고 제10대 대통령으로 당선됐다. 임상심리학자이자 변호사 출신인 코널리는 2016년부터 국회의원으로 활동했고, 2020년에는 여성 최초로 아일랜드 하원 부의장이 됐다. 코널리는 무소속이지만 이번 대선에서 '신페인(Sinn Féin) 당'을 비롯한 좌파 야당연합의 지지를 받았는데, 선거 전 여론조사에서 이미 91만 4,143명이 '가장 좋아하는 후보'로 답했을 정도로 인기를 끌었다.

캐서린 코널리 신임 아일랜드 대통령

가디언은 코널리의 승리가 "마틴 총리가 이끄는 중도우파 정부에 대한 유권자들의 신랄한 비판"이라며 고질적인 주택부족 문제와 임대료·생활비 상승 등에 대한 유권자들의 불만이 코널리 당선인 지지로 이어졌다고 분석했다. 워싱턴포스트 또한 "세계 각국에 확산되는 반정부 정서가 아일랜드 버전으로 표출됐다"며 "아무리 강력한 국내총생산(GDP) 성장률도 유권자의 분노를 막아주지는 못한다는 점을 보여줬다"고 평가했다. 실제로 코널리는 대선기간 "높은 GDP는 가족을 먹여 살리지도, 임대료를 내주지도 않는다"면서 임대료 급등, 물가상승, 인프라 낙후 등을 개혁과제로 제시했고, 이 점이 유권자들의 공감을 이끌어냈다고 분석했다.

국제통화기금(IMF)에 따르면 아일랜드의 올해 1인당 GDP는 12만 9,132달러(약 1억 8,500만원)로 전 세계에서 리히텐슈타인, 룩셈부르크에 이어 3위를 차지했다. 금융산업 활성화와 외국기업 유치 같은 전형적 신자유주의*(Neo-Liberalism) 정책을 통해 고도성장을 이룩한 결과다. 그러나 이런 성장전략으로 인해 부의 양극화 역시 심각하게 전개됐다. 또한 2010년대 중반 이후 지속적인 집값 폭등과 공공주택 부족, 전기요금·난방비 급등, 식료품비 상승 등이 사회·경제적 불안요소로 지적됐다. EU 평균을 웃도는 1인당 GDP에도 교통·주거·의료 인프라에 대한 투자는 부족하다는 비판도 제기됐다. 그 결과 집권 중도우파 정당에 대한 불만이 이번 대통령선거 결과로 표출됐다는 것이다.

신자유주의

1970년대부터 부각된 '자본의 세계화' 흐름에 기반한 경제적 자유주의 중 하나다. 불황과 실업을 해결하기 위한 확대 재정 금융정책, 빈부양극화를 완화하기 위한 적극적 소득재분배정책, 독과점과 공해의 규제 및 공공재의 정부공급과 같은 정부의 적극적 경제개입을 주장한다. 고전적 자유주의가 국가개입의 전면 철폐를 주장하는 반면 신자유주의는 강한 정부를 배후로 시장경쟁의 질서를 권력적으로 확정하는 방법을 취한다.

우파성향 내각에 반발하는 민심 확인

아일랜드는 의회에서 뽑힌 총리가 국정운영을 주도하는 내각제 국가로서 대통령에게 실질적 정책결정권이 있지 않다. 주요임무는 국가를 대표해 해외순방에 나서거나 국빈을 맞이하는 일이다. 법률이나 정책을 직접 만들지는 못하지만, 법안이 헌법에 맞는지 시험할 권한(거의 사용 안 됨)을 갖는다. 다만 독일, 이탈리아와는 달리 대통령을 의회에서 선출하지 않고 직접투표로 뽑는다는 점에서 상징적 국가원수라고만 보기도 힘들다. 또한 하원선거와 마찬가지로 대중투표로 실시되는 대선은 아일랜드 민심의 향배를 확인하는 중요한 정치적 이벤트이기도 하다. 이 때문에 지난해 11월 총선에서 중도우파 양대 정당인 공화당·통일아일랜드당이 제1·2당을 차지하며 ==재집권에 성공한 지 1년도 채 안 돼 좌파성향의 무소속 후보가 7년 임기의 대통령직을 맡게 됐다는 것은 현재 내각에 대한 불만이 그만큼 커졌다는 의미==로 읽힌다.

한편 아일랜드 의회 제1야당이자 강한 민족주의 성향인 신페인당이 독자적인 대선후보를 내지 않고 코널리 당선인을 지지했다는 점도 눈길을 끄는 대목이다. 과거 아일랜드와 영국의 완전한 분리를 추구한 아일랜드공화국군(IRA)의 계보를 잇는 신페인당은 독립국 아일랜드와 영국령 북아일랜드로 나눠진 아일랜드섬의 현재 상황을 '아일랜드가 과거 아일랜드섬을 식민지로 지배한 영국의 제국주의 잔재에서 아직 벗어나지 못한 증거'라는 주장을 편다. 따라서 신페인당이 코널리를 아일랜드 통일을 옹호하는 역할의 적임자로 선택했다는 의미다. 코널리도 취임 일성으로 "대통령 임기 7년 동안 아일랜드 국경 재조정 및 아일랜드 통일에 관한 주민투표가 실시되길 희망한다"고 말했다.

HOT ISSUE 25위

중국인 관광객 무비자 입국 … 가짜뉴스에 반중시위도

9월 29일부터 정부는 내년 6월 30일까지 한시적으로 국내외 전담 여행사가 모집한 3인 이상 중국인 단체관광객을 대상으로 15일 이내 체류조건 아래 무비자 입국을 허용하고 있다. 이에 중국인 관광객이 한국사회에 부정적인 영향을 끼칠 것이라는 각종 주장이 난무했다.

중국인 무비자 입국 두고 각종 음모론 제기돼

여행업계와 유통업계에서는 중국 최대명절인 국경절 연휴(10월 1~8일)를 맞아 무비자제도를 통해 예년보다 중국인 관광객이 늘어날 것으로 전망되면서 특수를 기대하는 분위기가 감지됐다. 그러나 이런 기대와 별개로 온라인에서는 반중정서를 반영한 무비자 정책 반대여론도 확산했다.

9월 26일 국가정보자원관리원 화재가 발생하자 무비자 제도를 둘러싼 각종 음모론이 제기됐다. 전산망 마비로 한때 전자여행허가(K-ETA) 사이트에서 체류지 주소입력이 불가능해지자 '중국인 범죄자가 입국하거나 **불법체류*** 목적의 입국자가 발생한다'는 주장이 빠르게 퍼졌다. 무비자 입국 허용 첫날 서울 여의도에서 열린 보수성향 단체의 반중집회에서도 "중국인 무비자 입국이 시작돼 3,000만명이 순차적으로 들어오는데 체류지조차 적지 않는다고 한다"는 발언이 나왔다. 전자입국신고 사이트도 화재 영향을 받으면서 입국자들이 한국 내 체류지를 적지 않아 사후관리가 어렵게 됐다는 주장도 제기됐다.

> **불법체류**
> 외국인이 해당국가의 출입국관리 법령을 위반해 허가된 체류기간 및 자격을 넘어 머무는 상태를 말한다. 우리나라의 경우 체류기간이 단기관광(C-3-9)과 비즈니스 등 상업활동을 위한 단기상용(C-3-4) 비자는 입국일로부터 최대 90일이다. 취업비자는 전문기술인력, 비전문취업, 방문취업 등 목적에 따라 최대 3년까지 체류가 가능하며, 단기취업의 경우 90일이다.

법무부는 이 같은 주장들에 대해 이번 무비자 입국 대상자들이 기존 출입국 시스템과는 다른 시스템을 이용하고 있다고 설명했다. 먼저 전자여행허가제는 무비자 입국대상 국민이 입국할 때 개인정보를 입력하는 제도다. 112개 국가(사증면제 협정국가 67개국, 관광통과 45개국) 국민이 대상으로 중국은 대상국이 아니다. 또 이번 중국인 단체관광객은 전자입국신고 사이트에도 따로 체류지를 입력하는 대상이 아니다. 이는 이번 ==무비자 입국은 사전에 법무부 허가를 받은 국내여행사가 중국인 관광객을 모집한 뒤 사전점검을 받은 단체관광객에게만 해당==하기 때문이다. 사전점검 과정에서 불법체류 전력자는 무비자 입국 대상에서 제외된다. 관광객 이탈로 발생하는 불법체류자를 막기 위해 여행사에도 각종 책임을 부과한다.

9월 29일 여의도에 열린 반중집회

경찰은 혐중시위에 관리강화 대책 발표해

우리나라보다 앞서 무비자정책을 시작한 말레이시아에서 여러 사회문제가 벌어지고 있다는 주장도 눈에 띈다. SNS에는 '중국인 무비자 말레이시아 최후'라는 제목으로 현지기사를 첨부한 동영상이 공유되고 있다. 이 영상은 지난 5월 말레이시아가 중국인 관광객을 대상으로 무비자 입국을 허용한 뒤 강력범죄가 늘고, 불법체류 중국인으로 인해 현지 시민들이 피해를 보고 있다는 내용을 담고 있다.

하지만 영상에서 제시된 내용은 근거가 없거나 일부 자료를 왜곡한 것이다. 이 영상은 말레이시아가 올해 5월 중국인 관광객 무비자제도를 시행했다고 언급하지만, ==말레이시아는 이미 2023년 중국인 관광객 무비자 제도를 1년간 시험운영했다. 이어 지난해 한 차례 연장했다가 올해 4월에 90일 무비자 체류가 가능하도록 중국과 합의==했다.

말레이시아는 무비자제도를 연장하면서 이 제도를 긍정적으로 평가했다. 현지매체 더스타에 따르면 사이푸딘 나수티온 이스마일 말레이시아 내무부 장관은 지난 4월 16일 "무비자 시험운행 기간 관광객 증가로 경제에 즉각적인 활성효과가 나타났다"며 "이에 따라 중국과 추가협상을 이어갔다"고 설명했다.

한편 경찰은 시진핑 중국 국가주석의 아시아태평양경제협력체(APEC) 정상회의 참석을 앞두고 '혐중시위' 종합대책을 마련하기도 했다. 경찰은 일부 단체가 이재명정부 출범 후 중국의 선거개입을 주장하며 혐오시위를 시작했다고 진단하며, 현행법상 가용수단을 총동원해 시위관리를 강화하겠다고 밝혔다. 아울러 혐오표현 개념을 정의하거나 금지하는 규정이 없는 만큼 별도의 법률제정을 통해 대응에 나서야 한다고 강조했다.

장애인 법정 의무고용률

상시근로자 50명 이상의 기업부터 장애인을 의무적으로 고용해야 하고 규모가 100명 이상인 경우 의무고용률 미달 시 부담금을 납부해야 한다. 2025년 현재 민간은 3.1%, 공공은 3.8%이며 2029년까지 단계적으로 민간 3.5%, 공공 4.0%로 상향할 예정이다. 기업의 장애인 고용이 의무고용률에 미달하면 미달규모에 따라 가산율이 차등부과되며, 초과고용 시에는 고용장려금이 지급된다.

HOT ISSUE 26위

상위 20대 기업 중 13곳 '장애인 고용률' 미달

2024년 기준 우리나라 대기업 약 65%는 장애인 고용률이 법정기준에 미달하는 것으로 조사됐으며 법원도 장애인 고용의무를 준수하지 않는 것으로 드러났다. 이런 상황에서 고용노동부(노동부)는 장애인고용공단과 함께 성과공유대회를 열었다.

상위권 대기업 '장애인 고용률' 미달

10월 19일 국회 기후에너지환경노동위원회 소속 이학영 더불어민주당 의원이 한국장애인고용공단으로부터 받은 자료에 따르면 작년 기준 상시근로자가 많은 20개 기업 중 13개 기업이 민간의 **장애인 법정 의무고용률***에 미달했다.

국내에서 상시근로자가 가장 많은 삼성전자의 장애인 근로자는 지난해 2,453명(1.95%)이다. 의무고용률 법정 기준 3.1%를 적용하면 3,905명의 장애인을 고용해야 하지만, 이에 미치지 못했다. 다만 삼성전자의 장애인 고용률은 2020년 1.55%에서 2021년 1.58%, 2022년 1.60%, 2023년 1.83%, 2024년 1.95%로 해마다 개선되는 추세다. 그다음으로 상시근로자가 많은 현대차는 2020년까지만 해도 장애인 고용률 3.15%로 법정기준을 충족했다. 하지만 2022년 2.82%, 2023년 2.50%, 작년 2.19%로 점점 후퇴하는 추세다. 같은 기간 상시근로자는 2020년 7만 343명에서 작년 7만 3,136명으로 늘었다.

고용규모가 큰 기업일수록 장애인 고용률이 낮은 현상은 대기업 전반의 문제로 지적됐다. 작년 기준 전체 민간기업 평균 장애인 고용률은 3.03%였지만, 상시근로자 1,000명 이상 대기업군의 고용률은 2.97%에 불과했다. 상시 100명 이상 기업이 장애인

의무고용률을 못 지키면 1인당 125만 8,000원에서 209만 6,000원의 고용부담금이 부과된다. 작년에 고용부담금을 낸 민간기업 상위 20곳의 공제 후 부담금 합계는 943억여 원이다. 세부적으로 보면 삼성전자가 작년 공제 후 부담금으로 212억 5,900만원을 내며 5년 연속 납부액이 가장 많았다. 현대차는 95억 5,600만원, 대한항공은 61억 4,400만원의 부담금을 냈다.

법원도 장애인 고용은 미흡 … 민간 우수기업 포상

법원도 최근 5년간 장애인 고용의무를 제대로 준수하지 않아 100억원이 넘는 과태료를 낸 것으로 나타났다. 10월 4일 국회 법제사법위원회 소속 김용민 민주당 의원이 대법원으로부터 받은 '연도별 장애인 고용현황' 자료를 보면 올해 6월 기준으로 법원 전체 근로자 1만 7,748명 가운데 장애인은 463명으로 장애인 고용률이 2.61%에 불과했다. 법원이 장애인 고용의무를 지키지 않은 것은 올해가 처음이 아니다. 최근 5년간 장애인 의무고용률을 보면 2021년 2.71%, 2022년 2.68%, 2023년 2.68%, 2024년 2.67%로 한 번도 규정수치를 채우지 못했다. 법 위반으로 법원이 지난 5년간 낸 과태료만 104억원에 달했다. 10월 1일 발표된 '장애인 고용지원 방안'에 따르면 2029년까지 장애인 의무고용률을 민간은 3.5%, 공공은 4.0%로 끌어올릴 계획이지만 아직 갈 길이 먼 셈이다.

한편 노동부와 한국장애인고용공단은 10월 5일 '제2회 장애인 고용컨설팅 성과공유대회'를 열고, 장애인 고용을 선도한 5개 우수기업에 포상했다. 장관상을 받은 한화생명금융서비스는 장애인 네일관리사 직무를 도입해 45명을 채용했고, 이를 바탕으로 장애인 고용률을 2022년 0.51%에서 작년 4.64%로 끌어올렸다. 연세대는 연세의료원을 중심으로 장애인 고용을 적극 추진하며 장애인 근로자 82명(중증 2배수 적용 시 164명)을 채용해 최우수상(장관상)을 받았다. 동진쎄미켐도 최우수상 기업으로 선정됐으며, 교보문고와 한국전력기술은 각각 우수상을 받았다. 이종성 공단 이사장은 "장애인 고용은 단순히 숫자를 채우는 수치적 개념이 아니라 다양성과 포용의 가치를 실현하는 실질적 과정"이라고 말했다.

HOT ISSUE **27위**

정부지원금 미지급 누적 … 건보 법정비율 20% 미만

건강보험료 금고의 한쪽이 18년째 비어가고 있다. 금고를 함께 채우기로 약속한 정부가 법으로 정해진 돈을 제대로 넣지 않으면서 그 구멍이 무려 21조원을 넘어선 것이다.

국고지원, 법정비율 20%에 못 미쳐

국민건강보험법 제108조에 따라 정부는 매년 국민이 낸 보험료 예상 수입액의 20%에 해당하는 금액을 건강보험 재정에 지원해야 한다. 이는 국가가 국민의 건강을 함께 책임지겠다는 약속이자 제도의 지속가능성을 위한 최소한의 안전장치다. 하지만 정부가 의무적으로 지원을 시작한 2007년부터 2024년까지 법이 정한 20%를 온전히 채운 해는 단 한 번도 없었다. 이 기간 동안 정부의 평균 지원율은 14.6%에 그쳤다. 정부가 법을 지켰더라면 건강보험 재정에는 지난 18년간 총 21조 7,285억원이라는 막대한 자금이 더 쌓여 있어야 했다. 최근 10년(2015~2024년) 동안의 미지급금만 해도 18조 5,338억원에 달한다.

이 같은 문제가 일어나는 원인으로는 우선 나라 살림을 책임지는 재정당국이 해당 국고지원 규정을 영구적인 의무가 아닌 한시적인 지원책으로 해석하려는 경향을 보여왔기 때문이라는 지적이 있다. 보험재정에 대한 정부지원은 일몰제* 조항으로 5년마다 국회가 법 개정을 통해 효력을 연장해야 한다. 매년 국정감사에서 문제가 제기될 때마다 "신중히 검토하겠다"는 원론적인 답변만 되풀이하며 책임을 미루고 있다는 것이다.

> **일몰제**
> 시간이 지나면 해가 지듯이 법률이나 각종 규제의 효력에 대해 일정한 기간이 지나면 자동으로 폐지되거나 없어지도록 하는 제도다. 법률이나 정부정책이 제정 또는 수립 당시와 다르게 여건이나 상황이 바뀌어 불필요하게 됐거나 부작용을 내고 있는데도 한 번 만들어지면 좀처럼 없어지지 않는 폐단을 제거하기 위해 도입됐다.

또한 법 자체의 구조적인 모순도 문제다. 정부지원금은 일반회계 예산(14%)과 담배에 부과되는 부담금으로 조성된 국민건강증진기금(6%)으로 이뤄진다. 문제는 국민건강증진기금 지원부분에 있다. 법 본문에는 ==보험료 수입의 6%를 지원하도록 명시돼 있지만, 부칙조항에 '담배 부담금 예상 수입액의 65%를 초과할 수 없다'는 단서==가 붙어 있다. 이 조항이 발목을 잡아 애초에 6%를 다 채울 수 없는 구조가 만들어졌고, 이는 정부의 지원부실을 심화시키는 원인으로 작용하고 있다.

건보 수지 적자 11조 … 역대 최대 규모

지난해 건강보험의 보험료 수지 적자가 최근 10년 사이 가장 큰 11조 4,000억원에 달한 것으로 나타났다. 보험료 수지 적자규모는 같은 기간 동안 거의 5배 불었는데, 국고지원을 통해 전체적으로는 '가짜 흑자'를 유지하고 있다는 지적이 나왔다. 국민건강보험공단 건강보험 재정자료에 따르면 지난해 보험료 수입은 83조 9,520억원, 보험 급여비는 95조 2,529억원이었다. 보험료 수입에서 급여비를 뺀 보험료 수지는 11조 3,009억원 적자다. 보험료 수지는 2015년부터 최근 10년간 매년 적자였는데, 지난해에 그 규모가 가장 컸다. 다만 매년 보험료 수입 대비 13~15% 수준인 정부지원금과 적립금 운용수입 등을 더하면 전체 건강보험 수지는 흑자로 바뀐다.

지난해 정부지원금 12조 1,658억원 등을 더한 전체 수입은 99조 870억원으로 사업비, 관리운영비 등을 합친 전체 지출 97조 3,626억원을 빼고 1조 7,244억원의 흑자를 기록했다. 국회 보건복지위원회 소

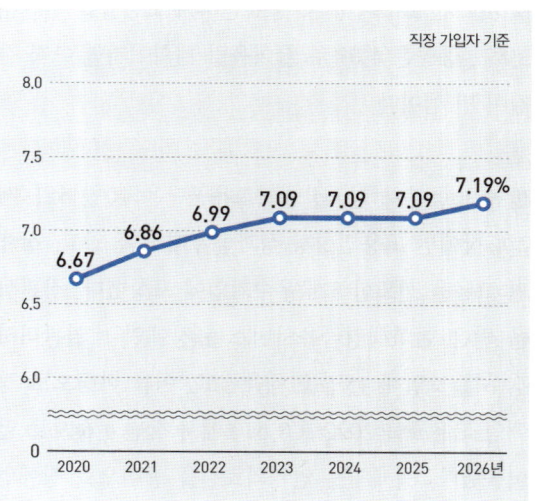

건강보험율 추이

자료 / 보건복지부, 국민건강보험공단

속 김미애 국민의힘 의원은 "무분별한 의료쇼핑, 부정수급 등 각종 문제해결은 뒤로한 채 정부지원금을 늘려달라는 손쉬운 구호에만 매몰돼 '가짜 흑자'에 스스로 속아 넘어가고 있는 건 아닌지 돌아볼 필요가 있다"며 "보험료 수입으로 지출을 충당하지 못해 국민세금을 받는 상황을 당연하게 생각할 것이 아니라 건강보험 재정 건전화와 제도의 지속성 담보방안을 찾아야 한다"고 말했다.

한편 지난 8월 28일 보건복지부는 2년 연속 동결했던 건강보험료율을 3년 만에 1.48% 인상하기로 결정했다. 이에 따라 직장가입자의 보험료율은 소득의 7.19%로 오른다. 건강보험료율 인상으로 보험료 수입은 늘겠지만, 재정적자 해소에는 한계가 있을 것으로 보인다. 기획재정부의 '제3차 장기 재정전망(2025~2065)'에 따르면 건강보험은 2025년 적자로 전환된 뒤 2033년에는 누적 적립금이 소진될 것으로 예상된다.

HOT ISSUE **28위**

배민 "음식값 올리고 할인" … 개선 약속했지만 확답은 피해

배달의민족(배민)이 할인 이벤트를 앞두고 소비자를 기만하는 가격인상을 부추기거나 최소한 방치했다는 의혹을 받는다. 배민은 국정감사에서 '외주업체'를 점검하겠다고 답했지만 확답은 내놓지 않았다. 이 외에도 입점업체에게 가격과 혜택 등을 타 배달앱과 같은 수준으로 낮추도록 강요하거나 약관변경 안내, 광고비, 평점테러 등 소비자 불만을 야기하는 문제점에 대한 비판이 도마에 올랐다.

배민, '가격 부풀리기' 논란 … 참여연대는 신고조치

점주에게 소비자 할인 서비스에 참여하면서 할인 전에 가격을 올리라고 권유했다는 의혹을 받는 배민이 가격 부풀리기를 방치한 정황이 나왔다. 10월 20일 공정한 플랫폼을 위한 사장협회가 받은 제보에 따르면 배민 상담원은 한 입점업체 점주가 '배민 푸드페스타' 이벤트에 참여하기 위해 "가격을 올리고 할인해도 되냐"고 물었지만 이를 말리거나 경고하지 않았다. 푸드페스타는 배민이 10월 31일까지 진행하는 할인행사로 배민은 앱 내 기획코너에서 푸드페스타 입점업체를 모아 노출하고 있다. 다만 이 행사에 참여하려면 '15% 할인 또는 3,000원 이상 할인'혜택을 제공하라는 조건을 달았다.

배민 점주와 상담원의 통화녹음 원본을 들어보면 점주는 할인비용이 부담되니 음식가격을 올린 뒤 할인을 적용해도 되냐고 물었고, 배민 상담원은 "네. 저희에게 어뷰징(Abusing, 의도적 조작) (지침은) 따로 전달된 건 없어요"라고 답했다. 이 통화는 배민 운영사 우아한형제들의 김범석 대표가 10월 14일 국회 정무위원회 국정감사에서 '한 그릇 배달' 가격조작 의혹을 지적받은 다음 날 이뤄졌다. 김 대표는 당시 국감에서 "만약 그런 상황이 있었다면 회사정책이 아니라 실수가 있었던 것 같다"고 답했다. 한 그릇 배달은 '최소 주문금액 0원'을 내건 배민의 1인분 무료배달 서비스다. 배민은 점주가 한 그릇 배달

서비스에 참여하기 위한 조건으로 '음식가격 20% 이상 할인'을 걸었다.

참여연대는 배민이 할인비용을 부담스러워하는 점주들을 상대로 '음식가격을 올린 뒤 20% 할인해 판매하라'고 권유한 정황을 포착해 지난달 배민을 표시광고법 위반으로 공정거래위원회에 신고했다. 배민 측은 "해당 상담사는 배민의 정책을 완전히 인지하지 못한 채 상담을 이어간 외주업체 직원"이라며 "잘못된 정보가 퍼지지 않도록 지난 17일부터 외부 전화 안내를 중단하도록 조치했다"고 밝혔다. 그러면서 "메뉴가격 조정은 고객의 신뢰를 해치고 표시광고법* 또는 전자상거래법을 위반할 우려가 있다고 점주에게 안내하고 있다"며 "외주업체에 대한 관리를 철저히 해 유사한 일이 발생하지 않도록 만전을 기하겠다"고 말했다.

> **표시광고법**
> 상품이나 서비스에 관한 표시·광고를 할 때 소비자에게 정확한 정보를 제공하는 제도로 공정한 거래질서를 확립하고 소비자를 보호하는 것을 목적으로 한다. 금지사항, 시정조치, 동의의결, 손해배상 등의 내용을 포함한다. 다만 의약품을 제외한 섭취하는 모든 음식물에 대해서는 식품표시광고법에서 별도로 규정하고 있다.

"최혜대우 요구 안 해"… 서비스 개선 약속도

한편 배민과 쿠팡이츠는 입접업체에 음식가격과 각종 혜택을 경쟁 배달앱과 같은 수준으로 낮추도록 하는 '최혜대우'를 강요한 혐의(공정거래법 위반)로 공정위 제재를 앞두고 있다. 김 대표는 14일 정무위원회 국정감사에서 "공정위 조사과정에서 최근 (배민의) 최혜대우 (강요)행위가 있었다는 게 보도됐는데 사실이냐"는 이인영 더불어민주당 의원의 질의에 "저희는 정책상으로 최혜대우를 요구하지 않고 있다"고 답했다. 김 대표는 배민이 최혜대우를 요구했다는 증거자료를 이 의원이 제시하자 "이 부분을 정확히 살펴보고 추후 따로 공유하겠다"며 즉답을 피했다.

국정감사에 출석한 김범석 우아한형제들 대표

김 대표는 10월 14일 오후 산업통상자원중소벤처기업위원회 국감에도 증인으로 출석해 질의를 받았다. 무소속 김종민 의원이 "배달앱 약관이 변경될 때 통보받는 사람이 거의 없고 홈페이지에서 봐야 하는데 시정해야 한다"고 지적하자 김 대표는 "검토하도록 하겠다"고 했다. 또 작년 상생협의체 합의를 통해 수수료율을 내리기 전에 미리 인상했다는 지적에는 "수수료 매출을 통해 더 좋은 서비스를 만들기 위해 노력하고 있다"며 답을 피했다.

이재관 민주당 의원은 이날 국감에서 "클릭당 광고비를 50~1,000원으로 설정하도록 하고 있지만, 점주 입장에서는 (자신의 가게를) 상위에 노출하기 위해 고액을 쓸 수밖에 없다"며 "점주가 설정한 광고비가 어느 구간인지는 회사만 알고 있다"고 지적했다. 이에 김 대표는 "앞으로 더 투명한 정보를 통해 그런 (광고비 설정구간 등) 정보를 공유하도록 하겠다"고 약속했다. 김 대표는 또 배달지연 등 점주의 잘못이 아님에도 소비자가 불만을 품고 가게평점을 낮게 주는 문제에 대해서는 "그 부분은 고치도록 하겠다"고 말했다.

HOT ISSUE **29위**

전략광물 '갈륨' 생산 시동 …
고려아연, "공급망·경제안보 기여"

미·중 무역전쟁 격화로 **전략광물*** 공급망 안정이 중요과제로 떠오른 가운데 고려아연이 반도체 핵심 원료인 게르마늄 생산시설에 이어 갈륨공장 신설에도 나선다. 고려아연은 다른 전략광물인 인듐·게르마늄 등도 생산하고 있어 국내산업뿐만 아니라 미국을 비롯한 동맹국의 공급망에서도 핵심기업으로 부상하고 있다.

전략광물
산업통상부가 선정한 핵심광물 33종 중 10종으로 편재성, 공급망 불안정, 수요 및 중요성 등을 고려해 우선관리된다. 정부가 지정한 전략광물은 리튬, 니켈, 코발트, 망간, 흑연 그리고 희토류인 세륨, 란탄, 네오디뮴, 디스프로슘, 터븀이다. 최근 중국의 희토류 통제로 전 세계의 자원 공급망이 불안정해지면서 전략광물이 국제정세의 키워드로 등장하는 경우가 많아지고 있다.

온산제련소에 557억원 투자해 갈륨 회수공정 신설

글로벌 갈륨시장을 중국이 완전히 장악한 상황에서 고려아연의 이번 투자결정은 국내 자원안보 강화는 물론 글로벌 공급망 안정에 기여하는 연속행보로 주목된다. 고려아연은 오는 2027년 12월까지 2년여간 약 557억원을 투자해 울산 온산제련소에 갈륨회수공정을 신설하기로 결정했다고 10월 19일 밝혔다. ==온산 갈륨공장은 2028년 상반기 시운전 후 본격적인 상업가동에 들어가고, 연간 약 15.5톤(t)의 갈륨을 생산하는 것이 목표==다. 이를 통한 기대수익은 연 110억원 규모다. 고려아연은 "최근 사내연구소와 핵심 기술진을 중심으로 고도화된 갈륨회수 기술 상용화와 최적화에 성공하면서 공장 신설비용을 줄일 수 있게 돼 충분한 수익성을 확보할 수 있을 것으로 기대한다"고 설명했다.

갈륨은 중국의 수출규제 영향으로 지속적으로 가격이 오르고 있어 미래 기대수익은 현재 예상보다 더 커질 것으로 보인다. 갈륨은 반도체를 비롯해 태양광 패널, 레이저, 야간고글, 발광다이오드(LED), 고속집적회로 등 첨단산업의 원료로 쓰인다. 이에 정부는 자원안보특별법에서 특별관리하는 핵심광물 33종 중 하나로 갈륨을 지정했다. 미국 역시 갈륨을 에너지법에 따른 '핵심광물(Critical Minerals)' 목록에 올려 국가안보 차원에서 엄격히 관리하고 있다. 이처럼 중요광물로 취급하는 갈륨은 지난해 전 세계 생산량(약 762t)의 98.7%를 중국이 담당하고 있어 글로벌 공급망에서 중국 의존도가 특히 높은 핵심광물로도 꼽힌다. 우리나라도 갈륨 수입에 있어 중국 의존도가 70% 이상으로 절대적이다.

중국 장시성 간저우 지역의 희토류 광산

미·중 '반도체 전쟁' 중에 중국은 재작년 8월부터 갈륨·게르마늄에 대한 수출통제를 단행한 데 이어 2024년 12월에는 갈륨의 대미수출을 금지하는 조처를 실시했다. 이에 반도체 등 첨단산업에 사활을 걸고 있는 주요 국가와 기업에는 갈륨확보가 최우선 과제가 됐다. 중국의 갈륨 수출통제 직전인 2023년 6월 30일 런던금속거래소 기준 갈륨가격은 1kg당

257.50달러 수준이었으나 2년 후인 올해 6월 30일 782.50달러로 껑충 뛴 데 이어 최근인 10월 17일에는 1,112.50달러까지 치솟으며 2년 3개월 만에 4배 이상 올랐다.

"전략광물 공급망으로 한미경제안보 기여"

이런 상황에서 고려아연의 갈륨생산 소식은 공급망 안정을 위한 글로벌 첨단산업 업계의 주목을 받을 것으로 보인다. 아울러 고려아연은 갈륨생산 공정의 부산물로 또 다른 전략광물인 인듐을 연간 16t 이상 확보할 수 있어 추가수익이 기대된다고 설명했다. 인듐은 반도체와 재생에너지 등 주요 첨단산업에 쓰이는 희소금속으로 중국 의존도가 절대적으로 높다. 공급망 위기 속에 최근 5년간 가격도 약 2배 상승했다. 고려아연은 작년 기준으로 연간 약 150t의 인듐을 생산하며 전 세계 인듐수요의 약 11%를 책임지고 있다. 이는 중국을 제외하면 세계 최대규모다.

고려아연은 최윤범 회장이 지난 8월 미국에서 열린 한미정상회담에 경제사절단으로 동행해 세계최대 방산기업 미국 록히드마틴과 '게르마늄 공급·구매 및 핵심광물 공급망 협력을 위한 양해각서(MOU)'를 맺고 2028년까지 온산제련소에 게르마늄 생산공장을 구축해 연간 10t을 생산하기로 하는 등 탈중국 전략광물 공급망의 중요한 한 축을 이루고 있다. 고려아연 관계자는 "중국의 수출통제와 전 세계적인 공급망 불안, 첨단산업 경쟁력 강화를 위한 각국의 치열한 전략광물 확보전 등으로 국가 경제와 안보 측면에서 전략광물의 중요성이 한층 높아졌다"며 "고려아연은 국내 유일의 전략광물 허브로서 해당 분야에 대한 투자와 기술향상 노력으로 기술 자립도를 높이고 공급망 안정에 기여하겠다"고 말했다.

HOT ISSUE

30위

몽골에 '녹색 만리장성' 중국·몽골 황사에 공동대응 나선다

중국이 몽골 내 사막화 지역을 대상으로 '녹색 만리장성' 조성 논의에 들어갔다고 홍콩 사우스차이나모닝포스트(SCMP)가 보도했다. 기후변화에 따른 사막화와 모래폭풍에 대처하겠다는 취지다. 황사의 발원지 고비사막이 중국과 몽골에 걸쳐 있어 해당 프로젝트 진행 여부에 국내에서도 관심이 모인다.

가속화된 사막화·최악의 황사 녹색장벽이 막는다

보도에 따르면 중국과 몽골은 최근 사막화와 모래폭풍이 심각해진 몽골 고원지역을 대상으로 인공조림 사업인 '녹색 만리장성' 프로젝트를 함께 논의하고 있다. 이 사업의 목적은 사막화 진행을 막고, 중국과 몽골 모두에 영향을 주는 모래폭풍을 줄여 생태계와 환경안전을 강화하는 것이다. 이를 위해 중국과 몽골은 지난 6월 몽골 울란바토르에서 양국 과학원 연구진들이 참가하는 '생태안보장벽 쌓기 프로젝트'를 위한 회의를 진행했다.

황사가 덮친 중국 네이멍구 거리

중국과학원 산하 지리과학 및 천연자원연구소도 홈페이지를 통해 "급격한 기후변화와 더불어 모래폭풍 등 재난위험이 증가하면서 몽골에 심각한 생태적 영향을 끼치고 있으며, 중국에도 위협이 초래되는 상황"이라면서 "중국과 몽골이 생태안보장벽을 공동으로 건설해 기후변화, 사막화, 모래폭풍 등에 대처하고 녹색개발을 추진해야 한다"라고 밝혔다.

중국의 성공경험을 몽골에 적용

현재 몽골은 국토의 77%가 황폐화된 상태다. 특히 중국 북부와 몽골 남부에 걸쳐 있는 고비사막은 황사 발생의 주요원인으로 꼽히는데, 봄과 초여름에 그 영향이 중국과 한반도까지 미친다. 이에 몽골정부는 10년간 수백건의 환경프로젝트를 추진했지만, 이렇다 할 성과를 거두지 못했다.

중국 네이멍구 쿠부치사막 내 조림지의 나무심기 행사

반면 중국은 자국 내 고비사막 주변인 서북·화북·동북 지역에 거대한 방풍림을 조성하는 인공조림 사업을 1978년부터 추진해왔다. 이는 '녹색 만리장성 프로젝트' 또는 '삼북 방풍림 계획'으로 불려 왔다. 이 작업을 구체적으로 보면 모래언덕 위에 작업자들이 마른 밀짚을 1m 정사각형 모양으로 가지런하게 눕혀 놓고 삽과 비슷한 전용도구로 밀집 중간 부분을 눌러 땅속에 박아 20~30cm 높이의 밀집 방풍벽을 완성한다. 그리고 그 가운데에는 갈매나무 또는 골담초 등 사막에서도 잘 자라는 묘목(사막 적응 식물)을 땅속 수분증발을 최대한 억제해 해당 식물이 뿌리 내릴 수 있도록 깊숙이 눌러 심는다. 이렇게 격자모양의 녹색 만리장성을 확장해가는 식이다.

SCMP는 중국과학원 산하 신장위구르 생태지리연구소 연구결과를 인용해 녹색 만리장성 사업으로 2000~2020년 중국의 사막화는 감소했지만, 몽골은 증가했다고 소개했다. 실제 중국은 북서부 간쑤성과 신장위구르자치구에 있는 타클라마칸사막 둘레에 총 3,046km에 걸쳐 나무를 심는 프로젝트를 지난해 11월 완성한 바 있다.

중국은 사막 주변에 조성한 ==인공숲이 모래폭풍을 방지하고 생태계를 보호해 철도, 도로 등 기간시설의 훼손을 막으며 버섯과 약용식물 등 농산물 재배가 가능할 것==으로 기대한다. 아울러 중국은 사하라 이남 사헬지역(반건조지대) 20개국에 걸쳐 진행되는 사막화를 방지하려고 7,000km의 **녹색장벽***을 세우는 작업도 추진 중이다.

아프리카 녹색장벽

아프리카 대륙을 가로질러 사하라사막 가장자리에 나무로 된 장벽을 세우는 사업이다. 2007년 아프리카 국가들에 의해 출범했고, 이후 범대륙기구인 아프리카연합(AU)과 다른 국제기구들이 힘을 보탰다. 가뭄에 내성을 가진 재래종 나무로 대륙 서쪽에서 동쪽 가장자리까지 폭 15km의 그린벨트를 조성하는 것이 핵심이다. 지역적이고 지속 가능한 해결책을 통해 기후변화 같은 글로벌 문제를 어떻게 해결할 수 있는지 보여주는 강력한 사례로 꼽힌다.

화제의 뉴스를 간단하게!
간추린 뉴스

한국 AI학부 졸업생 3분의 1, 해외 대학원행

한국산업기술진흥협회가 10월 21일 발간한 '글로벌 AI인력 현황-국내외 관련지표 비교를 중심으로' 보고서에 따르면 한국은 인공지능(AI)분야 인재유출이 상당한 것으로 나타났다. 호주 ASPI의 AI분야 피인용수 상위 25% 인재이동 데이터 분석에 따르면 한국은 38.6%가 해외 대학원에 진학하는 것으로 분석됐고, 스탠퍼드 HAI의 AI인덱스 2025에 따르면 한국은 2024년 기준 AI인재 순유출국으로 분류됐다. 보고서는 해외 우수인력 유치, AI분야 전문연구요원제도 확대, 중소벤처기업 대상 통합 인턴십 프로그램 등을 대안으로 제시했다.

대법이 실체판단 안 한 '노태우 300억' … 검찰 비자금 수사 향배는

대법원이 최태원 SK회장과 노소영 아트센터 나비 관장의 이혼소송에서 노태우 전 대통령의 비자금 300억원을 사실상 뇌물이라고 보면서 검찰의 비자금 수사 향배에 관심이 모인다. 검찰은 지난해 5·18재단 등으로부터 최회장과 노관장 등을 비자금 은닉 및 조세포탈 혐의로 수사해달라는 고발장을 접수해 수사하고 있다. 다만 노 전 대통령과 최종현 전 회장이 모두 사망한 데다 1993년 금융실명제 시행 전 자료도 조사해야 해 수사가 쉽지 않은 상황이다. 대법원은 비자금에 대해 '뇌물로 보인다'고만 했을 뿐 실제 비자금의 존재 여부는 판단하지 않았다.

최태원 SK회장과 노소영 아트센터 나비 관장

문신사법 국회 본회의 통과

국회는 10월 25일 본회의를 열고 비의료인의 문신시술을 허용하는 '문신사법' 제정안을 가결했다. 비의료인의 문신시술이 33년 만에 합법화된 것이다. 제정안은 문신과 반영구화장을 모두 '문신행위'로 정의하고 국가시험에 합격해 면허를 취득한 사람에게만 문신사의 독점적 지위를 부여해 문신행위를 할 수 있도록 했다. 또한 보호자의 동의가 없는 미성년자에 대한 문신행위는 금지하고, 문신사에게 위생 및 안전관리 교육을 의무적으로 받도록 했다. 시행일은 공포 후 2년이 지난 시점으로 정했으며 시행 이후 최대 2년간 임시등록 등의 특례를 두도록 했다.

문신사법 통과 후 입장발표 중인 대한문신사중앙회

잦은 가을비에 사과는 열과 피해, 대추는 탄저병 … 농가들 울상

열과현상이 나타난 사과

그치지 않는 가을비에 농가들이 각종 피해를 겪고 있다. 사과의 경우 비가 많이 내리면 과수가 과도하게 수분을 흡수해 껍질이 터지기 쉬워 충주·제천등지의 사과농장에서는 열매 터짐 현상이 발생하고 있다. 괴산의 배추농가에서도 무름병이 발생했고, 보은에서는 대추열매에 탄저병이 퍼졌다. 벼 재배 농가들은 깨씨무늬병 때문에 수확량이 최대 37%까지 감소될 위험에 처했다. 기상청 관계자는 "북쪽의 찬 공기와 남쪽의 따뜻한 공기가 반복적으로 충돌하고 수증기 유입이 지속되면서 비구름대가 자주 통과한 것이 가을장마의 원인으로 보인다"고 밝혔다.

미국 언론, 국방부 보도통제에 반발해 출입증 반납하고 기자실 비웠다

미국 국방부의 보도통제를 거부한 국방부 담당 기자들이 출입증을 집단적으로 반납하고 기자실을 퇴거했다. 앞서 국방부는 사전에 승인받지 않은 내용을 보도하는 기자는 출입증을 박탈하겠다면서 이에 동의하는 서약서에 10월 14일 오후 5시까지 서명하지 않으면 24시간 안에 출입증을 반납하고 청사를 비우라고 언론에 통보했다. 이에 언론사 대부분은 보도지침이 헌법을 위반하고 국민의 알 권리를 침해한다고 비판하며 출입증 반납에 동참했다. 워싱턴포스트에 따르면 시한까지 서약서에 서명하겠다는 입장을 밝힌 곳은 친트럼프 성향 우파매체 원아메리카뉴스가 유일하다.

미국 국방부 기자실 비우는 기자들

한은, 친일 논란 작가 전시회 조기종료 … 작가 약력도 보완

한국은행(한은)이 친일논란이 있는 작가의 작품을 내건 상설전시회를 조기종료하기로 했다. 10월 17일 한은에 따르면 한은 화폐박물관은 상설 전시회 '사유와 산책-이어진 길' 기간을 올해 말까지로 10개월 단축했다. 당초에는 내년 10월까지 할 예정이었다. 남은 전시기간에는 작가 약력에 친일이력을 상세히 추가할 계획이다. 한은 전시회는 앞서 국회 기획재정위원회에서 친일논란 작가 작품이 다수 걸려 있다고 10월 7일 지적받은 바 있다. 한은 측은 전시회 종료 후 이 작품들을 매각하거나 연구목적으로 장기대여하는 등 다양한 방안을 검토 중인 것으로 알려졌다.

한국은행 화폐박물관

"국립암센터 의료장비 53% 노후화" … 18년된 MRI로 암 진단

국립암센터

10월 21일 국회 보건복지위원회에서 한지아 국민의힘 의원이 국립암센터에서 제출받은 '의료장비 노후 현황'에 따르면 의료장비 1,169개 중 618개(53%)가 내용연수(사용가능 기간)를 초과했다. 내용연수 초과 10년 이상인 의료장비는 173개였고, 15년 이상인 것도 83개에 달했다. 국립암센터는 자기공명영상(MRI) 촬영장비 5대를 보유하고 있는데, 이 중 1대는 2007년에 도입돼 18년째 사용하고 있다. 한 의원은 "노후장비는 진단 정확도를 떨어뜨리고 치료를 지연할 수 있는 만큼 의료장비 전수조사와 교체계획을 조속히 마련해야 한다"고 밝혔다.

"중국에 가격·기술·속도 다 밀린다 … 정책전환 시급"

'중국산은 가격이 유일한 경쟁력'이라는 인식은 이제 옛말이 됐다. 10월 21일 대한상공회의소가 'K-성장 시리즈(4) 한·중 산업경쟁력 인식조사와 성장제언'을 주제로 국내 제조기업 370개사를 대상으로 조사한 결과에 따르면 우리 기업이 중국보다 기술경쟁력이 앞선다는 응답은 전체의 32.4%에 그쳤다. 우리나라가 강점으로 여긴 제조속도마저 중국이 우위라는 답이 42.4%로 우리가 빠르다(35.4%)는 답보다 많았다. 이종명 대한상의 산업혁신본부장은 "기업들이 더 많이 투자하고 기술력을 키울 수 있게 성장지향형 정책으로의 과감한 전환이 필요하다"고 말했다.

대한상공회의소

'이재명 조폭 연루설' 장영하 2심 징역형

2022년 20대 대통령선거 당시 대선주자였던 이재명 대통령에게 '조폭 연루설'을 제기한 장영하 국민의힘 성남시 수정구 당협위원장이 2심에서 징역 1년에 집행유예 2년을 선고받았다. 서울고법 형사7부는 "피고인은 사실을 명확히 입증할 만한 객관적 자료를 확보하지 않은 상태에서 쟁점사실과 관련 없는 현금다발 사진, 박철민 등의 진술에만 의존해서 기자회견을 열어 허위의 사실을 공표했다"고 말했다. 한편 더불어민주당은 10월 27일 대검찰청 국정감사에서 20대 대선 당시 '이재명 후보가 성남지역 폭력조직과 연루됐다'는 의혹을 담은 자필편지가 조작됐다고 주장했다.

장영하 국민의힘 성남시 수정구 당협위원장

파리 명물 에펠탑 '적자 눈덩이' … 입장료 추가인상 검토

에펠탑

에펠탑이 계속되는 적자누적에 파리 시의회가 입장료 추가인상을 검토하고 있다고 영국 더타임스가 10월 15일(현지시간) 보도했다. 에펠탑 입장료는 최상층까지 엘리베이터로 가는 성인 티켓 기준 36.10유로(약 6만원)인데, 이는 작년보다 약 18% 인상된 가격이다. 프랑스 회계감사원 보고서에 따르면 에펠탑은 지난해 850만유로(약 141억원)의 손실을 냈으며, 2031년까지 누적적자는 3,100만유로(약 513억원)에 이를 전망이다. 당국은 향후 입장료 추가인상을 검토 중이다. 파리 시의회는 "에펠탑 요금체계 조정을 고려하고 있다"고 밝혔다.

KT 불법 기지국 피해 작년 10월부터 이어져 … 접속자 2만 2,000명 달해

KT는 10월 17일 서울 광화문 사옥에서 기자회견을 열어 KT가 관리하지 않는 불법 기지국에 접속돼 개인정보 유출이 의심되는 이용자 피해가 지난해 10월부터 발생한 사실을 밝혔다. KT는 자사 통신망에 접속한 불법 기지국 ID가 기존 4개에서 20개로 늘었고, 해당 ID에 접속한 이력이 있는 이용자 수가 2만 2,200여 명이라고 집계했다. 불법 기지국 ID의 최초 발견시점에 대해 KT는 검증을 진행 중이라고 밝혔다. 아울러 전수조사에 시간이 소요된 점을 사과하고 정부 및 경찰 수사에 성실히 협조하는 한편 재발 방지를 위한 보완책을 마련하겠다고 했다.

소액결제·개인정보 유출피해 관련 전수조사 결과 질의응답

아마존, 2031년까지 한국 클라우드 인프라에 7조원 추가투자

아마존웹서비스(AWS)는 2031년까지 한국 내 인공지능(AI) 및 클라우드 컴퓨팅 기술지원을 위한 데이터센터 인프라 확충에 7조원을 추가투자한다고 10월 29일 밝혔다. 이번 투자는 글로벌 클라우드 사업자의 국내투자로는 역대 최대규모이며 AWS가 SK그룹과 협력해 추진 중인 '울산 AI 존'에 대한 투자를 포함한다. 함기호 AWS코리아 대표는 "다년에 걸친 이번 투자계획은 한국의 디지털전환 여정을 지원하고자 하는 AWS의 확고한 의지를 보여준다"고 강조했다. 2027년 운영을 시작할 예정인 시설은 SK그룹이 건설을 담당한다.

아마존 로고

기재부 서버 4대 중 1대 노후화 … 국가전산망 취약성 여전

행정정보시스템 일부 중단 안내문

국가정보자원관리원 화재로 국가전산망의 취약성이 여실히 드러난 가운데 기획재정부 서버가 4대 중 1대꼴로 노후화한 것으로 나타났다. 10월 21일 국회 기획재정위원회 소속 정태호 더불어민주당 의원이 기재위 소속 부처·기관에서 제출받은 자료에 따르면 서버 4,594개 가운데 1,379개(30.0%)가 통상 사용연한인 6년을 초과해 사용됐다. 노후화한 전산장비는 장애 발생률을 증가시키고, 화재 등 대형재난이나 보안위험에 취약할 수 있다는 우려가 있다. 정 의원은 "장비교체를 비용이 아닌 필수적인 인프라 투자로 인식해야 한다"고 말했다.

테일러 스위프트가 입은 티 한 장 … 해달 보호기금 33억원 모여

미국의 인기가수 테일러 스위프트가 해달이 그려진 빈티지 티셔츠를 입고 등장한 후 해달보호기금에 230만달러(약 32억 7,000만원) 이상의 돈이 몰렸다. 해달보호를 강조하는 그림이 그려진 티셔츠를 입은 스위프트의 영상 속 모습을 보고 구매문의가 폭주했고, 이를 제작했던 수족관 측은 해달보호 캠페인의 일환으로 티셔츠를 재출시했다. 다치거나 부모를 잃은 해달을 위해 최소 65.13달러(약 9만 3,000원)를 기부하는 사람에게 티셔츠를 우편 발송하기로 한 것이다. 예약주문을 받기 시작한 지 이틀이 채 지나지 않아 230만달러를 넘어섰다고 수족관은 밝혔다.

다시 출시된 미국 몬터레이 베이 아쿠아리움의 해달 티셔츠

유럽공항 '자동 체크인 먹통' 원인은 랜섬웨어 공격 … 용의자 영국서 체포

9월 19일(현지시간) 전 세계 주요 항공사에 자동 체크인·탑승 서비스를 제공하는 미국업체 콜린스 에어로스페이스가 사이버공격을 받으면서 주말 내내 유럽 주요 공항에서 혼란이 빚어졌다. 원인은 랜섬웨어 공격이었다고 9월 22일 유럽연합(EU) 사이버보안청(ENISA)이 밝혔다. ENISA는 관련 당국이 사건을 조사 중이라면서도 랜섬웨어 공격의 출처 등 세부사항은 언급하지 않았다. 이번 사이버공격과 관련해 영국경찰이 40대 남성 1명을 체포했다고 AP통신 등이 9월 24일 보도했다. 영국 국가범죄청은 성명에서 "이번 사건수사는 초기단계로 진행 중"이라고 말했다.

사이버공격으로 대기 중인 영국 히스로 공항 이용객들

천안 이랜드 물류센터 화재 … '화재예방 간담회'는 무용지물?

화재로 건물 일부가 붕괴된 천안 이랜드 물류센터

11월 15일 발생한 충남 천안시 이랜드패션 물류센터 화재현장에서 큰 불은 당일 잡혔으나 완진까지는 시일이 더 걸렸다. 건물 일부는 이미 붕괴된 상태로 소방당국은 중장비를 동원해 건물을 해체하고 구조물을 파헤치는 동시에 방수포로 외부에서 물을 뿌리며 잔불작업을 이어나갔다. 의류 등 내부 적재물이 불쏘시개 역할을 한 것도 진화에 어려움을 겪은 이유다. 한편 화재발생 불과 3일 전 소방당국이 인근 기업들과 '화재예방 간담회'를 열었던 사실이 드러났다. 이에 따라 간담회가 형식적 행사에 그친 것 아니냐는 지적이 나오고 있다.

아프리카 대통령들의 장기집권 지속 … 탄자니아, 카메룬, 코트디부아르 등

아프리카 여러 국가에서 논란에 휩싸인 장기집권이 이어지고 있다. 10월 29일(현지시간) 탄자니아에서는 사미아 술루후 하산(65) 현 대통령이 제1·2야당 후보를 뺀 대선에서 연임에 도전하는 가운데 탄자니아 선관위가 발표한 초반 개표결과 하산 대통령은 96.99%의 득표율을 기록했다. 카메룬의 폴 비야(92) 대통령은 8선에 성공했다. 43년간 집권한 비야 대통령이 7년 임기를 더할 예정이다. 코트디부아르 대선에서는 알라산 우아타라(83) 현 대통령이 4선에 성공했으며 우아타라 대통령은 임기 5년을 더해 총 20년간 집권하게 된다.

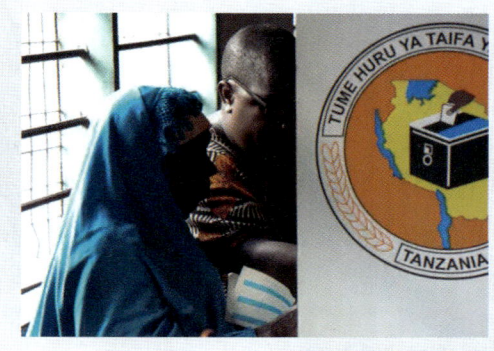
투표하는 탄자니아 유권자

"세금 안 내려 미등록 결제단말기 사용 … 탈세액 3년간 440억원"

10월 15일 국회 기획재정위원회 소속 박수영 국민의힘 의원이 국세청으로부터 제출받은 자료에 따르면 2022년부터 지난해까지 미등록 결제대행(PG) 업체의 불법 결제단말기를 이용하다 적발된 건수는 4,371건, 탈세액은 441억원이다. 미등록 PG업체는 신용카드사와 가맹계약이 어려운 영세업자들의 카드결제를 대행하면서 국세청에 매출자료를 제출하지 않는다. 박 의원은 "이들 결제단말기를 사용하면 소득세와 부가가치세를 내지 않아 탈세에 해당"하고, 국세청 관계자가 "미등록 PG 관련 과세정보를 금융위에 넘길 규정이 없어서 현재 마련 중"이라 해명했다고 밝혔다.

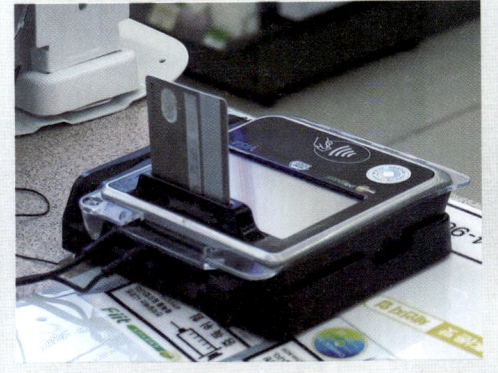

금융소득 상위 2%, 평균 연 21억원 벌었다 … 배당금 비중이 87%

금융소득 종합과세 신고자 중 5억원을 초과한 이들이 전체 금융소득의 44%를 차지한 것으로 나타났다. 10월 26일 국회 기획재정위원회 소속 박성훈 국민의힘 의원이 국세청에서 제출받은 자료에 따르면 2023년 귀속 금융소득 종합과세 신고자는 33만 6,246명으로 전년(19만 1,501명)보다 75.6% 증가했다. 금융소득이 높을수록 배당비중이 뚜렷해 배당소득 분리과세를 놓고 '부자감세'라는 비판이 꾸준히 제기돼왔다. 한편 이들이 주식시장의 주요 투자자라는 점을 고려할 때 세금부담을 완화해 시장활력을 높여야 한다는 주장도 맞선다.

"일부 잠수함 하사 보직률 0% … 부사관 선발률 역대 최저"

주요 잠수함들의 하사 보직률이 턱없이 낮아져 대책마련이 시급하다는 지적이 나온다. 10월 23일 국회 국방위원회(국방위) 소속 유용원 국민의힘 의원이 해군본부로부터 제출받은 '주요 함정별 간부보직률 현황' 자료에 따르면 올해 9월 기준 '장보고급 잠수함'인 박위함과 이종무함 하사 보직률은 0%였고, 안창호함의 보직률도 34%에 그쳤다. 올해 9월 해군의 신임 하사 기준 선발률은 43.3%에 불과해 역대 최저치를 경신할 것으로 전망된다. 국방위 소속 황희 더불어민주당 의원은 "장려수당 등 파격적인 수준의 보상확대가 필요하다"고 강조했다.

잠수함

"재정부족 WHO, 외부 기부금 의존으로 사업 우선순위 왜곡"

세계보건기구(WHO)가 용도가 정해진 기부금에 대한 의존이 커지면서 사업이 왜곡되고 있다는 지적이 나왔다. 런던 퀸메리대학 조너선 케네디 박사팀은 10월 29일 의학저널 BMJ 글로벌 헬스(BMJ Global Health)에서 지난 40년간 회원국들이 분담금을 인상하지 않아 WHO는 기부금에 의존하는 구조에 놓이게 됐다며 자금조달 방식이 근본적으로 바뀌지 않으면 WHO는 외부 영향력에 취약할 수밖에 없고 세계 보건과제를 충분히 해결하지 못할 것이라고 말했다. WHO 예산의 약 90%가 자발적 기부금이며, 대부분은 용도가 정해진 '지정기부금'이다.

세계보건기구(WHO) 본부 청사

'과로사 의혹' 런던베이글뮤지엄, 유족과 합의 … 산재 신청 취하

런던베이글뮤지엄 매장

과로사 의혹이 불거진 유명 베이커리 '런던베이글뮤지엄(런베뮤)'이 유족과 공식합의했다. 유족 측 대리인은 런베뮤 인천점 소속이던 A(26)씨의 산업재해 신청을 취하했다고 11월 3일 밝혔다. 대리인은 "회사의 진정성 있는 사과와 지속적인 대화노력을 통해 유족과 회사는 오해를 해소하고 상호화해에 이르렀다"고 설명했다. 유족은 7월 16일 런베뮤 인천점 직원숙소에서 A씨가 숨지자 과로사 의혹을 제기했다. 카카오톡 대화내용과 대중교통 이용내역 등을 토대로 근로시간을 추산한 결과 고인은 사망 전 1주일 동안 80시간 12분가량 일한 것으로 나타났다.

세계최대 자산운용사 블랙록 자회사 한국에 20조원 투자 발표

아태지역 최대 재생에너지 개발·운영 민간발전사업자로 꼽히는 뷔나(VENA)그룹이 한국 재생에너지 분야와 이와 연계된 인공지능(AI) 데이터센터 구축사업에 투자하기로 했다. 뷔나그룹은 세계최대 자산운용사 블랙록의 완전 자회사로 이번 투자계획은 지난 9월 이재명 대통령과 래리 핑크 블랙록 회장이 면담한 것을 계기로 과기정통부와 블랙록이 체결한 'AI·재생에너지 투자 협력 양해각서(MOU)'에 따른 첫 성과다. 총투자는 '500MW(메가와트) 규모 태안해상풍력 발전과 384MW 규모 욕지해상풍력 발전을 포함해 20조원 규모'로 추진한다고 뷔나그룹은 밝혔다.

자산운용사 블랙록 로고

논란 속 운항
한강버스

서울 첫 수상 대중교통

한강버스가 9월 18일 정식운항을 시작했다. 당초 지난해 10월 운행을 목표로 했으나, 선박건조와 인도지연으로 일정이 1년 가까이 미뤄졌다.

마곡에서 잠실까지 총 7개의 선착장을 오가며 1시간 30분 간격으로 하루 16회 운항한다. 요금은 성인 기준 편도 3,000원이며 기후동행카드 이용도 가능하다.

그러나 운항 초기부터 고장과 집중호우로 잦은 중단을 겪었다. 결국 정식운항을 시작한 지 열흘 만에 시민탑승을 중단하고 무승객 시범운항으로 전환됐다.

10월 20일 서울시 국정감사에서는 한강버스 사업을 둘러싼 공방이 이어졌다. SH의 876억 무담보 대출, 발전기 안전성 문제 등에 대한 추궁이 이어졌다.

논란에도 불구하고 11월 1일 운항이 재개됐다. 서울시는 내년 3월부터 출퇴근 시간대 급행노선도 신설해 하루 32회로 운항을 확대할 계획이다.

10월 29일 더불어민주당 의원들은 서울시가 한강버스 충돌사고를 은폐했다고 주장했다. 서울시는 시범운항 주요 사고조치 결과를 공개하며 의혹을 부인했다.

핵심 브리핑

한강버스는 친환경 수상 대중교통으로 서울주택도시개발공사(SH)와 민간기업 이크루즈가 51:49 비율로 출자한 사업이다. 그러나 SH가 사업추진을 위해 876억원을 무담보로 대여해주며 서울시가 자금의 약 69%를, 민간투자는 2.8%에 그치는 비정상적인 구조가 형성됐다. 또한 잦은 고장과 느린 운항 속도로 교통수단으로서의 실효성에도 의문이 제기되고 있다.

이슈&시사상식
팩트체크

중국인 3대 쇼핑
한국경제 망가진다?

What?

제1야당인 국민의힘이 중국인의 3대 쇼핑 방지법을 '당론'으로 추진하겠다고 밝혔다. 관대한 정책 때문에 중국인들이 불공정하게 혜택을 누리고, 우리 국민이 역차별을 당하고 있다는 주장을 근거로 한다. 바로잡아야 할 국민 역차별이라는 것이다. 모처럼 외국인 관광객이 증가하고 내수가 살아나고 있는 때에 찬물을 끼얹었다는 비판이 나온다.

김은혜 국민의힘 원내정책수석부대표는 지난 10월 10일 국회에서 열린 국정감사 대책회의에서 '중국인 3대 쇼핑 방지 3법'을 당론으로 추진하겠다면서 "우리 국민은 해외에서 건강보험 혜택도 선거권도 부동산 거래 자유도 제대로 누리지 못하는데, 우리 땅을 밟는 중국인들은 제도의 빈틈을 파고들어 '의료쇼핑, 선거쇼핑, 부동산 쇼핑'을 하는 등 국민 역차별이 이뤄지고 있는 만큼 법 개정 등을 통해 바로잡겠다"고 했다. 그는 그러면서 "반중시위는 혐오라고 호들갑 떨면서 정작 반미시위는 모른 척하는 정부 행태를 보면 '안미경중(안보는 미국, 경제는 중국)은 끝났다'는 이재명 대통령 발언이 거짓말이라고 느끼게 된다"고 했다.

또한 "이 정부의 일관된 노선은 반미친중 아닐까, 중국문제에서도 기준은 공정이어야 하는데 정부·여당은 중국 앞에서 공손하기만 하다"고도 했다. 이와 같은 김 수석부대표의 발언은 최근 중국대사관이 있는 서울 명동과 중국동포들이 많이 살고 있는 대림동 일대에서 극우단체들의 혐중시위가 이어지고, 극우 유튜버들을 중심으로 중국인 단체 관광객 한시적 무비자 입국과 대전 국가정보자원관리원 화재를 연결 짓는 '혐중음모론'이 확산하고 있는 가운데 나왔다. 때문에 주장의 사실 여부와 상관없이 내년 지자체선거를 앞두고 지지층 결집을 위해 무분별하게 반중·혐중 정서를 확산시키고 한중관계 개선의 싹을 꺾고 있다는 비판이 나왔다.

국민의힘이 국민 역차별이라고 주장한 중국인 3대 쇼핑은 ▲ 의료쇼핑 ▲ 부동산 쇼핑 ▲ 선거쇼핑이다. 먼저 국민의힘은 중국인이 현재 2만원이 채 안 되는 건강보험료를 내고 수천만원의 혜택을 받는다면서 "2023년 기준 중국인에 대한 건강보험 부과액은 8,103억원, 급여비는 8,743억원으로 약 640억원의 적자를 기록한 바 있다"고 주장했다.

2023년까지 적자였던 건 사실이다. 그러나 통계오류가 확인되면서 640억원 적자로 발표됐던 2023년 재정수지는 27억원 적자로 확인됐다. 아울러 지난해 4월부터 시행된 건강보험법 개정안에 따라 신분증 확인, 피부양자 자격 강화 등 부정수급 차단조치가 강화되면서 재정이 안정화되는 추세다. 그 결과 국민건강보험공단 통계에 따르면 중국인 재정수지는 지난해 흑자로 전환, 55억원의 이익을 냈다. 전체 외국인 재정수지는 2016년 이후 8년 연속 흑자를 기록하고 있다.

또 국민의힘은 '중국인이 외국인 중에서 우리나라 토지 필지 및 주택 최다 보유, 부동산 투기 외국인 분야 1위'라고 주장했다. 하지만 5월 국토교통부 발표에 따르면 외국인 주택보유 1위는 중국인이었지만, 면적 기준 토지보유 1위는 미국(52.5%)이며, 중국은 전체의 7.9%에 불과했다. 또한 강남3구 등 서울의 고가아파트 매매는 중국이 아닌 미국과 캐나다 국적 비중이 가장 높았다. 부동산 소유 중국인 비중이 높은 지역은 차이나타운이 있는 구로구, 영등포구 등뿐이다.

집을 사들인다는 주장 역시 현실과 다르다. 국내에서 외국인이 주택담보대출을 받을 때는 LTV(주택담보인정비율), DSR(총부채원리금상환비율), DTI 등 모든 금융규제 적용을 똑같이 받기 때문이다. 또한 중국 국가외환관리국(SAFE) 발표에 따르면 중국인은 연간 5만달러(약 6,800만원)를 초과해 해외로 송금하거나 대출받는 게 불가능하다. 따라서 "중국인은 자국 은행에서 대출받아 규제를 피한다"는 주장도 현실 모르는 억지에 불과하다.

투표권도 핵심쟁점이다. 국민의힘은 "외국국적이라도 영주권을 얻고 3년이 지나면 우리나라에 거주하지 않아도 투표할 수 있다"고 주장했다. 하지만 공직선거법상 영주권자는 외국인 등록대장에 등록돼야 지방선거 투표권을 갖는다. 대통령이나 국회의원 선거는 아예 참여할 수 없다. 또한 출입국관리법상 해외 체류 중 2년의 재입국 허가 면제기간 내 귀국하지 않으면 외국인 등록 자체가 말소된다. 장기출타를 하면 투표할 수 없는 셈이다. 무엇보다 지방선거에는 재외국민 투표제도가 적용되지 않기 때문에 외국에서 투표할 수도 없다.

한편 중국 최대명절인 국경절 연휴에 인천국제공항으로 입국한 중국인은 지난해보다 30% 늘었다. 중국인 관광객이 우리나라에서 쓴 돈은 지난해 평균 1,622달러(약 230만원)로 압도적 1위다. 정부는 내년 6월까지 시행되는 무비자 조치로 중국인 100만명이 추가로 방한할 것으로 기대하는데, 단순 계산해도 2조 3,000억원의 효과가 있는 셈이다.

Fact!

중국인 대상 건강보험 재정수지는 흑자이고, 서울 고가아파트 외국인 소유자는 미국인이 더 많으며, 영주권 취득 3년이 지난 외국인은 지방선거에서 투표할 수 있으나 재외국민 투표제도가 적용되지 않아 외국에서 투표할 수도 없다.

이슈&시사상식
뉴스픽!

최장기 셧다운에 반란법까지
미국 어디로 가나?

11월 9일과 12일 미국 연방정부의 셧다운(일시적 업무정지)을 끝내기 위한 임시 예산안이 각각 상원과 하원을 통과하며 사상 최장기간 이어지던 셧다운 사태가 12일 공식 종료됐다. 확산하는 'No Kings' 시위에 반란법을 내세워 주방위군을 투입하고 있는 트럼프행정부가 최장기간 셧다운을 또 하나의 계기로 삼을 것이라는 우려가 일단은 한숨을 돌린 모양새다.

미국 연방정부 셧다운이 11월 12일(현지시간) 역대 최장기록을 경신하며 43일 만에 공식적으로 종료됐다. 상원이 지난 10일 정부 셧다운 종식을 위한 중요한 조치인 '지속적 세출 및 연장법' 법안을 60대 40의 표결로 통과시킨 데 이어 미국 하원이 이날 222대 209로 법안을 통과시켰다.

상처만 남은 최장기 셧다운

- ❖ 최장 43일 만에 셧다운 종료
- ❖ 오바마케어 보조금 연장은 불발
- ❖ 정상화에는 시간 걸려

이후 법안은 도널드 트럼프 미국 대통령이 최종 서명함으로써 즉시 발효됐다. 트럼프 대통령은 법안 서명 후 "서명을 통해 연방정부는 이제 정상적으로 운영을 재개할 것이며, 행정부와 의회는 국민의 생활비를 낮추고, 공공안전을 회복하며, 경제를 성장시키고, 모든 미국인이 미국에서 살기 좋은 환경을 다시 만들기 위한 노력을 계속할 것"이라고 말했다. 이어 "정부 셧다운으로 미국에 막대한 피해가 발생했으며, 2만편의 비행편이 취소됐다"며 "정부 셧다운의 실질영향을 계산하려면 몇 주, 혹은 몇 달이 걸릴 것"이라고 덧붙였다.

셧다운은 지난 9월 30일까지 양당의 대치 속에 임시 예산안 처리가 불발되면서 10월 1일부터 시작됐다. 연방정부 셧다운은 기한 내 연방정부 예산안 처리가 불발되면서 일부 정부프로그램과 공무원 급여를 위한 재정지원이 끊기며 정부의 일부기능이 중단되는 사태다. 양당 간 갈등이 심화하며 셧다운 사태가 장기화할 것으로 예상된 가운데 극적 합의를 이룬 것은 민주당 중도파 의원들의 입장변화 덕분이었다. 셧다운 장기화로 저소득층을 위한 영양보충지원프로그램(SNAP) 집행과 전국 공항운영 등이 차질을 빚자 민주당 중도성향 의원들을 중심으로 셧다운 종료 필요성에 공감대가 형성된 것으로 알려졌다.

상원의 공화당 의원들과 민주당 중도파 의원들이 합의한 예산안은 2026 회계연도(내년 9월 말까지) 연간 예산안 가운데 초당적 합의가 이뤄진 부처예산안을 추린 3건의 지출법안과 내년 1월 30일까지의 임시예산안(초당적 합의가 이뤄진 3건의 부처예산안 제외)을 묶은 패키지다.

셧다운 종료 지출법안에 서명한 트럼프 대통령

다만 셧다운 종결동의를 위한 민주당의 핵심 요구사항이었던 오바마케어 보조금 연장은 합의안에 포함되지 않았다. 대신 공화당이 셧다운 종료 후 올해 말 만료 예정인 건강보험개혁법(오바마케어) 보조금에 대한 표결을 12월 둘째 주까지 실시하겠다고 약속한 것으로 알려졌다. 역대 최장기간 이어진 정부 셧다운이 종식되며 금융시장의 우려도 대부분 해소될 것으로 예상되지만, 전국 공항과 국립공원이 재개되는 데 짧게는 며칠, 길게는 몇 주 걸릴 수 있으며, 꾸준한 데이터수집이 필요한 주요 통계지표 발표는 한동안 차질이 예상된다고 뉴욕타임스(NYT)가 전했다. 항공업계에서는 셧다운 이후 비행편이 정상화하는

데 1주일가량 걸릴 것으로 예상하면서 우려했던 '추수감사절(11월 27일) 항공대란'은 피할 수 있을 것이라고 전망했다. 셧다운 기간 문을 닫거나 제한적으로 운영된 국립공원, 박물관, 동물원 등도 언제 다시 개장·개관할지 불투명한 상황이다.

가장 큰 혼란은 40일 넘게 공백상태에 있던 각종 통계지표 발표다. 고용, 물가, 소비지출 등 주요 월별 통계의 수집·분석이 중단되면서 이를 재가동하고 통계의 연속성과 정확성을 확보하는 데 어려움이 예상된다. 9월 고용·소매판매 통계의 경우 셧다운 직전까지 쌓인 데이터를 기반으로 며칠 안에 발표될 수 있지만, 데이터수집이 중단됐던 10월 통계는 발표 여부조차 불확실하다. 앞서 백악관은 10월 소비자물가지수(CPI) 보고서를 발표하지 않을 수 있다고 밝힌 바 있다.

민주당, 텃밭 공격에 셧다운으로 맞불

- 민주당 강세지역 주방위군 투입
- 정권연장 위해 반란법 만지작?
- '노 킹스 시위' 확산

이번 셧다운은 단순히 여야대결이나 정책대결이라기보다는 소위 이념대결 양상의 결과다. 트럼프 대통령이 지난 6월 캘리포니아주 로스앤젤레스(LA)에 주지사 요청 없이 주방위군 2,000명을 투입한 것을 시작으로 시카고, 볼티모어, 오클랜드, 워싱턴 D.C, 포틀랜드에 방위군을 투입하거나 투입을 시도했다. 이들 도시는 전통적으로 민주당이 우세한 지역이다. 즉, 민주당 텃밭인 진보성향 도시들이 트럼프 대통령의 치안목적 군대투입 기도에 대항 중인 가운데 해묵은 의료보조금 공방으로 여야가 대치하며 셧다운이 속절없이 길어진 것이다.

그 대결양상이 극에 달한 곳이 바로 미국 3대 도시 중 하나인 일리노이주 시카고였다. 시카고에서 연방정부 이민단속 요원이 자국민에게 충격을 가하는 사건이 발생하면서 이민단속에 반발하는 시위가 한층 거세지자 트럼프 대통령은 주방위군 파견을 지시했다. 하지만 미국 연방 항소법원이 1심 법원에 이어 시카고에 주방위군을 투입하려는 트럼프 대통령의 계획에 제동을 걸었다. 제7구역 연방 항소법원은 시카고 지역에 파견된 주방위군이 연방정부 통제하에 그 지역에 머물 수는 있지만, 법적 공방이 진행되는 동안 작전에 투입되는 것은 금지한다고 전날 판결한 것이다.

이민단속 반발 시위대에 최루탄을 사용하는 경찰(시카고)

시카고와 마찬가지로 이민세관단속국(ICE) 시설 주변에서 벌어진 격렬한 시위를 근거로 오리건주 포틀랜드에 주방위군을 파견한 것 또한 미국 연방항소법원이 '트럼프행정부가 오리건주 포틀랜드에 주방위군을 배치하는 것은 위헌'이라며 앞으로 '영구적으로(permanently)' 포틀랜드에 주방위군을 투입하지 말라고 판결하면서 무위로 끝났다.

문제는 주방위군 투입에 제동이 걸린 트럼프 대통령이 반란법을 거론하고 있다는 것이다. 1807년 원주

민인 인디언들과의 갈등이 극에 달하자 이들의 저항을 '적대적인 침입'으로 간주, 이에 대항해 '대통령이 민병대를 소집할 수 있도록 한 법률'이 제정됐다. 반란법이다.

> **1807년 반란법**
> (Insurrection Act of 1807)
>
> **#제252조**
> **(연방권한의 집행을 위한 민병대 및 군대의 사용)**
> 대통령이 불법적인 방해, 결사, 집회 또는 미합중국의 권한에 대한 반란으로 인하여 통상적인 사법절차에 따라 주에서 미합중국 법률을 집행하는 것이 불가능하다고 판단할 때에는 <u>언제든지</u> 대통령은 어떤 주의 민병대라도 연방업무에 동원할 수 있으며, 해당 법률을 집행하거나 반란을 진압하는 데 필요하다고 판단하는 만큼의 군대를 사용할 수 있다.
>
> **#제254조**
> **(해산명령)**
> 대통령은 이 장에 따라 민병대나 군대를 사용할 필요가 있다고 판단할 때에는 <u>언제든지</u> 포고로 반란군에게 해산하고 정해진 시간 내에 평화롭게 각자의 거주지로 돌아갈 것을 즉시 명령한다.

반란법은 미국 역사를 통틀어 총 30회 발동됐는데, 대표적으로 남북전쟁 때 에이브러햄 링컨 대통령이 남부의 주들이 반란을 일으켰을 때 이 법을 발동했고, 20세기에는 아칸소주 주지사가 흑인학생들의 등교를 막자 드와이트 D. 아이젠하워 대통령이 연방군을 투입해 흑인학생들의 신변을 보호하고 이에 반발하는 시위대를 진압하기 위해 사용했다.

그런데 법률 본문 어디에도 반란(Insurrection), 내란(Rebellion), 국내 폭력(Domestic Violence) 등의 핵심용어가 명확히 정의돼 있지 않다. 대신 "주방위군을 소집해야 할 비상사태가 발생했는지 여부를 결정할 권한이 전적으로 대통령에게 있으며, 그의 결정은 모든 다른 사람들에게 최종적(Conclusive)이다"라고 해놓았다. 한마디로 대통령이 그렇다고 판단하면 군대를 동원할 수 있고 시위를 해산시킬 수도 있다는 말이다.

군을 동원해 법 집행을 실행할 수 있다는 점에서는 우리나라의 계엄령과 비슷하지만, 계엄령은 헌법 제77조에 '전시·사변 또는 이에 준하는 국가비상사태'로 제한하는 반면 미국의 반란법은 '대통령의 판단'이 그 근거다. 때문에 사회적 혼란을 빌미로 반란법으로 정치를 장악한 후 장기집권을 노리는 것 아니냐는 우려가 나온다. '사회혼란 유도 → 반란법 발동 → 혼란상황의 악순환 → 이를 명분으로 내년 중간선거 및 2028년 대선 장악 → 트럼프 장기집권체제 구축'의 시나리오가 그것이다.

한편 미국 전역에서는 트럼프 대통령의 권위주의적 집권행태를 비판하며 수백만명이 참가하는 시위가 벌어지고 있다. 약 300개의 시민사회단체가 연합해 언론·집회·시위의 자유를 옹호하고, 트럼프행정부의 이민법 집행 강화 등에 맞설 것을 촉구하는 '노킹스(No Kings, 왕은 없다)' 운동은, 특히 "지금 우리가 이민자들을 위해 나서지 않으면 다음은 우리 차례"라는 경각심을 불러일으키며 이민자 편에 서고 있다. 지난 10월 18일에는 50개주, 2,700개 이상의 장소에서 700만명이 넘는 사람들이 모여 평화적 시위를 벌였다.

위험천만 전동킥보드
단속 철저하게 이뤄져야

NEWSPAPER

'킥보드 없는 거리' 확대 98% 찬성

올해 5월부터 서울 마포구 홍대 레드로드(1.3km)와 서초구 반포 학원가(2.3km) 2개 구간이 킥보드 없는 거리(낮 12시~오후 11시)로 시범운영되고 있다. 서울시는 시범운영의 효과를 분석하기 위해 지난 8월 해당지역 생활인구 500명(만 18~60세 이상)을 대상으로 설문조사를 했다. 그 결과 향후 보행밀집지역이나 안전취약지역으로 킥보드 없는 거리를 확대하는 방안에는 98.4%가 찬성했으며, '킥보드 통행금지로 불편이 있다'는 응답자는 2.6%에 불과했다.

2025.11.03. 연합뉴스

연이은 사고로 '킥라니'된 전동킥보드

전동킥보드가 거리에서 보편화되면서 이에 따른 크고 작은 사고 소식이 심심치 않게 들려오고 있다. 안전규정을 지키지 않고 도로상에서 불쑥불쑥 튀어나와 민폐를 끼치는 킥보드 이용자들을 '킥라니'라고 비꼬기도 한다.

지난 10월 18일 인천에서는 중학생 2명이 탄 전동킥보드가 어린 두 딸에게 돌진하자 이를 막으려던 30대 여성이 킥보드에 부딪혀 뒤로 넘어지면서 그만 중태에 빠지는 안타까운 사고가 발생했다. 경찰 조사결과 킥보드를 운전한 중학생은 원동기 면허를 소지하지 않은 채로 킥보드를 몰았고, 안전모 착용과 1인 탑승 원칙도 어긴 것으로 드러났다.

면허 없이 빌린 킥보드 타고 곡예운전

전동킥보드는 개인형 이동장치(Personal Mobility, PM)의 일종으로 이를 몰기 위해서는 만 16세 이상부터 취득할 수 있는 '제2종 원동기장치자전거 면허' 이상의 운전면허가 있어야 한다. 그러나 면허가 없는 10대들은 부모, 형제 등 가족 신분증을 활용해 회원가입을 한 후 별도의 인증절차 없이 손쉽게 킥보드를 대여하고 있다. 운전면허 확인절차가 있어도 소용없다. 업체가 '다음에 인증하기' 등을 안내해 사실상 '면허 회피'를 유도하기 때문이다. 현재로서는 업체에 시정요구 외에 뾰족한 대책이 없다.

또 전동킥보드는 도로교통법상 차(車)로 분류돼 자전거도로나 차도 우측 가장자리에서만 주행이 가능하다. 그러나 실상은 인도에서 보행자 사이를 아슬아슬하게 질주하는 킥보드의 모습을 왕왕 볼 수 있다. 킥보드의 인도 통행금지 조치를 위반한 경우 운전자에게 3만원~6만원의 범칙금이 부과되나 10월 30일 기준 아직 계도기간이다. 계도기간이 길어지는 덕분에 청소년들의 안전의식도 희미해지고 있다. 안전모를 쓰지 않는 것은 기본이요, 킥보드 한 대에 심지어 4명씩 탑승하는 이른바 사(四)치기'를 하며 곡예운전을 한다. 그러나 사고가 날 수 있다는 생각은 좀처럼 하지 않는다.

안전의식과 단속 등 제도적 조치 즉각 필요해

청소년들을 비롯한 운전자들의 준법의식·안전의식 부재도 심각하지만, 킥보드의 부작용을 막을 제도적 조치가 즉각 이뤄지지 않는 것도 문제다. PM의 관리·감독을 강화하는 법안 7건은 현재 모두 국회에 계류 중이다. 경찰이 한때 추진했던 PM 전용면허 도입도 동시에 발이 묶인 상태다.

한국도로교통공단에 따르면 전동킥보드를 포함한 PM 교통사고는 2019년 447건에서 지난해 2,232건으로 급증했다. 사고가 빈발하면서 일각에서는 아예 전동킥보드를 없애버려야 한다는 말까지 나오고 있다. 그러나 킥보드 자체를 법률적으로 금지하기는 쉽지 않아 보인다.

결국에 운전자 본인이 킥보드를 타면서 '사고가 날 수 있다는 인식'을 명확히 가지는 것이 우선이다. 특히나 도로에서의 운전경험이 없는 청소년들은 자동차와 보행자가 뒤섞인 도로가 얼마나 위험천만한 곳인지 잘 모른다. 이런 안전인식에 대한 교육과 더불어 면허 인증체계가 엄정하게 이뤄져야 하고, 면허 확인과 안전수칙 위반 단속을 강화하는 근본적 해결책도 필요하다. 작고 가벼운 이동수단인 만큼 사고 위험에 노출되는 건 한 순간임을 알아야 한다.

이슈&시사상식
세계는 지금

가로등 꺼지고 열차 멈추고
구리도둑 기승

만화 '도라에몽'의 작가 후지코 F. 후지오의 고향이자 도라에몽의 도시로 유명한 일본 도야마현 다카오카시의 또 다른 명물인 '체조소년 코우하치로 군' 동상이 올해 사라졌다. 절도를 당한 것이다. 그런가하면 가로등 내부 구리선을 훔쳐 되파는 수법이 기승 중인 미국 LA는 가로등이 꺼진 채 방치되는 구간이 늘고 있다. 치솟는 구리가격에 구리도둑이 기승을 부리고 있는 것이다.

지난 7월 호주의 서쪽에 위치한 도시 퍼스의 주요도로 전등이 갑자기 꺼지며 도시가 암흑천지가 됐다. 이보다 앞선 6월에는 영국 런던으로 향하던 유로스타 열차가 달리던 중 멈춰 일정이 9시간 이상 지연되는 사고가 발생했으며, 스페인에서도 열차 여러 대가 정상적으로 출발하지 못하면서 1만명이 넘는 승객들의 발이 묶이기도 했다. 이렇게 최근 전 세계에서는 비슷한 사고가 계속해서 발생하고 있다. 폭증한 구리절도 때문이다.

실제로 미국의 한 위험평가 회사의 조사에 따르면 2025년 상반기 구리를 포함한 금속 도난건수가 전년 동기 대비 북미에서만 61% 증가한 것으로 밝혀졌다. 그렇다면 유독 구리도둑이 늘어난 이유는 무엇일까?

수요증가에 공급 못 미쳐

구리는 철·알루미늄과 함께 많이 사용되는 3대 금속 중 하나로 자동차, 건설, 송전 등 제조업 전반에 활용되는 중요자원이다. 이 때문에 구리수요가 늘어난다는 것은 그만큼 공장 가동률이 높고 건설 등 산업 투자가 활발하다는 뜻으로도 읽힌다. 그래서 구리가격은 '닥터 코퍼(Dr. Copper)'라는 별칭으로 불리며 실물경제 경기를 예측하는 지표로 활용되곤 한다. 특히 전기차와 태양광 등 친환경 산업과 AI 데이터센터 건설과 같은 첨단산업의 확대로 구리수요는 더욱 늘어났다. AI 연산에 특화된 초대형 데이터센터의 경우에는 최대 5만톤(t)까지 구리가 필요하다. 한 예로 마이크로소프트(MS)가 미국 시카고에 짓는 5억달러 규모 데이터센터에 투입되는 구리는 2,177t에 달한다.

문제는 수요에 비해 공급량이 턱없이 부족하다는 것이다. 국제구리연구그룹에 따르면 지난 10년 동안 전 세계 구리 생산량은 고작 연평균 2.1% 늘어나는 데 그쳤고, 지난해에는 이보다 더 낮은 0.5% 증가에 그쳤다. 수요는 뛰는데 공급은 제자리인 셈이다.

▲ 구리광석에 포함된 구리의 양이 0.72%에 불과한 데다가 ▲ 현재 지표면에 수익성 있는 광석이 남아 있지 않아 1t의 구리를 생산하는 데 드는 투자비가 급증했으며 ▲ 구리광산을 새로 발견해서 실제 금속을 캐내기까지 걸리는 평균기간이 14년이나 걸리기 때문에, 글로벌 기업들이 구리광산에 섣불리 뛰어들 수 없고 ▲ 채굴과정에서 대량의 폐기물이 발생하는 동시에 주변 물이 산성화되는 등 환경피해가 발생해 광산이 위치한 지역주민 반발이 크기 때문이다. 한 마디로 기술과 비용, 그리고 사회·환경 측면 모두에서 발목이 잡혀 있는 상황이다. 이에 국제에너지기구(IEA)는 2035년까지 구리의 공급이 수요의 약 30% 부족하게 될 것이라고 경고하기도 했다.

절도범 수입 80달러 … 복구비용은 6,716달러

이런 때에 도널드 트럼프 미국 대통령은 8월 1일부터 미국으로 수입되는 구리 반제품 및 파생제품에 50%의 관세를 부과하기 시작했다. 철강, 알루미늄에 이어 구리 수입에 대해서도 국가안보를 이유로 고율의 관세를 부과한다는 것이다. 이는 시장의 예상을 뛰어넘는 강경조치로 받아들여졌고, 미국기업들이 구리에 관세가 부과되기 전 서둘러 구리를 확보하려는 움직임을 보이면서 관세발표 직후 7월에는 미국 구리 선물가격이 1989년 이후 최고치를 찍는 신기록을 쓰기도 했다.

이렇듯 구리가격이 폭등하자 더불어 구리도둑도 폭증했다. 뛰어난 구리의 내구성 덕분에 성능 저하 없이 무한히 재활용할 수 있다는 점 때문에 절도범들은 가로등이나 신호등 내부 전선, 에어컨 실외기 구리파이프, 심지어 철도 케이블까지 닥치는 대로 범행대상으로 삼고 있다. 이 때문에 LA와 캘리포니아 전역의 수많은 지역이 어둠에 빠졌고, 복구비용으로 수백만달러의 세금이 사용됐다. 구리손실 외에 천문학적인 사회적 비용까지 발생하자 LA 선출직 공무원들과 법 집행 관계자들은 캘리포니아주지사에게 구리선 절도 및 금속 재활용업체에 대한 법적규제를 강화하는 새 법안에 서명할 것을 촉구했다.

"개인취미 vs 환경파괴"

조속한 도입

우리나라 낚시인구는 2000년 약 500만명에서 2023년 약 720만명으로 증가했으며, 2029년에는 800만명을 넘길 것으로 전망된다. 낚시인구의 증가는 연근해 수산자원 감소와 직결될 수밖에 없다. 특히 특정 인기어종의 집중 어획은 자원고갈 속도를 가속화하고 있다. 일부 해역에서는 조업구역과 어획량을 둘러싼 어업인과 낚시인 간 분쟁도 빈번하게 발생하고 있다.

면허제를 시행하면 낚시인 수가 일정 부분 감소하면서 단기적으로 어획량을 줄일 수 있다. 또한 면허를 발급받은 낚시인에게 부과되는 수산자원 이용료는 자원회복 사업, 해양환경 개선, 낚시인프라 확충 등 공익목적에 재투자할 수 있다. 자원보호와 산업육성의 선순환 구조가 형성되는 것이다.

해외 선진국에서도 이미 비슷한 규제를 시행하고 있다. 미국, 호주, 일본 등에서는 이미 어종별·지역별·계절별로 세분화된 낚시면허제를 적용해 자원을 안정적으로 관리하는 것은 물론 어업과 낚시 간 이해관계 충돌을 줄이는 효과를 거두고 있다. 잡을 수자원이 있어야 낚시산업도 성장할 수 있다. 지금처럼 무분별하게 너 나 없이 잡기만 해서는 미래를 장담할 수 없다. 낚시면허제는 산업의 체질을 강화하고 지속가능성을 확보하는 미래에 대한 투자로 받아들여야 한다.

해양수산부(해수부)가 해양환경과 수산자원 보호를 위해 낚시면허 도입을 중장기적으로 추진하기로 했다. 연간 500만명이 낚싯배를 타고 있는데 안전의식이 부족해 사고가 이어지고 있다고 판단해서다. 해수부가 발표한 지속가능한 낚시환경 조성을 위한 제3차 낚시진흥기본계획(2025~2029)은 ▲ 더 안전한 낚시환경 ▲ 현장중심 낚시정책 ▲ 건전한 낚시문화 확산 ▲ 낚시산업 육성 기반구축 등 4대전략을 담고 있다.

정부는 최근 낚시인구가 급증하면서 일부 어종에 과도한 어획이 발생하고 있다고 진단했다. 이 때문에 낚시인과 어업인 간 갈등과 같은 각종 문제가 불거지고 있다는 것이다. 이를 개선하려면 낚시에 대해서도 과학적·체계적 관리가 필요하다는 게 정부 입장이다. 세부 추진과제로는 ▲ 낚시면허제 검토 ▲ 어획량 할당제 단계적 도입 ▲ 낚시 전용선 도입 검토 등이 포함된다. 그중에서 낚시면허제는 낚시 지역과 어종별로 차등화된 면허를 발급하고, 면허 취득자에게 수산자원 이용료를 부과하는 것을 내용으로 하고 있다. 이렇게 마련한 재원은 수산자원 조성, 해양환경 개선 등에 재투자한다는 계획이다.

낚시면허제

낚시행위를 둘러싼 갈등은 수산자원의 감소와 맞물리며 심화돼왔다. 수산업계에서는 과거 어한기의 부업으로 시작된 낚시어선어업이 전업화되며 수산자원에 악영향을 미치고 있으며, 낚시꾼들이 버린 쓰레기로 어촌마을이 몸살을 앓는다며 면허제와 조획마릿수 제한 등 강력한 관리대책이 필요하다고 주장해왔다. 특히 낚시꾼의 증가와 수산자원 감소가 맞물리며 조속한 도입이 필요하다고 주장하고 있다. 지난해 기준 낚시어선은 약 4,000척에 달하며, 연간 낚시어선 이용객 수는 약 500만명, 전체 낚시인구는 720만명에 달한다.

그러나 정부 발표가 나오자 과도한 규제로 낚시산업이 위축될 것이라는 반발도 적지 않다. 2000년대부터 낚시면허제 논의가 있었으나 번번이 무산된 것도 낚시단체의 반대에 부딪혔기 때문이다. 이와 관련해 조일환 해수부 어업정책관은 연합뉴스와의 통화에서 "과거에도 도입하려고 여러 차례 시도했지만 강한 반대에 부딪혔던 사안이라 신중하게 검토해야 할 사안"이라며 "단기간에 할 수 있는 것은 아니며 공론화가 필요하다"고 말했다. 한편 미국, 유럽 등은 낚시면허제를 통해 낚시인들이 수산자원 이용에 대한 비용을 부담하도록 하고 있으며 어획마릿수 등도 제한하고 있다.

반대 — 과도한 규제

근로시간 단축과 소득수준 향상으로 여가활동이 늘어나는 가운데 낚시는 접근성이 높고 건전한 취미생활로 자리매김하고 있다. 여기에 면허와 비용, 절차라는 장벽을 세우면 신규 인구 유입이 감소할 것이다. 이는 곧 낚시 관련 산업의 위축으로 이어질 수 있다.

낚시면허제가 자원관리의 핵심수단도 아니다. 면허제가 시행되면 일시적으로는 낚시꾼 수가 줄겠지만, 장기적으로는 원래 수준으로 회복될 가능성이 크다. 근본적인 수산자원 회복효과는 제한적일 수 있다는 의미다. 자원관리를 위해서는 오히려 정부가 조획마릿수 제한이나 금어기 준수, 어획방법 규제 등 관리수단을 강화하는 게 효과적일 수 있다.

과거 정부는 1996년 이후 총 5차례에 걸쳐 낚시면허제 도입을 시도했다. 그러나 사회적 합의 실패와 낚시인들의 반발로 결국 무산됐다. 또한 정부는 총허용어획량(TAC) 소진율이 60%에도 미치지 못하는데 TAC를 감축하지는 않고 있다. 실질적으로 정부의 자원관리가 합리적이지 않은 것이다. 낚시업계가 '정부가 어업관리에 실패해 자원이 줄어든 책임을 낚시인에게 전가한다'고 비판하는 이유다. 이 같은 상황에서 사회적 합의 없이 낚시면허제 도입만을 주장하는 것은 낚시꾼의 강한 반발만 불러올 것이다.

"재미가 생존보다 중요하지 않아"
"어촌은 낚시꾼들의 쓰레기장 아냐"

"장기적으로는 원래 수준을 회복하게 될 것"
"국가가 국민의 여가활동까지 규제하나?"

"질서회복 vs 노인차별"

모두의 공원

탑골공원은 한국인이 조성한 우리나라 최초의 근대식 공원이며 3·1만세운동의 발상지라는 역사적인 의의 외에도 국보인 원각사지 10층 석탑과 서울시 지정 유형문화유산인 팔각정을 품고 있는 국가지정 사적지다. 그런 곳에서 바둑·장기 등 오락행위를 둘러싼 고성, 시비, 폭력은 어제오늘일이 아니다. 심지어 공원 곳곳이 노상방뇨에 신음하고 있다.

실제로 최근 몇 년간 인근 주민들 사이에서 노인일탈에 대한 민원이 제기돼 왔다. 지난해에만 경찰은 공원 내 음주·소변·소음 문제와 관련해 총 1,470건의 신고를 접수했다. 이 외에도 소란, 기물 파손, 심지어 폭력사건도 있었다. 사태가 심각해지면서 이제는 젊은이들조차 주변 왕래를 피하게 됐고, 특히 밤에는 근처에도 가지 않으려는 상황에 이르렀다. 이런 무질서한 모습은 문화유산 관리취지에 어긋나며, 따라서 금지조치는 문화유산의 품격과 관람환경을 지키는 조치라 할 수 있다.

쾌적한 환경조성과 특정세대가 아닌 누구나 즐길 수 있는 모두의 공간으로 탈바꿈하는 효과 외에도 무질서로 인한 경찰출동, 청소비용, 안전사고 관리에 드는 사회적 비용을 대폭 절감할 수 있다. 행정낭비를 줄이고도 안전을 확보할 수 있을 것이다.

지난 8월 서울 종로구 탑골공원에 바둑·장기 등 오락행위, 흡연, 음주가무, 상거래행위 등을 금지한다는 내용의 안내배너가 설치됐다. 이를 위반할 경우 '문화유산법 제101조(관리행위 방해 등)'에 따라 2년 이하 징역 또는 2,000만원 이하 벌금형에 처해질 수 있다는 경고문구도 함께 쓰여 있다. 종로구가 독립운동의 정신이 깃든 탑골공원의 가치를 보존하고 쾌적하게 공원을 이용할 수 있도록 공원 내 질서계도에 집중하고 있다고 밝힌 데 따른 조치다.

종로구는 질서계도의 배경에 대해 "오랜 세월 어르신들의 여가·사교 공간이 되면서 무질서와 안전문제로 근본적인 변화가 절실한 상황이었다"며 "음주와 고성방가, 노상방뇨, 쓰레기 무단투기 등이 빈번했고 주취상태에서의 시비와 폭력사태까지 발생하기도 했다"고 설명했다. 이에 종로구는 지난해 이곳에서 열린 삼일절 기념행사에서 '탑골공원 개선 선포식'을 여는 등 계도캠페인을 벌여왔고, 지난 7월 31일부터는 경찰과 함께 바둑·장기 등 오락행위와 흡연, 음주가무, 상거래행위에 대해 단속을 진행하는 동시에 장기판의 자진철거를 유도해 장기판과 의자를 정리했다. 이번 조치는 종로구청과 종로경찰서가 함께 추진했다.

탑골공원 장기 금지

특히 구청 측은 문화재 구역에 해당하는 탑골공원에 설치된 장기판을 '무단 적치물'이라고 판단했다. 구청 관계자는 "장기판이 설치되면서 관리행위에 차질이 생겼고, 관람분위기 또한 특정세대 위주로 흐르는 문제가 이어졌다"고 난감함을 드러냈다. 그러면서 "예전에 자녀와 함께 공원을 방문해도 괜찮은지 문의하는 시민에게 '정문 쪽만 잠시 둘러보고 북문 쪽은 피하라'고 안내할 정도였다"고 설명했다.

종로구는 한 달 동안의 질서계도 이후 빈번했던 각종 무질서 행위가 줄고 공원환경도 개선되는 효과를 거뒀다고 평가했다. 아울러 탑골공원 북문 앞 복지정보센터에서는 무료급식 이용이나 복지관 프로그램, 복지서비스 등을 안내하는 한편 인근 서울노인복지센터 분관에 마련된 장기·바둑실 및 휴게공간을 이용하도록 지원하고 있다. 탑골공원은 고려왕조 때에는 흥복사, 조선왕조 때에는 원각사라는 사찰이 있던 자리에 대한제국 고종의 황명으로 조성된 공원으로 최초의 근대식 공원이자 1919년 3·1만세운동 때 만세운동 참가자들이 기미독립선언서를 낭독한 뜻깊은 장소다. 조성 당시 명칭은 '파고다공원'이었으며, 1991년 사적으로 지정돼 공원 담장 안팎 전체가 국가유산보호구역이다.

반대

노인들은 이제 어디로

서울 보라매공원에는 장기·바둑을 위한 시설을 갖추고 있다. 탑골공원도 그동안 갈 곳 없고, 마땅한 여가문화가 없는 노인들에게는 접근성 높은 '노인문화센터' 역할을 톡톡히 해왔다. 특히 탑골공원 북문 담벼락을 따라서 설치된 장기판 20여 개는 자연스럽게 어르신들이 삼삼오오 모여 교류를 나누는, 관계형성의 마중물 역할을 해왔다.

치안을 위해 일정한 관리는 필요하다. 하지만 바둑·장기판 자체를 없애는 건 근본적인 해결책이 아니다. 공원 내 바둑·장기 등 오락행위 금지조치는 노인들에게 취미와 여가를 누릴 공간을 빼앗은 일이다. 아이들이 장난감을 두고 다툰다고 장난감을 빼앗는 것과 다르지 않다. 노년층 복지공간이 부족한 상황에서 일방적으로 철거만 강행했다고 밖에 볼 수 없다.

단순히 오락을 막는다고 반드시 치안 문제가 획기적으로 개선되는 것도 아니다. 실제로 질서계도가 진행 중인데도 북문 인근 길바닥에는 술에 취해 드러누운 사람들이 존재했고, 일부는 행인에게 시비를 걸다 구청 관계자들에게 제지당하기도 했다. 공원 내 장기판은 사라졌지만 고성방가와 음주는 여전한 것이다. 주취자들과 일반 노인들을 분리해 관리했어야 한다는 지적이 나오는 이유다.

YES!
"이제 공원을 모두에게 돌려줘야"
"문화유산 보호를 위해서라도"

NO!
"노인이 애물단지? 어디까지 밀려나야?"
"주취자와 일반 노인은 분리했어야"

HOT ISSUE QUIZ

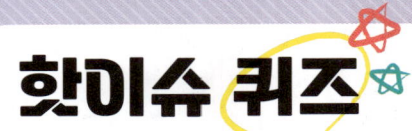

한 달 이슈를 퀴즈로 마무리!

01 (　　) 대전본원에 있는 전산실 내 리튬이온배터리에서 발생한 화재로 정부 업무시스템 647개의 가동이 중단됐다.

02 반도체를 중심으로 자동차·이차전지주가 주가상승을 이끌며 (　　)이/가 사상 첫 4,000선을 돌파했다.

03 법원의 판결에도 헌법소원을 제기할 수 있는 (　　), 법을 잘못 적용하거나 해석한 검사와 판사에 대해 징계·처벌을 규정한 '법왜곡죄'를 더해 7대 사법개혁과제가 추진된다.

04 '10·29이태원참사' 3주기를 맞아 우원식 국회의장은 참사의 재발을 막기 위해 (　　)을/를 반드시 통과시키겠다는 뜻을 밝혔다.

05 한미는 (　　)(으)로 명명된 조선업 협력 1,500억달러를 한국기업 주도로 추진하고, 투자 외에 보증도 포함하는 것에 합의했다.

06 버니 샌더스와 마찬가지로 (　　)을/를 자처하는 조란 맘다니가 뉴욕시 역사상 최초의 이슬람교도 시장이 됐다.

07 (　　)은/는 학생들이 진로와 적성에 따라 과목을 선택하고 이수기준에 도달한 과목에 대해 학점을 취득·누적해 졸업하는 제도다.

08 미국발 관세폭탄 여파로 코로나19 팬데믹 이후 이어진 (　　) 기조가 종료하고, 고용시장에 경고등이 켜졌다.

09 마을버스가 (　　)에서 탈퇴하면 마을버스 승객은 더는 지하철·시내버스와의 환승할인을 받을 수 없다.

10 (　　)은/는 평상시에는 대한민국이 갖고 있지만 전투준비태세인 '데프콘' 3단계가 발령되면 한미연합사령관에게 넘어간다.

11 기온이 32.2℃를 넘으면 열대우림이 (　　)을/를 흡수하는 속도보다 배출하는 속도가 빨라지는 것으로 나타났다.

12 금융통화위원회는 10월 23일 통화정책방향 회의에서 금융안정 상황을 더 살펴볼 필요가 있는 만큼 현재의 (　　) 수준을 유지하는 것이 적절하다고 판단했다.

13 루브르박물관 도난사건으로 직원들은 뉴 르네상스 프로젝트 등 보안시스템을 현대화할 (　　)이/가 연기된 점을 지적하고 있다.

14 공연자들의 안전사고 예방과 대응을 위해 안전·책임보험 가입을 의무화하는 것을 골자로 하는 (　　) 개정에 힘이 실리고 있다.

15 (　　)은/는 데이터베이스를 바탕으로 원리금을 상환할 가능성을 분석해 개인·법인·정부 등의 신용등급을 평가한다.

16 조달청 감사결과 계약규격과 다른 성능미달 제품을 납품해 수요기관을 속이거나 시장가격보다 높은 가격으로 공급해 (　　) 규정을 위반한 일들이 적발됐다.

17 공정거래법상 담합 사건에서 주로 활용되던 (　　)이/가 2024년 1월부터 내부자 거래와 주가조작 등 자본시장법 위반 사건에 활용되고 있다.

18 10월 13일 시작된 윤석열정부의 마지막이자 이재명정부 첫 (　　)이/가 3주의 여정을 마치고 30일 사실상 마무리됐다.

19 법원은 매달 월급을 받은 점, 고용보험과 건강보험에 가입돼 있고 근무시간표에 따라 출근한 점 등을 이유로 전공의의 (　　) 지위를 인정했다.

20 아일랜드는 의회에서 뽑힌 총리가 국정운영을 주도하는 내각제 국가로서 (　　)에게 실질적 정책결정권이 있지 않다.

21 (　　)은/는 무비자 입국대상 국민이 입국할 때 개인정보를 입력하는 제도로 현재 중국은 대상국이 아니다.

22 말레이시아는 2023년 중국인 관광객 (　　)을/를 1년간 시험운영했고, 지난해 한 차례 연장했다가 올해 4월에 90일 무비자 체류가 가능하도록 중국과 합의했다.

23 기업의 장애인 고용이 의무고용률에 미달하면 미달규모에 따라 가산율이 차등부과되며, 초과고용 시에는 (　　)이/가 지급된다.

24 할인 시 메뉴가격 조정은 고객의 신뢰를 해치고 (　　) 또는 전자상거래법을 위반할 우려가 있다.

25 미국은 갈륨을 에너지법에 따른 (　　) 목록에 올려 국가안보 차원에서 엄격히 관리하고 있다.

26 아프리카 대륙을 가로질러 사하라사막 가장자리에 나무로 된 장벽을 세우는 사업인 (　　)은/는 2007년 아프리카 국가들에 의해 출범했다.

---

01 국가정보자원관리원　**02** 코스피(KOSPI)　**03** 재판소원제　**04** 생명안전기본법　**05** 마스가(MASGA) 프로젝트　**06** 민주사회주의자　**07** 고교학점제　**08** 저고용 저해고(Low-hire, Low-fire)　**09** 환승제　**10** 전시작전통제권　**11** 이산화탄소　**12** 기준금리　**13** 안전계획　**14** 공연법　**15** 신용평가회사　**16** 우대가격　**17** 리니언시　**18** 국정감사　**19** 근로자　**20** 대통령　**21** 전자여행허가제　**22** 무비자 제도　**23** 고용장려금　**24** 표시광고법　**25** 핵심광물(Critical Minerals)　**26** 아프리카 녹색장벽

필수
시사상식

시사용어브리핑	**94**
금융상식 실전문제	**100**
시사상식 기출문제	**106**
내일은 TV 퀴즈왕	**112**

화제의 용어를 한자리에!
시사용어브리핑

천원매점   대학생을 대상으로 생필품을 저렴하게 제공하는 지원사업
▶ 사회·노동·교육

생활비 부담을 겪는 대학생들을 지원하기 위해 먹거리, 생필품 등을 저렴하게 판매하는 매점이다. 시중가격보다 90% 이상 할인해 라면, 냉동식품 등 약 30여 종의 식료품과 생필품 4개 한 묶음을 1,000원에 판다. 경기도가 2025년 3월부터 추진 중인 도민참여형 '사회혁신플랫폼'의 첫 결과물로 오전 10시부터 오후 2시까지 하루 200명 한정으로 운영된다. 운영자금은 NH농협은행 경기본부가 경기사회복지공동모금회를 통해 지정기부한 3억원으로 마련됐다.

왜 이슈지?
9월 3일 가천대학교와 평택대학교에 문을 연 **천원매점**이 큰 호응을 얻고 있으며, 경기도는 다른 시·도에서 벤치마킹 문의가 이어지고 있어 해당 사업이 전국적으로 확산될 것으로 기대된다고 밝혔다.

DAT 기업   디지털자산 재무기업
▶ 경제·경영

비트코인, 이더리움 등의 디지털자산을 재무자산에 포함해 운용하는 기업형태를 말한다. 금이나 국채 대신 가상자산을 금고에 비축해 자산·부채 관리의 핵심으로 삼는다. 최근 높은 수익성과 유동성 덕분에 글로벌 투자자들의 관심을 끌고 있으며, 보수적인 투자자들은 직접 가상자산을 보유하는 대신 이러한 기업에 간접투자하기도 한다. DAT 기업은 주식발행이나 전환사채 등을 통해 자금을 조달해 가상자산을 매입하고, 이를 이용해 새로운 사업을 확장하기도 한다. 다만 가상자산 가격이 급락할 경우 기업의 재무 건전성과 주가가 동시에 타격을 받을 수 있어 변동성이 크다는 위험이 있다.

왜 이슈지?
9월 22일 암호화폐시장에서 대규모 청산사태가 발생해 비트코인 가격이 3%, 이더리움 가격이 9% 하락했으며, 이 여파로 일부 **DAT 기업**들은 보유 자산가치보다 낮은 가격에 주식이 거래돼 자금을 마련하기 어려워졌다.

컴플리트 가챠(Complete Gacha) 여러 개의 뽑기 아이템을 모아 보상을 얻는 게임시스템

> 경제·경영

무작위로 얻은 아이템을 조합해 최종보상을 완성하는 게임 수익모델이다. 단일 아이템을 뽑는 일반 가챠(확률기반 뽑기)와 달리 여러 조각을 모아야 목표 보상을 획득할 수 있는 누적형 시스템이다. 결과적으로 이용자는 남은 조각을 얻기 위해 반복결제를 이어가게 되고, 그 과정에서 이미 쓴 금액이 회수되지 않는 매몰비용 부담이 발생한다. 2010년대 초 일본 모바일 게임시장에서 처음 등장했으나, 일본정부는 과도한 과금유도와 중독성을 이유로 2012년 법으로 금지했다.

왜 이슈지?
9월 1일 김병기 더불어민주당 의원은 **컴플리트 가챠** 시스템을 전면 금지하는 '게임산업진흥에 관한 법률 일부개정법률안'을 대표발의했다.

플로팅 데이터센터 바다 위에 설치한 데이터센터

> 과학·IT

바다에 띄운 구조물에 서버와 네트워크 인프라를 설치해 운영하는 형태의 데이터센터를 말한다. 주로 바지선, 해상 플랫폼, 선박 등의 구조물 위에 서버, 저장장치, 네트워크 장비, 냉각시스템 등을 탑재해 지상시설과 동일한 기능을 수행한다. 최근 인공지능 인프라 수요가 급격히 늘어나면서 기존 지상형 데이터센터의 한계를 보완할 새로운 대안으로 주목받고 있다. 바닷물을 직접 활용해 냉각효율을 높일 수 있다는 점도 주요장점으로 꼽힌다. 다만 염분과 습기로 인한 장비부식, 해저케이블 또는 위성연결의 한계, 위치에 따른 통신지연 가능성 등은 향후 해결이 필요한 기술적 과제로 남아 있다.

왜 이슈지?
10월 1일 삼성 계열사 4곳과 오픈AI가 글로벌 AI 핵심 인프라 구축을 위해 상호협력 의향서를 체결했으며, 그중 삼성물산과 삼성중공업은 오픈AI와 **플로팅 데이터센터** 공동개발에 나서기로 했다.

핫마이크(Hot Mic) 마이크를 통해 실수로 사담이 노출되는 사고

> 국제·외교

각국 정상이나 정치인, 연예인 등 유명인사가 마이크나 카메라가 켜진 사실을 인지하지 못한 채 사적인 대화나 농담, 험담 등을 나눴다가 그 발언이 의도치 않게 공개되는 상황을 말한다. '마이크가 아직 뜨거울 때 벌어진 실수'라는 뜻으로 이로 인해 공적인 이미지에 타격을 입거나 외교적 논란으로 번지기도 한다. 또한 이를 의도적으로 활용해 공식석상에서 직접 말하기 어려운 입장이나 메시지를 우회적으로 드러내는 전략적 수단으로 사용하는 경우도 있다.

왜 이슈지?
10월 13일 이집트에서 열린 가자 국제평화정상회의에서 프라보워 수비안토 인도네시아 대통령이 도널드 트럼프 미국 대통령에게 그의 아들 에릭 트럼프를 만나게 해달라고 요청하는 사적인 대화가 **핫마이크**에 포착됐다.

에브리싱 랠리(Everything Rally) 자산의 가격이 모두 치솟는 현상

> 경제·경영

주식, 금, 부동산, 가상자산 등 거의 모든 자산의 가격이 동시에 상승하는 현상이다. 보통 안전자산의 가격이 상승하면 위험자산의 가격은 하락하는 경향이 있지만, 이러한 상관관계가 무너지며 두 자산의 가격이 함께 오르면 나타난다. 이는 중앙은행의 완화적 통화정책, 경기회복에 대한 기대감 등으로 투자심리가 강해진 데 따른 현상으로 풀이된다. 이 과정에서 자산가격이 빠르게 오르면 투자기회를 놓칠까 불안해지는 '포모(FOMO ; Fear of Missing Out)' 심리가 확산되기도 한다.

왜 이슈지?
에브리싱 랠리로 금, 코인, 주식 등 자산가격이 연일 급등하는 가운데 지난 10월 13일 은(銀) 현물가격이 사상 처음 온스당 50달러를 돌파하며 올해 들어 78% 이상 폭등한 것으로 나타났다.

양자터널링 입자가 물리적으로 극복하기 어려운 장벽을 확률적으로 통과하는 현상

> 과학·IT

고전역학으로는 넘을 수 없는 에너지 장벽을 입자가 마치 터널을 통과하듯이 뚫고 지나가는 현상이다. 고전역학에서는 입자가 에너지 장벽을 넘기 위해서는 그보다 더 큰 에너지를 가지고 있어야 한다. 그러나 양자역학에서는 입자의 위치와 에너지가 고정된 값이 아니라 확률적으로 결정되므로, 입자가 파동처럼 퍼져 장벽 너머에도 존재할 확률이 남아 있다. 이로 인해 입자는 일정 확률로 장벽을 통과해 반대편으로 나타날 수 있다. 이 같은 원리는 전자가 절연막을 통과하면서 터널링 전류가 발생하도록 하며, 반도체 소자, 양자컴퓨터, 주사터널링현미경 등 다양한 기술에 적용되고 있다.

왜 이슈지?
2025년 노벨물리학상은 거시규모에서 양자역학 효과를 연구한 공로로 존 클라크, 미셸 드보레, 존 마티니스 등 3인에게 돌아갔으며, 이들은 거시적 전기회로에서 **양자터널링** 현상이 거시적 규모에서도 실제로 발생한다는 것을 실험적으로 증명했다.

PPWR 유럽연합의 포장·포장폐기물 규정

> 국제·외교

2026년 8월 12일부터 시행되는 유럽연합(EU)의 포장 및 포장폐기물 규정이다. 주요내용은 ▲ 디자인 및 과포장 억제 ▲ 재활용이 용이한 설계 ▲ 일회용 포장 제한 ▲ 유해 화학물질 규제 등이 있다. 2030년까지 EU 국가에서 판매되는 모든 포장재는 재활용 가능하도록 제작해야 하고, 2030년부터는 일회용 플라스틱 포장재 사용이 전면금지된다. 제품을 유통하려는 기업은 포장재 성분, 재활용 가능성, 유해물질 검증결과를 담은 '적합성 선언서'와 '기술문서'를 제출해야 한다.

왜 이슈지?
10월 29일 한솔제지는 제지기술 세미나를 열어 주요 식품기업 및 포장 전문업체 관계자들과 함께 EU의 **PPWR**에 대응하기 위한 친환경 패키징 기술을 공유하고 친환경 전환전략을 논의했다.

새도약기금 채무 상환능력을 상실한 장기 연체자를 지원하는 프로그램

▶ 사회·노동·교육

장기연체로 상환능력을 잃은 채무자의 재기를 돕기 위해 마련된 공공지원제도다. 7년 이상 연체되고 채권 원금이 5,000만원 이하인 채권을 금융회사로부터 일괄매입해 채무자의 소득과 재산상황에 따라 채무를 조정하거나 소각한다. 정부는 재정 4,000억원과 금융권 출연금 4,400억원을 합쳐 총 8,400억원 규모의 기금을 조성했으며, 2025년 10월부터 1년간 업권별로 순차매입을 진행한다. 지원대상은 주로 소상공인과 기초생활수급자 등 경제적 취약계층이다. 상환능력이 전혀 없는 경우 채권이 완전히 소각되고, 부분상환이 가능한 경우에는 최대 80%까지 원금이 감면된다.

왜 이슈지?
11월 3일 금융권에 따르면 장기연체 채무자 구제를 위한 정부의 배드뱅크인 **새도약기금**이 출범한 지 한 달이 지났지만 약 7조원의 연체채권을 가진 대부업체들의 협약가입이 지지부진해 난항을 겪고 있다.

홀드백(Holdback) 극장에서 상영된 후 타 플랫폼에 공개되기까지 기간

▶ 문화·미디어

영화가 극장에서 공개된 뒤 다른 플랫폼에 유통되기까지 걸리는 시간을 말한다. 극장수익을 보호하기 위한 장치로 과거에는 통상 6개월 이상의 간격이 유지됐다. 코로나19 팬데믹 이후 글로벌 OTT의 급격한 성장으로 유통구조가 크게 변화하며 극장개봉과 동시에 또는 단기간 내에 OTT에 공개하는 추세가 확산됐다. 이에 따라 극장수입 급감 등 영화산업이 침체를 겪으며 홀드백 논의가 활발해졌다. 프랑스, 이탈리아 등은 홀드백을 법제화해 콘텐츠 유통의 질서를 유지하고 있다.

왜 이슈지?
지난 9월 12일 임오경 더불어민주당 의원은 '**홀드백** 6개월' 의무화를 골자로 하는 '영화 및 비디오물의 진흥에 관한 법률' 개정안을 대표발의했다.

996 근무제 오전 9시부터 오후 9시까지 주 6일 근무하는 방식

▶ 사회·노동·교육

아침 9시에 출근해 밤 9시에 퇴근하고, 주 6일 일하는 근무형태를 뜻하는 말이다. 중국의 급격한 경제성장과 함께 IT 업계 전반에 퍼진 장기간 노동문화를 상징한다. 중국 전자상거래 업체인 징둥닷컴이 1996년 처음으로 도입했으며, 이후 알리바바·샤오미·화웨이 등이 잇따라 유사한 제도를 시행하면서 업계의 표준 근무환경이 됐다. 알리바바 창업자인 마윈이 996 근무제를 두고 '축복'이라고 옹호했다가 거센 비판을 받았으며, '996으로 일하면 중환자실(ICU)에 간다'는 의미의 '996.ICU' 운동이 확산하기도 했다. 사회적 반발이 커지자 2021년 중국 최고인민법원은 72시간 근무를 법적으로 금지했다.

왜 이슈지?
최근 인공지능 분야에서 앞서 나가기 위한 경쟁이 치열해지며 미국 실리콘밸리에서는 스타트업을 중심으로 **996 근무제**가 확산되고 있다.

돈 내는 니콜라 프랑스 밀레니얼 세대의 불만을 상징하는 표현

▶ 국제·외교

프랑스의 급격한 국가부채 증가 속에서 복지부담을 젊은 세대가 떠안고 있다는 불만을 담은 표현이다. '니콜라'는 1980년대에 태어난 프랑스 남성에게 흔한 이름으로 평범한 30~40대 중산층을 상징한다. 프랑스의 국내총생산(GDP) 대비 국가부채 비율은 2000년 60%에서 2025년 1분기 114%로 두 배 가까이 늘어났다. 밀레니얼 세대(1980~1996년 출생)가 경제위기의 책임을 베이비붐 세대(1945~1964년 출생)에게 돌리며 세대갈등이 본격화됐다. 베이비붐 세대가 과도한 복지지출로 국가재정을 악화시켰고, 그 부담이 결국 자신들의 몫이 됐다는 불만을 담아 SNS에서 '#NicolasQuiPaie(돈 내는 니콜라)' 해시태그 운동이 확산하고 있다.

왜 이슈지?
모니터링 기관 비지브레인에 따르면 올해 초부터 프랑스에서 '**돈 내는 니콜라**' 관련 SNS 게시물이 50만 3,000건 이상 올라왔으며, 프랑스 정부가 내년도 예산안 초안 발표를 앞둔 올 6월부터 급격히 증가한 것으로 확인됐다.

서울병(Seoul Syndrome) 서울을 그리워하고 동경하는 마음

▶ 문화·미디어

서울을 방문한 외국인, 특히 중국의 젊은층이 귀국 후에도 서울에 대한 향수와 재방문 욕구를 강하게 느끼는 현상을 뜻한다. 처음에는 단순히 서울 여행이 끝난 뒤의 아쉬움이나 여운을 표현하는 말로 쓰였지만, 시간이 지나면서 한국 공연·관광을 즐긴 뒤 일상으로 돌아와 느끼는 공허함과 한국문화에 대한 동경까지 포함하는 개념으로 확장됐다. 이는 특정 도시에서 실망감을 겪는 '파리 증후군'과는 달리 서울에 대한 긍정적 후유증과 그리움을 나타낸다는 점에서 차이를 보인다.

왜 이슈지?
최근 중국 SNS 웨이보와 더우인에는 서울 여행 후 일상으로 돌아가기 힘들다며 **서울병**을 호소하는 게시물과 영상이 잇따라 올라오고 있다.

구매력평가(PPP) 첨단과학 기반의 혁신적인 기술분야

▶ 경제·경영

각국 통화의 실제 구매력을 동일한 기준으로 비교하기 위해 물가수준의 차이를 조정한 개념이다. 물가수준이 다른 국가 간에 동일한 재화와 서비스를 살 수 있도록 환율을 맞춘다는 원리에 기반한다. 절대적 구매력평가는 같은 상품은 어디서나 동일한 가격이어야 한다는 가정에 따르며, 상대적 구매력평가는 환율변동률이 국가 간 물가상승률의 차이와 일치해야 한다고 본다. PPP 기준 국내총생산(GDP)은 단순한 환율 환산치가 아니라 각국의 물가와 생활비 수준을 반영한 실질 경제규모를 보여준다. 일반적으로 물가가 낮은 국가는 명목 GDP보다 PPP 기준 GDP가 높게 나타난다.

왜 이슈지?
IMF는 지난 10월 15일 발표한 '세계경제전망(World Economic Outlook)'에서 올해 한국의 **구매력평가** 기준 1인당 GDP를 6만 5,080달러로 전망했으며, 이는 대만보다 2만 달러 낮은 수치다.

섀도 AI(Shadow AI) 허가받지 않은 인공지능(AI) 도구를 업무에 사용하는 상황

▶ 과학·IT

직원들이 회사의 승인이나 관리절차를 거치지 않고 AI 도구를 임의로 사용하는 행위를 말한다. 보고서 작성이나 문서정리를 위해 내부승인 없이 챗GPT 등 외부 AI 서비스에 문서를 입력하는 행위가 이에 해당한다. 보안검증을 거치지 않은 AI 모델을 사용할 경우 기밀정보 유출, 기업 신뢰도 하락 등의 위험이 발생할 수 있다. 생성형 AI의 사용을 전면적으로 차단하기는 현실적으로 어렵기 때문에 AI 사용원칙과 보안지침을 명확히 이해하고 준수하도록 기업의 지속적인 관리가 필요하다.

왜 이슈지?
IBM이 발표한 '2025 데이터 유출비용 보고서'에 따르면 조사에 참여한 기업의 20%가 **섀도 AI**로 인한 보안사고를 겪었으며, 이로 인해 평균 20만 321달러(약 2억 7,000만원)의 금전피해가 발생한 것으로 집계됐다.

캔슬컬처(Cancel Culture) 사회적 논란을 일으킨 유명인에 대한 공개적 비판

▶ 문화·미디어

누군가의 발언이나 행동이 사회적 규범에 어긋났다고 판단될 때 대중이 지지나 팔로우를 끊고 공개적으로 비판하는 현상을 말한다. 일종의 보이콧 형태로 볼 수 있으며, 특정 인물이나 브랜드에 대한 불매운동으로 이어지기도 한다. 본래 인종·성 차별이나 혐오발언을 한 공인에게 '당신은 삭제됐다(You're canceled)'라는 해시태그를 달며 책임을 요구하는 온라인운동에서 출발했다. '콜아웃 컬처(Callout Culture)' 또는 '아웃레이지 컬처(Outrage Culture)'로도 불린다. 사회적 책임을 요구하는 자정작용으로 평가되기도 하지만, 동시에 표현의 자유를 위축시키는 집단적 검열이라는 비판도 함께 받고 있다.

왜 이슈지?
지난 9월 트럼프행정부의 압박으로 ABC 방송이 찰리 커크 암살사건에 대해 비판적으로 발언한 진행자 지미 키멀의 토크쇼 방영을 중단하자 버락 오바마 전 미국 대통령은 이에 대해 "현 행정부가 **캔슬컬처**를 새롭고 위험한 수준으로 끌어올렸다"며 비판했다.

업토버(Uptober) 매년 10월에는 비트코인 가격이 오른다는 속설

▶ 경제·경영

상승을 의미하는 'up'과 10월을 의미하는 'october'의 합성어로 10월에 비트코인 등 가상자산 가격이 강세를 보이는 경향을 의미한다. 이 같은 현상에 대해선 다양한 해석이 제시되는데, 그중 하나는 9월이 통상 약세장으로 꼽히는 만큼 10월 반등에 대한 기대감이 커진다는 것이다. 또한 기관투자자와 트레이더들이 10월을 포트폴리오 재정비 시점으로 삼는 경우가 많고, 가상자산과 연계된 ETF 승인 및 제도변화가 10~11월에 집중되는 만큼 가격상승 기대가 선반영된 것이라는 분석도 있다.

왜 이슈지?
10월 초까지만 해도 연일 사상 최고가를 경신하던 비트코인이 12만 6,200달러로 정점을 찍은 뒤 급락세로 돌아서면서 2018년 이후 7년 만에 **업토버** 현상이 깨졌다.

금융상식 실전문제

01 다음 중 저성장·저수익이 지속적으로 이루어지는 경제상황을 가리키는 용어는?

① 골디락스
② 뉴노멀
③ 디플레이션
④ 스태그플레이션

해설 뉴노멀(New-normal)은 '시대 변화에 따라 새롭게 떠오르는 기준 또는 표준'을 뜻하는 말로 일반적으로 세계 금융위기 이후에 진행되고 있는 저성장·저수익 기조의 새로운 세계경제질서를 일컫는다.
① 골디락스(Goldilocks) : 일반적으로 너무 뜨겁지도, 너무 차갑지도 않은 딱 적당한 상태를 의미하는 용어로 이상적인 경제상황을 의미한다.
③ 디플레이션(Deflation) : 통화량의 축소에 의해 물가가 하락하고 경제활동이 침체되는 현상을 말한다.
④ 스태그플레이션(Stagflation) : 경제불황 속에서 물가상승이 동시에 발생하고 있는 상태를 말한다.

02 다음 중 인공지능이 인간의 지능을 넘어서는 기점을 의미하는 용어로 가장 적절한 것은?

① 세렌디피티
② 싱귤래리티
③ 어모털리티
④ 모라벡의 역설

해설 싱귤래리티(Singularity)는 '특이성'을 의미하는 영단어로 미래학자이자 발명가인 커즈와일이 인공지능이 인류의 지능을 넘어서는 순간을 정의할 때 사용했다.
① 세렌디피티(Serendipity) : '뜻밖의 재미 또는 발견'이라는 뜻이다.
③ 어모털리티(Amortality) : 죽을 때까지 나이를 잊고 살아가는 새로운 현상을 일컫는 말이다.
④ 모라벡의 역설 : 인간에게 쉬운 것은 컴퓨터에게 어렵고, 인간에게 어려운 것은 컴퓨터에게 쉽다는 역설을 말한다.

03 금융회사는 자신의 서비스가 자금세탁 등의 불법행위에 이용되지 않도록 여러 제도를 도입하고 있다. 다음 중 이와 가장 관련성이 없는 것은?

① BIB
② CDD
③ CTR
④ STR

> **해설** BIB(Branch in Branch)는 기존 금융회사 점포 일부에 별도로 다른 금융회사가 영업소나 부스형태로 들어가 운영하는 소규모 점포를 뜻하는 용어다.
> ② CDD(고객정보확인) : 금융회사가 자신의 서비스가 자금세탁 등 불법행위에 이용되지 않도록 고객의 신원, 실제 당사자 여부 및 거래목적 등을 확인하는 제도
> ③ CTR(고액현금거래 보고제도) : 불법자금거래를 효과적으로 차단하기 위해 금융회사가 고객과 일정 기준금액 이상의 고액 현금거래를 할 경우 금융위원회 금융정보분석원에 자동으로 보고되는 제도
> ④ STR(혐의거래 보고제도) : 금융기관이 고객과의 거래에서 자금세탁 등 의심스러운 사항을 발견하는 경우 이를 금융정보분석원에 보고하는 제도

04 다음 중 테이퍼링(Tapering)에 대한 설명으로 옳지 않은 것은?

① 양적완화 정책의 규모를 신속하게 확대해 통화공급량을 늘림으로써 경기 활성화를 촉진한다.
② 금리인상을 유인함으로써 물가를 안정시키고 저축을 장려하는 등의 긍정적 기능을 하기도 한다.
③ 테이퍼링에 나선 중앙은행은 국채, 공채, 주택저당채권(MBS) 등 자산을 매입하는 규모를 줄임으로써 유동성을 조절한다.
④ 미국의 연방준비제도에서 테이퍼링을 실시할 경우에는 투자자들의 매도로 인한 신흥국 시장의 충격과 환율상승(달러 인상) 등을 예상할 수 있다.

> **해설** 경기침체기에 경기회복을 위해 중앙은행이 자산을 매입해 유동성을 공급하는 양적완화를 실시할 수 있으나, 경기가 회복되는 상황에서 양적완화 정책을 지속할 경우에는 시중에 통화가 과도하게 공급돼 물가상승 등의 부작용을 초래할 수 있다. 이러한 양적완화의 부작용을 예방하기 위해 점진적으로 통화공급량을 줄이는 테이퍼링을 실시한다.

05 다음 중 잘못된 정보나 괴담 등이 빠르게 확산하는 현상을 뜻하는 것은?

① 팬데믹(Pandemic)
② 인포데믹(Infodemic)
③ 네카시즘(Netcarthism)
④ 네트러프러너(Netrepreneur)

> **해설** 인포데믹(Infodemic)은 정보를 뜻하는 'information'과 감염병을 뜻하는 'epidemic'이 합쳐진 신조어로 정확하지 않은 정보나 악성루머 등이 미디어나 인터넷을 통해 한꺼번에 급속도로 퍼지는 현상을 의미한다.
> ① 팬데믹(Pandemic) : 세계적으로 전염병이 대유행하는 상태
> ③ 네카시즘(Netcarthism) : 다수의 네티즌이 일방적인 여론몰이를 통해 특정 개인이나 사회를 공중의 적으로 매도하는 현상
> ④ 네트러프러너(Netrepreneur) : 경제적 목적으로 인터넷을 이용하는 인터넷 창업가

06 다음 자료를 토대로 당기순이익을 구하면? (단, 회계기간은 1월 1일부터 12월 31일까지다)

영업이익	300,000원
이자비용	10,000원
영업외수익	50,000원
법인세비용	15,000원

① 275,000원
② 290,000원
③ 325,000원
④ 335,000원

> **해설** 당기순이익은 영업이익에서 판매 물건을 생산하기 위해 발생한 비용 외 기타비용(예 관리비, 이자비용)이나 기타수익(예 이자수익, 잡이익), 법인세비용을 가감한 금액을 의미한다. 주어진 자료를 토대로 계산한 결과는 다음과 같다.
>
> | | |
> |---|---|
> | 영업이익 | +300,000 |
> | 영업외수익 | +50,000 |
> | 이자비용 | -10,000 |
> | 법인세비용 | -15,000 |
> | 합계 | 325,000 |

07 다음 중 유로채와 외국채에 대한 설명으로 옳지 않은 것은?

① 유로채는 채권의 표시통화 국가에서 발행되는 채권이다.
② 유로채는 이자소득세를 내지 않는다.
③ 외국채는 감독 당국의 규제를 받는다.
④ 외국채는 신용평가가 필요하다.

> **해설** 외국채는 채권의 표시통화 국가에서 발행되는 채권이고, 유로채는 채권의 표시통화 국가 이외의 국가에서 발행되는 채권이다.
> ② 외국채는 이자소득세를 내야 하지만, 유로채는 세금을 매기지 않는다.
> ③ 외국채는 감독 당국의 규제를 받지만, 유로채는 규제를 받지 않는다.
> ④ 외국채는 신용평가가 필요하지만, 유로채는 필요하지 않다.

08 다음 내용에서 설명하고 있는 '이것'으로 가장 적절한 것은?

> 개인정보보호위원회가 산업 전 분야에 '이것'을 도입하기 위한 이종산업 사이의 '이것' 표준화 작업을 추진하고 있다. '이것'은 개인이 정보주체로서 공공·민간에 제공해온 개인정보를 제3자에게 전송해줄 것을 요구할 수 있도록 해 이를 신용평가, 자산관리, 건강관리 등 데이터를 기반으로 한 서비스에 주도적으로 활용하는 것을 가리킨다.

① 셀룰러(Cellular) ② 마이데이터(My-data)
③ 패리티 비트(Parity Bit) ④ 포트 포워딩(Port Forwarding)

> **해설** 마이데이터(My-data)는 개인이 정보 통제·관리의 주체가 돼 각 기관에 흩어져 있는 신용·금융 정보 등 자신의 개인정보를 한데 모아 적극적으로 저장·관리하는 것은 물론 이러한 정보를 신용관리, 자산관리에 능동적으로 활용하는 과정 또는 그러한 체계를 뜻한다.
> ① 셀룰러(Celluar) : 셀(Cell) 구성을 갖는 이동통신망을 통칭한다.
> ③ 패리티 비트(Parity Bit) : 정보전달 과정에서 오류가 발생했는지 확인하기 위해 원래 정보에 덧붙이는 비트를 말한다.
> ④ 포트 포워딩(Port Forwarding) : 컴퓨터에서 특정 통신포트를 개방해 통신이 되도록 하는 것을 뜻한다.

09 다음 중 금리를 인하해도 경기가 부양되지 않아 정책효과가 나타나지 않는 현상을 가리키는 용어는?

① 피구 효과(Pigou Effect)
② 그린필드 투자(Green Field Investment)
③ 유동성 함정
④ 캐시 그랜트(Cash Grant)

> **해설** 유동성 함정이란 가계나 기업 등의 경제주체들이 돈을 시장에 내놓지 않는 상황, 즉 시장에 현금이 많은데도 기업의 생산・투자와 가계의 소비가 늘지 않아 경기가 나아지지 않고 마치 경제가 함정(Trap)에 빠진 것처럼 보이는 상황을 의미한다.
> ① 피구 효과(Pigou Effect) : 물가가 하락하면 자산의 실질가치가 상승하면서 소비지출이 증가하는 현상
> ② 그린필드 투자(Green Field Investment) : 해외자본이 투자 대상국의 토지를 직접 매입해 공장이나 사업장을 짓는 방식의 투자
> ④ 캐시 그랜트(Cash Grant) : 외국인 투자를 활성화하기 위해 중앙정부나 지방자치단체에서 외국인 투자자들에게 현금을 보조하는 제도

10 다음 중 실업률이 상승하는 상황을 모두 고르면?

──── • 보기 • ────
ㄱ. 취업준비생 A씨가 구직을 포기했다.
ㄴ. 직장인 B씨가 은퇴 후 전업주부가 됐다.
ㄷ. 대학생 C씨가 부모님이 운영하는 식당에서 주당 18시간의 아르바이트를 시작했다.

① ㄱ
② ㄴ
③ ㄱ, ㄴ
④ ㄴ, ㄷ

> **해설** ㄴ. 실업률은 실업자 수를 경제활동인구로 나눈 값이므로 분자인 실업자 수가 증가하거나 분모인 경제활동인구가 감소하는 경우 실업률이 상승한다. 직장인이 전업주부가 되면 경제활동인구가 감소하기 때문에 실업률이 상승한다.
> ㄱ. 취업준비생은 경제활동인구 중 실업자에 해당하고, 구직포기자는 비경제활동인구에 해당한다. 실업자 수와 경제활동인구 수가 동시에 감소해 실업률이 하락한다.
> ㄷ. 대학생은 비경제활동인구에 해당한다. 부모님의 식당 등 가족사업장에서 주당 18시간 이상 근로하는 경우 취업자로 분류되기 때문에 분모인 경제활동인구가 증가하게 돼 실업률은 하락한다.

11 부도가 발생해 채권이나 대출 원리금을 돌려받지 못할 위험에 대비한 신용파생상품은?

① DTI
② LTV
③ TRS
④ CDS

해설 신용부도스와프(CDS ; Credit Default Swap)는 부도의 위험만 떼어내어 사고파는 신용상품을 말하며, 채무자는 자금을 조달하기 쉽고 채권자는 일종의 보험료를 지급하면서 채무불이행으로 인한 위험을 방지할 수 있는 것이 장점이다.
① 총부채상환비율(DTI ; Debt To Income) : 담보대출 시 채무자의 소득으로 얼마나 상환할 수 있는지를 판단해 대출한도를 정하는 계산 비율
② 주택담보대출비율(LTV ; Loan to Value Ratio) : 주택을 담보로 돈을 빌릴 때 인정되는 자산가치의 비율
③ TRS(Total Return Swap) : 주식·채권·상품자산 등의 기초자산의 신용위험과 시장위험을 이전하는 상품

12 다음 기사에 나타난 ㉠의 관계와 가장 관계 깊은 용어는?

> 미국 운송업체 F사가 전자상거래 업체인 A사와 사실상 '결별'을 결정했다. 복수의 매체에 따르면 F사는 기한이 임박한 A사와의 지상화물 운송계약을 연장하지 않기로 결정했다. 이에 앞서 F사는 A사와 항공화물 운송계약을 종료한 바 있다. 언론은 F사의 이번 결정에 대해 "A사가 화물항공기 리스와 트럭 구매, 지방배송 운전자에 대한 지원 등을 통해 자체적으로 배달 네트워크 구축에 나서면서 오랜 동지였던 F사와 A사 사이의 긴장이 심화되고 있다는 증거"라고 분석했다. 또한 미국의 많은 경제 전문가들은 "㉠ 친구이자 적이었던 F사와 A사가 이제는 서로를 경쟁자로 인식하고 있다"라고 분석했다.

① 프리카스(Pre-CAS)
② 프레너미(Frienemy)
③ 프리보드(Free-board)
④ 프리젠티즘(Presenteeism)

해설 프레너미(Frienemy)란 친구를 뜻하는 영어 단어 'friend'와 적(敵)을 의미하는 'enemy'를 결합해 만든 말로 한쪽에서는 서로 협력하면서 다른 쪽에서는 서로 경쟁하는 관계를 뜻한다.
① 프리카스(Pre-CAS) : 경찰청이 개발해 운용하는 범죄위험도 예측 및 분석 시스템
③ 프리보드(Free-board) : 유가증권 시장 또는 코스닥 시장에 상장되지 않은 주권을 거래하는 장외시장
④ 프리젠티즘(Presenteeism) : 회사에 출근했으나 정신적·신체적 컨디션이 나빠서 생산성이 낮아지는 현상

시사상식 기출문제

01 제75회 토니상 시상식에서 작품상을 수상한 한국의 창작뮤지컬은? [2025년 SBS]

① 〈광화문연가〉
② 〈영웅〉
③ 〈명성황후〉
④ 〈어쩌면 해피엔딩〉

해설
토니상(Tony Awards)은 매년 미국 브로드웨이에서 상연된 연극과 뮤지컬의 우수한 업적에 대해 수여하는 상이다. 2025년 제78회 토니상 시상식에서는 브로드웨이에 진출한 한국의 창작뮤지컬 〈어쩌면 해피엔딩(Maybe Happy Ending)〉이 최고영예인 '뮤지컬 작품상'을 포함해 6관왕을 차지하며 'K-뮤지컬'의 역사를 새로 썼다.

02 정치 스캔들이나 위기를 덮기 위해 다른 정치적 사건을 의도적으로 일으키는 행위는? [2025년 SBS]

① 스핀닥터
② 웩더독
③ 딥스테이트
④ 국가포획

해설
웩더독(Wag the Dog)은 본래 1997년 미국에서 개봉한 정치풍자 영화의 제목으로 제목을 직역하면 '개가 꼬리를 흔든다'이지만, 실제로는 '꼬리가 개를 흔드는' 주객전도 상황을 일컫는 것이다. 이후로 웩더독은 정치적 스캔들이나 위기를 덮기 위해 전쟁이나 다른 사건을 인위적으로 일으키는 정치적 조작행위를 뜻하는 말로 사용됐다.

03 항공사 이용에서 실제 목적지를 중간 경유지로 설정하고 최종 목적지로 가는 비행기를 타지 않는 방식은? [2025년 SBS]

① 스킵래깅
② 오버부킹
③ 다이내믹 프라이싱
④ 스탠바이 티켓

해설
스킵래깅(Skiplagging)이란 항공사를 이용할 때 실제 목적지를 중간 경유지로 설정하고 최종 목적지로 가는 비행기는 타지 않는 이용행태를 말한다. 항공권을 중간 경유지까지만 이용하고 최종 목적지는 '건너뛰는(skip)' 방식으로 더 저렴한 항공요금을 노리는 것이다.

04 다음 중 HIV바이러스에 대한 설명으로 옳지 않은 것은? [2025년 SBS]

① 에볼라를 일으키는 원인 바이러스다.
② 성접촉에 의한 감염이 가장 빈번하다.
③ 예방을 위한 백신이 최근 개발되고 있다.
④ 감염되면 신체의 면역세포가 파괴된다.

해설
HIV는 후천성면역결핍증, 일명 에이즈(AIDS)를 일으키는 원인바이러스다. HIV에 감염되면 신체에 있는 면역세포가 파괴돼 면역력이 떨어지고 다양한 감염성 질환과 종양이 발생한다. HIV는 성접촉, 주삿바늘 재사용, 수혈 등을 통해 감염될 수 있고, 그중 성접촉으로 인한 감염이 가장 일반적이다. 2025년 6월 미국 '길리어드 사이언스'가 개발한 HIV 백신인 '레나카파비르 백신'이 '예즈투고'라는 상품명으로 미국 FDA 승인을 받아 화제가 됐다.

05 도덕적 결함을 가진 악인을 주인공으로 내세워 이야기를 이끌어가는 형태의 서사는?

[2025년 SBS]

① 누벨바그
② 그로테스크
③ 피카레스크
④ 옴니버스

해설
피카레스크(Picaresque)는 도덕적 결함을 가진 악인을 주인공으로 삼아 전개하는 형태의 소설, 시나리오 등을 말한다. 15~16세기 스페인에서 처음 등장한 문학장르 중 하나다. 사회 부적응자나 악당 등이 주인공이 돼 극을 이끌어가면서 세계의 부조리함을 폭로하고 사회를 비판하려는 성격이 강하다. 한편 소설장르에서 각각 독립된 이야기가 같은 주제나 인물을 중심으로 짜인 연작형태의 구성방법을 '피카레스크식 구성'이라고도 한다.

06 우리나라 전통제례 중 왕실사당의 신주를 원래 있던 제례장소로 다시 모시는 의식은?

[2025년 SBS]

① 이안제
② 환안제
③ 이원제
④ 환원제

해설
환안제는 우리나라 전통제례 가운데 하나로 왕실의 신주를 사당 밖 다른 곳으로 옮기는 것을 '이안(移安)', 제자리로 다시 모시는 것을 '환안(還安)'이라 한다. 2025년 4월 20일에는 창덕궁 구 선원전에 임시로 모셨던 조선과 대한제국의 신주 49위를 본래의 자리로 다시 봉안하는 '종묘 정전 환안제'가 개최됐다.

07 건물의 콘크리트 골조만 남겨두는 방식의 건축양식은?

[2025년 SBS]

① 브루탈리즘
② 아르데코
③ 모더니즘
④ 포스트모더니즘

해설
브루탈리즘(Brutalism)은 1950년대~70년대까지 유행한 건축양식으로 프랑스어로 '거친 콘크리트'를 뜻하는 베통 브뤼(béton brut)에서 유래했다. 주로 콘크리트 재질로 건축돼 골조를 노출시키고, 직선적인 성격이 강하며, 꾸미지 않은 직관적이고 솔직한 형태로 표현된다. 2020년대에 들어 다시금 조명받고 있다.

08 우리나라 대법원 앞에 서 있는 정의의 여신상의 이름은?

[2025년 SBS]

① 다이아나
② 아르테미스
③ 니케
④ 유스티티아

해설
유스티티아(Iustitia)는 로마신화에 등장하는 정의의 여신으로 우리나라 대법원에도 눈을 가린 채 한 손에 검과 다른 한 손에 저울을 든 모습의 동상으로 건립돼 있다. 저울은 공정한 판단, 칼은 정의의 실천, 눈가리개는 편견 없는 공정을 의미한다.

01 ④ 02 ② 03 ① 04 ① 05 ③ 06 ② 07 ① 08 ④

09 한 나라의 경제가 보유한 모든 생산요소를 최대한 활용해 물가상승 없이 달성할 수 있는 최대성장률은? [2025년 조선비즈]

① 명목성장률
② 한계성장률
③ 실질성장률
④ 잠재성장률

해설
잠재성장률이란 한 나라의 경제가 보유한 모든 생산요소를 최대한 활용해 물가상승(인플레이션) 없이 안정적으로 달성할 수 있는 최대성장률을 말한다. 다시 말해 경제가 과열되지도 침체되지도 않은 '적정속도'의 성장 한계치를 일컫는다. 잠재성장률을 넘어서면 물가가 뛰고, 밑돌면 경기침체가 나타난다.

10 미국의 조선업 부흥을 위해 우리정부가 미국에 제안한 경제협력 프로젝트는? [2025년 조선비즈]

① MAGA
② MACA
③ MASGA
④ MASCA

해설
MASGA는 'Make American Shipbuilding Great Again'의 약어로 '미국의 조선업을 다시 위대하게'라는 의미다. 우리정부가 미국과의 통상 협상과정에서 제안한 전략적 협력 구상으로 우리나라의 조선사들이 미국 내 조선소에 투자하거나 조선소를 설립하고, 여기에 우리정부가 정책금융기관 등을 통해 금융지원을 제공하는 것이다. 지원규모는 수십조원에 이를 것으로 전망됐다.

11 투자자가 특정 자산을 미래의 정해진 가격으로 팔 수 있는 권리는? [2025년 조선비즈]

① 태그얼롱
② 드래그얼롱
③ 풋옵션
④ 콜옵션

해설
풋옵션(Put Option)이란 미래의 일정시점에 특정 자산을 '미리 정해진 가격'으로 팔 수 있는 권리를 말한다. 반대로 살 수 있는 권리는 콜옵션(Call option)이라고 한다. 풋옵션은 주가하락을 예상하고 실행하는 투자방식으로 주가가 떨어져도 손실을 피하거나 차익을 얻을 수 있다.

12 중앙은행이 시중 통화량을 조절하기 위해 발행하는 증권은? [2025년 조선비즈]

① 재정증권
② 통화안정증권
③ 녹색국채
④ 외국환평형기금채권

해설
통화안정증권은 중앙은행이 시중의 통화량(유동성)을 조절하기 위해 금융기관이나 일반인을 대상으로 발행하는 특별 유통증권을 말한다. '통안채'라고도 한다. 정부가 보증하는 국공채 외에도 중앙은행은 통화안정증권을 발행해 시장에 유통되는 돈을 거둬들이고 유동성을 조절한다.

13 얻은 정보를 즉시 소비하지 않고 저장해뒀다가 필요한 순간에 활용하는 소비트렌드는?

[2025년 부산광역시공공기관통합채용]

① 폴더 소비
② 레이지 소비
③ 스텔스 소비
④ 프루프 소비

해설
폴더 소비(Folder Consumption)는 Z세대의 새로운 소비트렌드로서 얻은 정보를 즉시 소비하지 않고 파일 폴더에 넣듯 저장해뒀다가 필요한 순간에 활용하는 것을 말한다. 남들이 다 아는 것을 놓치는 것을 두려워하는 'FOMO'에 대처하기 위한 것으로 관심 있는 제품이나 콘텐츠, 유용한 정보를 발견하면 스마트폰 등을 통해 저장하고, 이후에 필요할 때마다 꺼내어 소비하는 방식이다.

14 스페인어에서 유래한 말로 자신만의 안식처 또는 마음의 쉼터를 뜻하는 용어는?

[2025년 부산광역시공공기관통합채용]

① 무드테크
② 레이저 러셔
③ 리추얼 라이프
④ 케렌시아

해설
케렌시아는 스페인어인 'Querencia'에서 유래한 말로 원래 투우장에서 소가 투우사와의 결전 때 '가장 안전하다고 느끼며 기력을 회복하는 장소'를 뜻한다. 이 용어가 현대 도시인들에게는 자신만의 안식처, 피난처, 마음의 쉼터 같은 의미로 확장돼 쓰이고 있다.

15 국내총생산의 성장률과 실업률의 변동 사이의 상관관계를 나타내는 경제 법칙은?

[2025년 부산광역시공공기관통합채용]

① 엥겔의 법칙
② 오쿤의 법칙
③ 기펜의 법칙
④ 세이의 법칙

해설
오쿤의 법칙(Okun's Law)은 경제학자인 아서 오쿤이 발견한 법칙으로 국내총생산의 성장·감소와 실업률 사이의 상관관계를 설명한다. 실업이 경제성장과 역의 상관관계를 가진다는 것인데, 즉 경기가 좋아져 GDP가 증가하면 실업률은 낮아지고 경기가 나빠져 GDP가 감소하면 실업률은 높아진다는 것이다.

16 현 직장에 불만족하더라도 경제적 불확실성 때문에 이직을 미루는 현상을 뜻하는 용어는?

[2025년 부산광역시공공기관통합채용]

① 잡 디깅
② 잡 점핑
③ 잡 호핑
④ 잡 허깅

해설
잡 허깅(Job Hugging)은 적극적으로 여러 회사에 이직을 감행하는 잡 호핑(Job Hopping)과 반대되는 개념으로 지금의 직장을 붙든 채 놓지 않고 가능한 오래 머무르려 하는 경향을 뜻한다. 노동시장의 유연성이 떨어지고, 불확실한 경제상황 때문에 현 직장에 불만족하더라도 쉽게 옮기지 못하는 현상이다.

🔒 09 ④ 10 ③ 11 ③ 12 ② 13 ① 14 ④ 15 ② 16 ④

17 산업 생태계에서 주변 중소기업과 협력업체를 끌어주는 중심기업을 뜻하는 용어는?

[2025년 부산광역시공공기관통합채용]

① 유니콘기업
② 벤처캐피탈
③ 앵커기업
④ 가젤기업

> **해설**
> '앵커기업(Anchor Company)'이란 산업생태계나 지역경제에서 핵심적 역할을 하는 중심(Anchor, 닻) 기업을 말한다. 주변의 중소기업이나 협력업체를 끌어주고 산업 생태계를 이끄는 '중심축 기업'을 뜻한다. 특정 산업 혹은 지역에서 주도적인 역할을 하며, 산업발전과 고용을 촉진해 산업 전체를 활성화하는 중대한 역할을 한다.

18 기존 작품의 형식·내용을 모방하거나 비틀어 풍자나 비판 등의 효과를 주는 기법은?

[2025년 부산광역시공공기관통합채용]

① 패러디
② 오마주
③ 클리셰
④ 리부트

> **해설**
> 패러디(Parody)는 예술에서 기존 작품의 형식이나 내용을 모방하거나 비틀어 표현해 풍자 또는 비판 등의 효과를 전달하는 기법을 말한다. 영화, 연극, 드라마 등의 내용이나 이야기의 전반적 흐름, 등장인물의 말투 등을 흉내 내어 우스꽝스럽게 표현하곤 한다. 원작을 흉내 내어 약간 변형시키거나 과장해 풍자나 해학의 효과를 얻기 위해 시도하는 경우가 많다.

19 심리현상 중 하나로 보편적인 성격특성을 자신의 성격과 일치한다고 믿는 현상은?

[2025년 청주시공무직통합채용]

① 크레스피효과
② 스놉효과
③ 베블런효과
④ 바넘효과

> **해설**
> 바넘효과(Barnum Effect)는 누구에게나 보편적으로 적용되는 특성의 성격이 자신의 성격과 꼭 맞는다고 생각하는 심리현상이다. 1949년 미국의 심리학자 '포러'가 대학생들을 대상으로 한 실험을 통해 규명됐다. 포러는 대학생들에게 동일한 내용의 성격검사결과지를 나눠주고, 스스로 성격과 얼마나 일치하는지 평가했다. 그 결과 대부분의 대학생들이 자신의 성격과 매우 일치한다고 답변했다.

20 절대로 일어나지 않을 것 같은 일이 발생하는 상황을 의미하는 용어는?

[2025년 청주시공무직통합채용]

① 블루스완
② 네온스완
③ 옐로스완
④ 화이트스완

> **해설**
> 네온스완(Neon Swan)은 '스스로 빛을 내는 백조'라는 뜻으로 절대 일어날 것 같지 않은 일이 발생하는 것을 의미한다. 일어날 것이라는 예측도 이에 대한 대응도 어려워 상상 이상의 리스크가 될 수 있는 사건을 뜻한다. 평소에는 상상할 수 없던 검은 백조를 발견하면서 '예상할 수 없는 일이 일어났다'는 의미로 쓰이는 '블랙스완'과 유사한 개념의 용어다.

21 농구에서 한 선수가 상대선수에게 불필요하거나 과도한 신체접촉을 일으켰을 때 주어지는 파울은?
[2025년 청주시공무직통합채용]

① 인텐셔널 파울
② 바이얼레이션
③ 테크니컬 파울
④ 플래그런트 파울

해설
플래그런트 파울(Flagrant Foul)은 농구경기 중 한 선수가 다른 선수에게 불필요하거나 과도한 신체접촉을 범했을 때 선언되는 파울이다. 미국프로농구(NBA)에서는 1990년부터 이 파울 규정을 도입했는데, 선수들의 안전을 지키고 신체를 보호하기 위함이었다. 플래그런트 파울은 1과 2로 나눠진다. 1은 고의성은 크지 않지만 불필요한 접촉, 2는 불필요하고 과도한 고의적 접촉으로 이를 범한 선수는 즉각 퇴장조치된다.

22 사막지역에서 건기엔 말라 있고 우기에는 강이 되는 자연지형은?
[2025년 청주시공무직통합채용]

① 와디
② 사구
③ 메사
④ 오아시스

해설
와디(Wadi)는 중동이나 북아프리카 등 사막지역에서 볼 수 있는 계곡지형으로 건기에는 물이 말라 있지만 우기에는 홍수가 돼 물이 흐르는 간헐하천을 말한다. 평소엔 모래나 자갈로 덮인 골짜기처럼 보이지만, 우기에 폭우가 내리면 많은 수량의 급류가 흘러내린다.

23 가사, 보육 등 생활여건에 맞춰 근무시간을 유연하게 조절할 수 있도록 지원하는 제도는?
[2025년 청주시공무직통합채용]

① 골드잡
② 퍼플잡
③ 블루잡
④ 레드잡

해설
퍼플잡(Purple Job)은 일정한 시간과 형식을 갖춘 정형적인 근무형태에서 벗어나 가사, 보육 등의 여건에 맞춰 근무시간을 조절함으로써 원만한 직장생활을 할 수 있도록 지원하는 제도다. 단기간근로, 요일제근무, 재택근무, 탄력근무제 등 다양한 형태가 있으며, 근로자의 필요에 따라 주당 15~35시간 범위 내에서 일하고 근무시간에 따라 보수를 받는다. 고용과 승진 시 불이익을 받지 않는다.

24 복지확대에는 찬성하나 그에 필요한 세금 등 재원 부담에는 반대하는 현상은?
[2025년 청주시공무직통합채용]

① 핌피현상
② 눔프현상
③ 토페카현상
④ 스프롤현상

해설
눔프(NOOMP)란 'Not Out Of My Pocket'의 약자로 복지확대에는 찬성하나 그에 필요한 증세 등 재원부담은 거부하는 현상을 말한다. 정부의 복지제도 확충은 환영하나 내 주머니에서 돈이 나가는 것은 반대한다는 의미를 담고 있다.

17 ③ 18 ① 19 ④ 20 ② 21 ④ 22 ① 23 ② 24 ②

내일은 TV 퀴즈왕

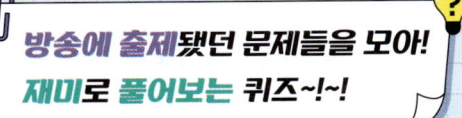
방송에 출제됐던 문제들을 모아!
재미로 풀어보는 퀴즈~!~!

01 영국 전래동화에서 유래한 말로 우주에서 지구처럼 생명체가 거주하기에 적합한 영역을 의미한다. 헤비터블 존이라고도 불리는 이것은? [장학퀴즈]

정답
골디락스 존(Goldilocks Zone)은 영국 전래동화 '골디락스와 곰 세 마리'에 등장하는 소녀의 이름에서 유래했으며, '너무 크지도 작지도 않고 딱 알맞은 상태'를 뜻한다. 천문학에서는 생명체가 살기 적합한 최적의 조건을 가리킬 때 사용한다.

02 이것은 영어로 꿀벌, 개미 등 벌목과 곤충의 수컷을 칭하는 용어로 낮게 웅웅거리는 소리를 뜻하기도 한다. 4차산업의 핵심기술 중 하나인 이것은? [장학퀴즈]

정답
드론(Drone)은 조종사가 탑승하지 않고 무선전파로 비행 및 조종하는 무인항공기를 가리킨다. 실종자 수색, 산불감시, 택배서비스 등에 널리 활용되고 있다.

03 제시된 지문에 띄어쓰기를 올바로 적용하면? [우리말 겨루기]

> 아무것도없는빈땅에씨뿌리고물줬더니 두달만에어린잎이하나둘돋아나기쁜나머지방방뛰었다.

정답
지문에 띄어쓰기를 올바로 적용하면 '아무것도 없는 빈 땅에 씨 뿌리고 물 줬더니 두 달 만에 어린잎이 하나둘 돋아나 기쁜 나머지 방방 뛰었다'가 된다.

04 다음 중 순우리말이 아닌 것은? [우리말 겨루기]

① 헹가래
② 들러리
③ 터부
④ 근심

정답
터부(Taboo)는 '신성한', '금지된'을 뜻하는 폴리네시아어 'tapu'에서 유래한 외래어로 특정 집단에서 어떤 말이나 행동을 금하거나 꺼리는 것을 말한다.

05 이것은 '강물이 한번 쏟아지면 단숨에 먼 거리를 간다'는 의미의 사자성어다. 오늘날 어떤 일이 지체 없이 매끄럽게 진행될 때 주로 쓰이는 이것은? [유 퀴즈 온 더 블럭]

정답
일사천리(一瀉千里)는 중국 고서 '복혜전서'에서 나온 말로 큰 강이 상류에서 하류까지 쉬지 않고 빠르게 흘러가는 모습에서 유래했다.

06 이것은 원래 군사용어로 공격개시 또는 중요한 작전일을 뜻하는 말이다. 오늘날 어떤 계획의 예정일을 의미하는 이것은? [유 퀴즈 온 더 블럭]

정답
디데이(D-day)는 원래 작전 개시일을 의미한다. 역사상 가장 유명한 디데이는 제2차 세계대전 당시 전쟁의 흐름을 바꾼 노르망디 상륙작전의 개시일(1944년 6월 6일)로 이후 디데이는 중요한 날이나 결정적인 시작일을 의미하는 표현으로 널리 사용되고 있다.

07

반복된 일상에 지루함을 느낀 지석에게 장원이가 문제를 냈다.
[문제적 남자]

"1은 마법의 숫자야.
3을 만나면 1개,
7을 만나면 6개,
33을 만나면 2개,
123을 만나면 5개로 변신해.

그렇다면 7777을 만나면
몇 개로 변신할까?"

정답

1을 제시된 숫자로 나눴을 때 반복되는 소수점 아래 숫자의 개수를 구하면 정답을 알 수 있다. 각 숫자들로 1을 나누면 아래와 같다.
1÷3=0.3333…
1÷7=0.142857142857…
1÷33=0.030303…
1÷123=0.0081300813…
1÷7777=0.0001285842870001285842 87…
소수점 아래 숫자가 3으로 나누면 1개, 7으로 나누면 6개가 반복된다. 1을 7777로 나누면 12개가 반복되므로 정답은 12다.

08

다음은 컴퓨터 암호의 힌트다. 암호는 무엇일까?
[문제적 남자]

1236987456
9632147
3214789654
123654789
987456321

정답

키보드의 숫자패드에 힌트를 대입해본다. 첫 번째 줄 숫자인 1236987456 순서대로 연결해보면 아래와 같이 알파벳 소문자 'g'가 만들어진다.

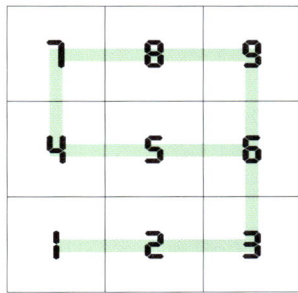

마찬가지로 다음 줄 숫자도 순서대로 연결해보면
9632147 → u
3214789654 → e
123654789 → s
987456321 → s
그러므로 컴퓨터 암호는 'guess'다.

취업! 실전문제

최종합격 기출면접	**116**
기업별 최신기출문제	**120**
한국사능력검정시험	**130**
면접위원을 사로잡는 답변의 기술	**140**
합격으로 가는 백전백승 직무분석	**144**
센스 있는 신입사원이 되는 비법	**148**
최신자격정보	**150**

최종합격 기출면접

01 인천국제공항공사

인천국제공항공사의 면접시험은 2차에 걸쳐 이뤄진다. 1차면접에서는 상황면접-PT면접-인성면접-영어면접 순으로 개별적으로 진행되고 이후 토론면접이 이어진다. 상황면접은 역할극 상황에 따른 영어면접으로 구성돼 있고, 지원자는 민원요청 상황에서 적절한 대응능력을 보여야 한다. 영어면접은 간단한 회화나 인성면접과 유사한 질문에 영어로 답변하면 된다. 2차면접은 임원진면접으로 자기소개와 개인별 간단한 질문을 통해 지원자의 자세와 태도를 종합적으로 검증한다.

1. PT면접·토론(토의)면접

PT 주제에 관한 자료는 발표 전에 주어지며 준비시간 동안 발표할 내용을 전지에 정리한다. 준비한 내용을 토대로 면접관 앞에서 발표하며, 발표가 끝난 후 이에 대한 면접관의 질문이 이어진다. 토론(토의)면접은 토의장에 들어가기 전 개인별로 주제에 대해 의견을 적고 제출한 뒤 토의장에서 해결이 가장 시급한 것을 골라 해결방안을 도출해야 한다. 상황토의면접이 끝나면 개인별 질문을 받는다. 토론면접의 주제는 최근 사회적 이슈와 더불어 인천국제공항공사와 관련된 시사이슈가 출제되므로 평소 상식분야에 꾸준한 관심을 가질 필요가 있다.

기출문제

- 조류충돌 등 야생동물로 인한 항공안전 위협에 대한 효과적인 해결방안에는 무엇이 있겠는가?
- 사회적 약자를 위해서 공항이 해야 할 일은 무엇인지 말해보시오.
- 악성민원에 대해 어떻게 대처할 것인지 발표해보시오.
- 인천공항의 스마트화를 위한 방안에 대해 발표해보시오.
- 공항의 수요정책을 확대하기 위해 메디컬 및 전통문화 체험관 등을 개발해 환승고객의 유치를 증대시키는 방안을 제시해보시오.
- 귀하가 건설 및 설계 담당자가 되었다. BHS의 개선해야 할 점과 이에 대한 프로젝트를 어떻게 진행할지 말해보시오.
- 설계를 맡긴 곳에서 기대 이하의 설계를 해오면 어떻게 할 것인가?
- 고객수요를 어떻게 하면 분산시키고 서비스를 향상시킬 수 있는가?
- 인천국제공항의 서비스 향상 혹은 개발과 사회적 공헌을 같이할 수 있는 아이디어가 있는가?
- 인천국제공항의 매각에 대한 찬·반을 결정하고, 찬성한다면 적절한 시기와 방법에 대해 말해보시오.
- 세계적인 경기침체 속에서 인천국제공항공사가 겪게 될 위기상황은 무엇이며, 이를 극복할 수 있는 방안에 대해 토론해보시오.
- SNS 사용이 늘어남에 따른 효과와 홍보방법 및 본인이 회사에 접목해서 사용할 수 있는 방법에 대해 토론해보시오.
- 알몸투시기에 대해 토론해보시오.
- 대형마트, 기업형 슈퍼마켓(SSM) 영업규제의 장·단점에 대해 토론해보시오.
- 흡연자의 인사 불이익은 당연한 것인지에 대해 토론해보시오.

2 인성면접

PT면접이 끝난 후 그 자리에서 바로 이어서 인성면접이 진행된다. 자기소개서를 토대로 가치관과 인성을 평가하는 질문을 받게 된다.

기출문제

- 인천국제공항공사의 미션과 비전 중 가장 공감되는 것은 무엇인가?
- 공항 안전관리와 관련한 최근의 트렌드에 대해 아는 것이 있다면 말해보시오.
- 공항에서 일할 때 겪을 수 있는 가장 큰 어려움은 무엇이라고 생각하는가?
- 인천국제공항공사의 비전은 무엇인가?
- 자신의 강점을 바탕으로 인천국제공항공사에 기여할 수 있는 부분이 있다면 말해보시오.
- 본인이 가장 자주 사용하는 언어에 대해 말해 보시오.
- 인천국제공항공사의 사업 중 가장 관심이 가는 사업에 대해 말해보시오.
- 공기업 직원으로서 갖춰야 할 가장 중요한 덕목은 무엇이라고 생각하는가?
- 비정규직 문제에 대해 어떻게 생각하는가?
- 인천국제공항공사의 인재상 중 자신에게 맞는 인재상은 무엇인가?
- 인천국제공항의 고객서비스를 상승시킬 방안은 무엇인가?
- 인천국제공항의 조직 중 민간소방대의 역할은 무엇인가?
- 네트워크조직에 대해서 말해보시오.
- 인천국제공항 수요의 분산정책은 무엇인가?
- 인천국제공항의 홍보대사에 대해서 알고 있는가?
- 본인은 10년 뒤 전문가와 관리자 중 어떤 것이 되고 싶은가?
- 업무를 수행함에 있어 본인의 가장 부족한 점과 그것을 보완하기 위한 계획은 무엇인가?
- 다른 지원자보다 나이가 있는데 졸업 후 무엇을 했는가?
- 공항의 운영에서 효율성, 안전성, 편의성 중 가장 중요한 것은 무엇이라고 생각하는가?
- 만약 입사 후 인천국제공항공사가 자신의 기대와 다르다면 어떻게 할 것인가?
- 입사하면 어떤 일을 잘할 수 있는가?
- 해당 직무를 지원한 이유는 무엇인가?
- 갈등관계를 극복했던 사례에 대해 말해보시오.
- 자신의 인생관에 대해 말해보시오.
- 동료와 협업한 경험과 협업 과정에서 어떠한 역할을 맡았는지 말해보시오.
- 공부를 제외하고 본인이 열정을 다해서 한 일에 대해 말해보시오.
- 본인의 약점에 대해 말해보시오.
- 창의성을 발휘한 경험이 있다면 말해보시오.
- 본인의 장점과 단점은 무엇인가?
- 인생에서 힘들었던 경험을 말해보시오.
- 왜 이직을 하려고 하는가?
- 지금까지 살아오면서 인간관계에서 실패했던 혹은 성공한 경험을 말해보시오.
- 어려웠던 일을 극복한 사례를 말해보시오.

02 한전KPS

한전KPS의 면접전형은 인성검사 및 역량면접 등으로 필기시험에서 3배수 또는 5배수를 선발해 진행된다. G4등급 및 전문직(일반급)의 경우 개별면접 및 토론면접의 방식으로 진행되며, G3·G2등급의 경우 개별면접의 방식으로 진행된다.

토론면접

토론면접에서는 한전KPS의 업무와 관련된 주제가 제시된다. 토론 시 상대방의 의견을 경청하고 찬성에는 공감을, 반대에는 구체적 이유를 설명하면 좋으며 자신의 의견을 말할 때는 논리적이고 설득력이 있어야 한다. 비언어적 요소로 경청태도, 팀워크 등도 평가대상에 포함된다.

기출문제

- 발전정비 분야에서의 3D프린팅 활용방안에 대해 토론해보시오.
- 탄소를 줄이기 위한 방안에 대해 토론해보시오.
- 에너지 자급자족을 위한 지역사회의 방안에 대해 토론해보시오.
- 한전KPS가 데이터 플랫폼으로서 나아가야 할 방향에 대해 토론해보시오.
- 지역주민과 발전소의 관계에 대해 말해보시오.
- ICT를 활용해 한전KPS에 기여할 수 있는 사업은 무엇이 있는가?
- 고객과 정부 간에 마찰이 생긴다면 어느 편에 서야 하는가?
- 원자력 발전이 어떻게 이루어지는가?
- 갑을관계에서의 갈등 해결방안에 대해 말해보시오.
- 캐비테이션 발생원리와 해결방법에 대해 말해보시오.
- 공기업 경영혁신에 대해 말해보시오.
- 공기업의 민영화에 대한 본인의 생각을 말해보시오.
- 노동조합의 경영참여에 대한 본인의 생각을 말해보시오.
- 님비지역 주민을 어떻게 설득하겠는가?
- 국민여론과 상충된 의견이 있을 때 어떻게 대처할 것인가?

2 경험면접

경험면접에서는 자신의 경험을 한전KPS의 직무와 연결해 답변하는 것이 권장되고 공기업이 공통적으로 요구하는 책임감, 청렴, 공공성 등과 결합하는 방안도 추천할 만하다. 전형에 따라 경험면접만 진행된다면 전공과 상관없이 조직적응, 직무적합 항목에 중점을 두는 것이 유용하다.

기출문제

- 조직에서 동료나 고객이 불만을 표출했던 경험이 있다면 말해보시오.
- 본인의 의사소통능력이나 방법에 대해 설명해보시오.
- 목표를 설정하고 달성한 경험이 있다면 말해보시오.
- 업무 중 소통을 위해 신경 쓰는 것이 있다면 무엇인지 말해보시오.
- 협동을 통해 결과를 창출해낸 경험이 있다면 말해보시오.
- 같이 일하기 힘든 동료의 유형에 대해 말해보시오.
- 주장이 강한 사람과 함께 일해본 경험이 있다면 말해보시오.
- 직무를 대표하는 자신의 역량에 대해 말해보시오.
- 같이 일하기 싫은 상사의 유형에 대해 말해보시오.
- 솔선수범했던 경험이 있다면 말해보시오.
- 자신의 역량이 발전했던 경험이 있다면 말해보시오.
- 팀프로젝트 경험에 대해 말해보시오.
- 갈등을 해결해본 경험이 있다면 말해보시오.
- 동아리 활동에서 본인의 역할에 대해 설명해보시오.
- ERP 교육을 들었는데 한전KPS에서 어떻게 활용할 수 있을지 설명해보시오.
- 한전KPS에 지원한 동기에 대해 말해보시오.
- 한전KPS에서 수행하고 싶은 직무에 대해 말해보시오.
- 리더로서 조직 내의 갈등을 해결해본 경험과 그 방법에 대해 말해보시오.
- 약속과 신뢰를 지켰던 경험에 대해 말해보시오.
- 자신의 취미에 대해 말해보시오.
- 자신만의 강점에 대해 말해보시오.
- 자신을 뽑아야 하는 이유에 대해 말해보시오.
- 살면서 어려웠던 경험과 이를 극복한 방법에 대해 말해보시오.
- 1년 이상의 기간 동안 꾸준히 노력해 성과를 이뤄낸 경험이 있다면 말해보시오.
- 단체생활에서 생긴 갈등을 해결한 경험이 있다면 말해보시오.
- 업무에 갑작스러운 변화가 발생할 경우 어떻게 대처할 것인가?
- 사회생활을 하면서 부당한 지시에 대처한 경험이 있다면 말해보시오.
- 한전KPS가 본인에게 어떠한 의미를 가지고 있는가?
- 한전KPS를 알게 된 계기를 말해보시오.

기업별 최신기출문제

01 한국동서발전

1. 수리능력

01 A음료 1잔을 정가로 팔면 3,000원의 이익을 얻는다. 만약 장사가 되지 않아 정가보다 20%를 할인해 5개를 팔았을 때 순이익과 A음료 1잔당 정가에서 2,000원씩 할인해 4개를 팔았을 때의 매출액이 같다면 A음료의 정가는 얼마인가?

① 4,600원

② 4,400원

③ 4,300원

④ 4,100원

해설 A음료의 원가를 x원이라고 하면 정가는 $(x+3,000)$원이다. 정가에 20%를 할인해서 5개를 팔았을 때 순이익과 A음료 1잔당 정가에서 2,000원씩 할인해 4개를 팔았을 때의 매출액은 같다고 했으므로 다음 식이 성립한다.
$5[0.8 \times (x+3,000) - x] = 4(x+3,000-2,000)$
$\rightarrow 5(-0.2x + 2,400) = 4x + 4,000$
$\rightarrow 5x = 8,000$
$\therefore x = 1,600$
따라서 정가는 1,600 + 3,000 = 4,600원이다.

2. 문제해결능력

02 다음 상황에서 나타나는 논리적 오류로 옳은 것은?

> 한 법정에서 피의자에 대해 담당검사는 다음과 같이 주장했다. "피의자는 과거에 사기전과가 있으나, 반성하는 기미도 없이 문란한 사생활을 지속해오고 있습니다. 과거에 마약을 복용하기도 했으며, 술에 취해 폭력을 가한 적도 있습니다. 따라서 죄질이 나쁘므로 살인혐의로 기소하고, 법적 최고형을 선고해주시기 바랍니다."

① 결합의 오류
② 무지의 오류
③ 피장파장의 오류
④ 허수아비 공격의 오류

해설 제시문의 상황에서 나타나는 오류는 허수아비 공격의 오류다. 허수아비 공격의 오류는 상대가 의도하지 않은 것을 강조하거나 허점을 비판해 자신의 주장을 내세우는 것으로 상대방의 주장과는 상관없이 별개의 논리를 만들어 공격하는 오류다.
① 결합의 오류 : 개별적으로는 참이나, 그 부분의 결합인 전체로는 거짓인 것을 참인 것으로 주장함으로써 일어나는 오류다.
② 무지의 오류 : 어떤 논제가 거짓이라는 것이 증명되지 않았다는 것을 이유로 논제가 참이라고 주장하거나 그 반대로 어떤 논제가 참이라는 것이 증명되지 않았다는 이유로 논제를 거짓이라고 주장하는 오류다.
③ 피장파장의 오류 : 잘못을 들춰 서로 낫고 못함이 없다고 주장해서 자신의 잘못을 정당화하는 오류다.

03 10월 15일 체육의 날을 맞이해 기획개발팀 5명은 다른 팀 사원들과 각각 15회 배드민턴 경기를 했다. 팀원들은 점수 계산방법에 따라 각자 자신의 경기결과를 종합해 〈조건〉과 같이 발표했다. 다음 상황을 근거로 판단할 때 기획개발팀의 팀원 중 거짓말을 한 사람은?

─────── ● 조건 ● ───────

- 점수 계산방법 : 각 경기에서 이길 경우 7점, 비길 경우 3점, 질 경우 4점을 받는다.
- 각자 15회의 경기 후 자신의 합산점수를 다음과 같이 발표했다.
  - A팀장 : 93점
  - B대리 : 90점
  - C대리 : 84점
  - D연구원 : 79점

① A팀장
② B대리
③ C대리
④ D연구원

해설 기획개발팀 팀원 1명이 15경기에서 모두 이긴 경우 105점을 받는다. 여기에서 이긴 경기 대신 비긴 경기 혹은 진 경기가 있는 경우 최고점인 105점에서 비긴 경기 한 경기당 4점씩(이긴 경우 점수 − 비긴 경우 점수 = 4점이므로) 감소하며, 진 경기가 있는 경우 진 경기 한 경기당 11점씩(이긴 경우 점수 − 진 경우 점수 = 11점이므로) 감소한다.
그러므로 가능한 점수는 105 − [(4 × 비긴 경기 수) + (11 × 진 경기 수)]뿐이다. 이에 따라 팀원들의 경기성적을 구체적으로 나타내면 다음과 같다.

팀원	이긴 경기	비긴 경기	진 경기
A팀장	12	3	0
B대리	13	1	1
D연구원	12	1	2

따라서 발표한 점수가 위 수식으로 도출 불가능한 점수인 사람은 C대리뿐이다.

3. 의사소통능력

04 다음 중 대화상황에서 바람직한 대화태도로 옳지 않은 것은?

① 상대의 말을 미리 짐작하지 않고 귀 기울여 경청한다.
② 상대의 말을 모두 들은 후에 적절한 행동을 하도록 한다.
③ 대화내용이 지나치게 사적이다 싶으면 다른 대화주제를 꺼내 화제를 돌린다.
④ 상대의 말에 집중해야 하며, 미리 대답할 말을 준비하기 위해 다른 생각을 하지 않는다.

> **해설** 대화내용이 사적이더라도 임의로 주제를 바꾸거나 농담으로 넘기려 하는 것은 적절하지 않다.
> ① 상대의 말을 미리 짐작하지 않고 귀 기울여 들어야 정확한 내용을 파악할 수 있다.
> ② 상대의 말을 중간에 끊거나 위로를 하거나 비위를 맞추기 위해 너무 빨리 동의하기보다는 모든 말을 들은 후에 적절하게 대응하는 것이 바람직하다.
> ④ 상대가 말을 하는 동안 대답을 준비하면서 다른 생각을 하는 것은 바람직하지 않다.

04 다음 중 맞춤법이 올바른 것은?

① 넓따란   ② 넋두리
③ 제작년   ④ 몇일

> **해설** '넋두리'는 불만을 길게 늘어놓으며 하소연하는 말, 또는 굿을 할 때 무당이나 가족의 한 사람이 죽은 사람의 넋을 대신해 하는 말을 뜻한다. '넋두리'의 비표준어로 '넉두리'가 있다.
> ① 넓따란 : '널따랗다'를 활용한 '널따란'이 바른 표기다.
> ③ 제작년 : '지난해의 바로 전 해'를 뜻하는 말은 '제작년'이 아니라 '재작년(再昨年)'이다.
> ④ 몇일 : '몇 날' 또는 '그달의 몇째 되는 날'을 뜻하는 말은 '몇일'이 아니라 '며칠'이다. '며칠'은 '몇일'에서 온 말이 아니며, 어원이 분명하지 않을 때는 원형을 밝히지 않는다는 한글 맞춤법 제27항에 따라 소리나는 대로 '며칠'로 적는다.

06 다음 중 빈칸에 들어갈 한자성어로 가장 적절한 것은?

> '_____'은/는 직접 경험하는 것이 중요하다는 것을 강조하는 한자성어로서 한(漢)나라의 조충국 장군의 일화에서 유래했다고 한다. 강족(羌族)이 한나라에 침입하자 당시 임금이었던 선제(宣帝)는 70세가 넘은 조충국에게 토벌군을 이끌 장군으로 누가 적절할지 자문했고, 이에 조충국은 '노신(老臣)만한 인물(人物)이 없다'며 스스로를 천거해 토벌군의 지휘관으로 임명됐다. 이후 조충국은 상황을 살핀 후 단번에 무찌르기보다는 금성(金城)에 주둔해 차근차근 제압하는 전략을 선제에게 건의했고, 선제의 허락을 받은 후 1년 동안 머무르면서 강족을 완전히 진압했다.

① 백문불여일견(百聞不如一見)
② 계명구폐상문(鷄鳴狗吠相聞)
③ 조문석사(朝聞夕死)
④ 문일지십(聞一知十)

해설 백문불여일견(百聞不如一見)은 '백 번 듣는 것이 한 번 보는 것만 못하다'는 뜻으로 무엇이든지 경험해봐야 보다 확실히 알 수 있음을 뜻한다. 즉, 간접적으로 듣기만하는 것은 직접 보는 것보다 확실하지 못하다는 말이다.
② 계명구폐상문(鷄鳴狗吠相聞) : 닭이 울고 개가 짖는다는 뜻으로 인가(人家)가 잇대어 있음을 비유적으로 이르는 말이다.
③ 조문석사(朝聞夕死) : 아침에 참된 이치를 들어 깨달으면 저녁에 죽어도 한이 될 것이 없다는 뜻으로 인생을 값있게 살아야 함을 비유적으로 이르는 말이다.
④ 문일지십(聞一知十) : 하나를 듣고 열 가지를 미루어 안다는 뜻으로 지극히 총명함을 이르는 말이다.

02 신협중앙회

1. 직무능력시험

01 S은행에서 신용담보로 가계대출을 받은 A씨는 최근 사업이 잘돼 기존에 빌렸던 돈을 중간에 상환하려고 한다. 다음 〈조건〉에 따를 때 A씨가 S은행에 내야 할 중도상환수수료는 얼마인가?

---- 조건 ----

- 중도상환수수료 : 약정 만기 전에 대출금을 상환함에 따라 대출취급 시 은행이 부담한 취급비용 등을 일부 보전하기 위해 수취하는 수수료
- A씨가 S은행에서 빌린 대출금 정보
  ① 대출금액 : 2억원
  ② 중도상환금액 : 3,000만원
  ③ 대출기간 : 4년/잔존기간 : 3년
  ④ (수수료금액) = (중도상환금액) × (요율) × (잔존기간) ÷ (대출기간)
- 요율 : 부동산담보 1.8%(가계, 기업), 신용 및 기타담보 0.7%(가계), 1.4%(기업)

※ 개별 대출종류 및 상품에 따라 별도 중도상환해약금 요율을 적용할 수 있음

① 132,500원
② 144,500원
③ 155,500원
④ 157,500원

해설 먼저 (수수료금액) = (중도상환금액) × (요율) × (잔존기간) ÷ (대출기간)이고, A씨는 신용담보(가계)로 대출을 받았기 때문에 해당 요율은 0.7%가 된다. 따라서 중도상환금액은 3,000만원이고 요율은 0.7%, 잔존기간은 3년, 대출기간은 4년이므로 $30,000,000 \times 0.007 \times \frac{3}{4}$ = 157,500원이다.

02 S사는 전 직원을 대상으로 유연근무제에 대한 찬반투표를 진행했다. 그 결과 전체 직원의 80%가 찬성했고, 20%는 반대했다. 전 직원의 40%는 여직원이고, 유연근무제에 찬성한 직원의 70%는 남직원이었다. 여직원 1명을 뽑았을 때 이 직원이 유연근무제에 찬성했을 확률은? (단, 모든 직원은 찬성이나 반대의 의사표시를 했다)

① $\dfrac{1}{5}$ ② $\dfrac{2}{5}$ ③ $\dfrac{3}{5}$ ④ $\dfrac{4}{6}$

해설 S사의 전 직원을 x명이라고 하면 찬성한 직원은 $0.8x$명이고, 그중 남직원은 $0.8x \times 0.7 = 0.56x$명이다.
이를 표로 정리하면 다음과 같다.

(단위 : 명)

구분	찬성	반대	합계
남자	0.56x	0.04x	0.6x
여자	0.24x	0.16x	0.4x
합계	0.8x	0.2x	x

따라서 여직원 1명을 뽑았을 때 이 직원이 유연근무제에 찬성했을 확률은 $\dfrac{0.24x}{0.4x} = \dfrac{3}{5}$이다.

03 초등학교 담장에 벽화를 그리기 위해 바탕색을 칠하려고 한다. 5개의 벽에 바탕색을 칠해야 하고, 벽은 일자로 나란히 배열돼 있다고 한다. 다음 〈조건〉에 따라 칠한다고 할 때 항상 옳은 것은? (단, 칠해야 할 색은 빨간색, 주황색, 노란색, 초록색, 파란색이다)

───● 조건 ●───
- 주황색과 초록색은 이웃해서 칠한다.
- 빨간색과 초록색은 이웃해서 칠할 수 없다.
- 파란색은 양 끝 벽에 칠할 수 없으며, 빨간색과 이웃해서 칠할 수 없다.
- 노란색은 왼쪽에서 두 번째 벽에 칠할 수 없다.

① 노란색을 왼쪽에서 첫 번째 벽에 칠할 때 주황색은 오른쪽에서 세 번째 벽에 칠하게 된다.
② 파란색을 오른쪽에서 두 번째 벽에 칠할 때 주황색은 왼쪽에서 첫 번째 벽에 칠하게 된다.
③ 칠할 수 있는 경우의 수 중에 한 가지는 주황-초록-파랑-노랑-빨강이다.
④ 주황색은 왼쪽에서 첫 번째 벽에 칠할 수 없다.

해설 세 번째 조건에 따라 파란색을 각각 왼쪽에서 두 번째, 세 번째, 네 번째 벽에 칠할 때로 나눈다.
  ⅰ) 파란색을 왼쪽에서 두 번째 벽에 칠할 때
    - 노랑-파랑-초록-주황-빨강
  ⅱ) 파란색을 왼쪽에서 세 번째 벽에 칠할 때
    - 주황-초록-파랑-노랑-빨강
    - 초록-주황-파랑-노랑-빨강
  ⅲ) 파란색을 왼쪽에서 네 번째 벽에 칠할 때
    - 빨강-주황-초록-파랑-노랑
따라서 항상 참인 것은 ③이다.

04 김사원은 S은행에서 판매하는 적금 또는 펀드 상품에 가입하려고 한다. 다음은 S은행에서 추천하는 5개의 상품별 만족도와 중요항목별 가중치 적용기준이다. 그런데 김사원이 상품정보를 알아보던 중 기본금리와 우대금리의 만족도를 바꿔 기록했다고 할 때 원래의 순위보다 순위가 올라간 상품은? (단, 평점은 만족도에 가중치를 적용한 값이다)

각 상품의 항목별 만족도
(단위 : 점)

구분	기본금리	우대금리	계약기간	납입금액
A적금	4	3	2	2
B적금	2	2	3	4
C펀드	5	1	2	3
D펀드	3	4	2	3
E적금	2	1	4	3

중요 항목순위 및 가중치

구분	첫 번째	두 번째	세 번째	네 번째
항목순위	기본금리	납입금액	우대금리	계약기간
가중치	50	30	15	5

※ 중요 항목순위 및 가중치는 주요고객 천 명을 대상으로 조사하였음

① A적금, B적금
② C펀드, D펀드
③ B적금, D펀드
④ D펀드, E적금

해설 S은행 주요고객이 뽑은 항목순위에 따른 상품별 평점과 김사원이 잘못 기록한 항목순위는 다음과 같다.

ⅰ) 중요 항목순위에 따른 평점

구분	총점	상품순위
A적금	(4×50)+(2×30)+(3×15)+(2×5)=315점	2등
B적금	(2×50)+(4×30)+(2×15)+(3×5)=265점	4등
C펀드	(5×50)+(3×30)+(1×15)+(2×5)=365점	1등
D펀드	(3×50)+(3×30)+(4×15)+(2×5)=310점	3등
E적금	(2×50)+(3×30)+(1×15)+(4×5)=225점	5등

ⅱ) 1순위와 3순위가 바뀐 항목순위에 따른 평점

구분	총점	상품순위
A적금	(3×50)+(2×30)+(4×15)+(2×5)=280점	2등
B적금	(2×50)+(4×30)+(2×15)+(3×5)=265점	3등
C펀드	(1×50)+(3×30)+(5×15)+(2×5)=225점	4등
D펀드	(4×50)+(3×30)+(3×15)+(2×5)=345점	1등
E적금	(1×50)+(3×30)+(2×15)+(4×5)=190점	5등

따라서 주요고객이 뽑은 항목순위에 따른 상품순위보다 김사원이 잘못 기록한 항목순위에서 순위가 상승한 상품은 B적금과 D펀드다.

02 ③ 03 ③ 04 ③

2. 직무상식시험

05 다음 중 간접금융에 대한 설명으로 옳지 않은 것은?

① 원금손실의 위험을 기업이 직접 부담한다.
② 금융중개기관이 신용위험을 대신 부담한다.
③ 불확실성을 줄여 기업이 편리하게 자금을 조달할 수 있다.
④ 금융중개기관의 신용도에 따라 자금조달이 제한될 수 있다.

해설 금융시장은 직접금융과 간접금융으로 나뉘며, 다음과 같은 특징을 가진다.
- 직접금융(Direct Finance) : 기업, 정부 등 자금이 필요한 주체가 금융기관을 거치지 않고 금융시장(자본시장)을 통해 투자자로부터 직접 자금을 조달하는 방식으로 주식 · 채권 발행 등이 해당한다.
- 간접금융(Indirect Finance) : 자금 수요자가 금융시장에 직접 참여하지 않고, 은행이나 금융기관을 매개로 자금을 빌리는 방식으로 은행예금, 기업대출, 증권사 운용 등이 해당한다.

따라서 원금손실의 위험을 기업이 직접 부담하는 것은 직접금융에 대한 설명이다.

06 다음 중 디레버리징에 대한 설명으로 옳지 않은 것은?

① 금리가 하락하거나 자산가격이 상승할 때 디레버리징 전략을 실행한다.
② 디레버리징을 위해 자산매각, 자본확충, 비용절감 등의 과정을 진행한다.
③ 국가, 기업, 가계 등 경제전체에서 부채의 비중을 줄이는 것을 의미한다.
④ 거시적 차원의 디레버리징은 국가 GDP 대비 총부채비율을 낮추는 것을 의미한다.

해설 디레버리징(Deleveraging)은 경제주체(국가, 기업, 가계 등)가 부채를 줄이는 과정을 의미한다. 디레버리징 전략은 금리가 상승해서 부채 상환부담이 커지거나 자산가격이 하락해서 부채를 활용한 투자자산의 가치가 떨어질 우려가 있을 때 자산매각, 자본확충, 비용절감 등의 과정을 통해 실행된다. 이 과정에서 시장에 매물공급이 증가해 자산가격이 하락하며, 소비 · 투자가 감소해 경제성장이 일시적으로 둔화될 수 있다.

07 다음 중 평가오류에 대한 설명으로 옳지 않은 것은?

① 근접오류란 평가자가 극단적인 평가를 피하고 점수의 중간값을 선택하려는 경향을 의미한다.
② 관대화 경향이란 평가자가 피평가자의 실제 능력이나 성과보다 과도하게 후하게 평가하는 것을 의미한다.
③ 최근효과란 평가기간 중 마지막에 발생한 사건이나 행동이 평가에 더 큰 영향을 미치는 것을 의미한다.
④ 후광효과란 하나의 특징에 대한 인상이 다른 특징들에 대한 평가에 영향을 미쳐 전체적인 평가를 왜곡하는 현상을 의미한다.

> **해설** 평가자가 극단적인 평가를 피하고 점수의 중간값을 선택하려는 경향을 의미하는 것은 중심화 경향에 대한 설명이다. 한편, 근접오류는 한 요소의 평가결과가 다른 근접한 요소의 평가결과에 영향을 미쳐 유사하게 평가되는 것을 의미한다.

08 다음 중 7S 모델의 7가지 요소에 해당하지 않는 것은?

① Strategy(전략)
② Structure(구조)
③ Skill(기술)
④ Synergy(협력)

> **해설** 맥킨지 7S 모델은 3가지 하드웨어적 경영자원(전략, 구조, 시스템)과 4가지 소프트웨어적 경영자원(기술, 직원, 스타일, 공유가치)을 통해 기업의 내부역량을 분석하고 기업의 전략적 비전을 수립하기 위한 도구다.
>
> **맥킨지 7S 모델**
> - 전략(Strategy) : 기업의 목표를 달성하고 경쟁우위를 확보하기 위한 장기적인 사업방향
> - 구조(Structure) : 기업의 조직구조 및 조직의 효율적 운영을 위한 조직형태 분석
> - 시스템(System) : 조직을 유지하고 운영하는 데 필요한 제도, 절차 등
> - 기술(Skill) : 조직의 비즈니스 환경변화에 민감하게 대응할 수 있는 기술 및 역량
> - 직원(Staff) : 조직 내 인적자원의 특성과 보유기술, 구성원별 특징 등 분석
> - 스타일(Style) : 조직의 문화적 특성과 경영방식
> - 공유가치(Shared Value) : 조직의 핵심 경영이념이자 모든 구성원이 공유하는 가치관

05 ① 06 ① 07 ① 08 ④

한국사능력검정시험

기본편(제67회)

01 다음 퀴즈의 정답으로 옳은 것은? [2점]

① 부여
② 옥저
③ 동예
④ 마한

> **기출 태그**
> #옥저 #읍군 #삼로 #연맹국가
> #민며느리제 #골장제 #동해안 지역

해설

② 옥저는 철기문화를 바탕으로 함경도 동해안 지역에 등장한 연맹국가이며, 왕이 아닌 읍군이나 삼로라는 군장들이 각 부족을 다스렸다. 옥저에서는 여자가 어렸을 때 혼인할 남자의 집에서 생활하다가 성인이 된 후에 혼인을 하는 민며느리제라는 풍속이 있었다. 또한 가족이 죽으면 뼈만 추려 가매장했다가 나중에 가족 공동무덤인 커다란 목곽에 안치하는 장례풍습인 골장제를 행했다.

02 (가)에 들어갈 문화유산으로 적절한 것은? [3점]

과제 학습보고서	○○모둠
주제	백제의 문화유산 알아보기
방법	문헌 조사, 인터넷 검색, 박물관 탐방
알게 된 점	백제 사람들의 생활모습을 짐작할 수 있었다.
조사한 문화유산	(가) / 무령왕릉

①
금동연가 7년명 여래입상

②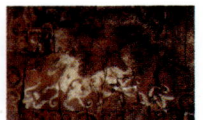
천마총 장니 천마도

③
몽촌토성

④
장군총

> **기출 태그**
> #몽촌토성 #백제 한성시대 #서울 송파구
> #무령왕릉 #공주 송산리 #남조 무덤양식

해설

무령왕릉은 백제 무령왕과 그 왕비의 무덤으로 백제 왕들의 무덤이 모여있는 공주 송산리 고분군에 위치해 있다. 또한 중국 남조 양의 지배층 무덤양식과 비슷한 벽돌무덤으로 만들어진 것으로 보아 양과 교류하며 영향을 받았음을 알 수 있다.

③ 몽촌토성은 서울 송파구에 있는 백제 전기인 한성시대의 토성이다. 성의 위치와 규모, 출토된 유물을 통해 백제 한성시대의 건축기술, 사람들의 생활문화를 살필 수 있어 역사적으로 가치가 있다.

03 (가) 왕의 업적으로 옳은 것은? [2점]

단양 신라 적성비는 (가) 대에 고구려 영토인 적성을 점령하고 세워진 것입니다. 비문에는 이사부 등 당시 공을 세운 인물이 기록돼 있으며, 충성을 다한 적성사람 야이차에게 상을 내렸다는 내용도 담겨 있습니다.

① 국학을 설치했다.
② 화랑도를 정비했다.
③ 독서삼품과를 시행했다.
④ 김헌창의 난을 진압했다.

기출태그 #진흥왕 #화랑도 #단양 적성비
#이사부 #야이차 #한강 상류

해설
신라 진흥왕은 백제 성왕과 연합해 당시 고구려의 영토였던 한강 상류지역의 적성을 차지했다. 이때 신라 장군 이사부를 도와 적성 점령에 공을 세운 야이차에게 포상하고, 적성지역 주민을 위로하는 마음을 담아 비석을 세웠다. 단양 신라 적성비는 신라가 한강 상류지역에 진출한 것을 입증하고 있으며, 공을 세운 지방민에게 포상을 내렸음을 파악할 수 있어 신라의 정치·경제·사회사를 잘 나타내고 있는 문화유산이다.
② 신라 진흥왕은 화랑도라는 교육·군사적 기능을 담당하는 청소년단체를 국가적인 조직으로 개편·정비했다.

04 (가) 왕의 업적으로 옳은 것은? [2점]

발해유민을 받아들이고, 조상의 제사를 지낼 수 있도록 배려해주었죠.

오랜 기간 적대관계였던 견훤까지 포용한 일도 빠뜨릴 수 없지요.

고려 (가) 이/가 민족통합을 위해 노력한 점에 대해 이야기 나눠볼까요?

① 흑창을 두었다.
② 강화도로 천도했다.
③ 과거제를 처음 실시했다.
④ 전민변정도감을 설치했다.

기출태그 #고려 태조 #흑창 #빈민구제
#후삼국 통일 #발해유민 수용

해설
고려 태조는 거란에 의해 발해가 멸망하자 왕자인 대광현을 비롯한 발해유민을 받아들이고 조상의 제사를 지낼 수 있도록 했다. 또한 후계자 문제로 금산사에 유폐됐다가 도망쳐 나온 후 고려로 투항한 견훤에게 지위와 토지를 하사하면서 맞이했다. 신라의 마지막 왕 경순왕(김부)이 고려에 항복하자 태조는 경순왕을 경주의 사심관으로 임명했으며, 비로소 후삼국을 통일해 민족을 통합했다.
① 고려 태조는 빈민을 구제하기 위해 춘궁기에 곡식을 대여해주고 추수 후에 돌려받는 흑창을 설치했다.

05 (가)에 들어갈 문화유산으로 옳은 것은? [1점]

① 경국대전
② 동의보감
③ 목민심서
④ 조선왕조실록

06 다음 가상대화가 이루어진 시기에 볼 수 있는 모습으로 적절하지 않은 것은? [2점]

① 상평통보로 거래하는 상인
② 판소리공연을 구경하는 농민
③ 한글소설을 읽어주는 전기수
④ 황룡사 구층목탑을 만드는 목수

기출 태그: #조선왕조실록 #춘추관 #실록청 #사초 #시정기 #유네스코 세계기록유산

해설
『조선왕조실록』은 조선 태조부터 철종까지의 역사를 편년체(연·월·일 순서대로 기록)로 서술한 책이다. 그 가치를 인정받아 유네스코 세계기록유산에 등재됐다.
④ 『조선왕조실록』은 왕이 죽은 뒤에 다음 왕이 즉위하면 춘추관에 실록청을 설치해 사초와 시정기 등을 바탕으로 편찬됐다.

기출 태그: #통신사 #구황작물 #조엄 #영조 #선덕여왕 #승려 자장 #황룡사 구층목탑

해설
조선 영조 때 통신사로 일본에 다녀온 조엄이 농민들의 식량문제를 해결하기 위해 고구마를 국내로 들여왔다. 이후 고구마는 구황작물의 하나로 재배되기 시작했다.
④ 신라 선덕여왕 때 승려 자장이 건의해 황룡사 구층목탑을 건립했다.

07 (가) 단체의 활동으로 옳은 것은? [2점]

이곳 종로에서는 (가) 이/가 개최한 관민공동회가 열리고 있습니다. 정부 관료와 학생, 시민들이 참여한 가운데 헌의6조를 올리기로 했습니다.

① 광혜원을 설립했다.
② 태극서관을 운영했다.
③ 독립문 건설을 주도했다.
④ 파리강화회의에 대표를 파견했다.

기출태그 #독립협회 #독립문 #영은문 #관민공동회 #헌의6조

해설
독립협회는 관민공동회를 개최해 민중에게 근대적 지식과 국권·민권사상을 불어넣었다. 또한 중추원 개편을 통한 근대적 의회설립 방안이 담겨 있는 헌의6조를 고종에게 건의해 채택됐다.
③ 독립협회는 청의 사신을 맞이하던 영은문을 헐고 그 자리에 독립문을 세웠다.

08 (가)에 들어갈 내용으로 적절한 것은? [3점]

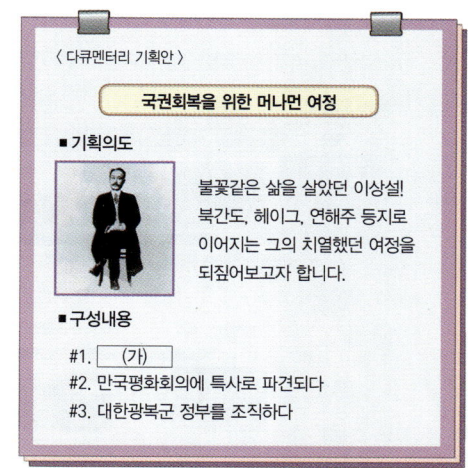

〈다큐멘터리 기획안〉
국권회복을 위한 머나먼 여정

■ 기획의도
불꽃같은 삶을 살았던 이상설! 북간도, 헤이그, 연해주 등지로 이어지는 그의 치열했던 여정을 되짚어보고자 합니다.

■ 구성내용
#1. (가)
#2. 만국평화회의에 특사로 파견되다
#3. 대한광복군 정부를 조직하다

① 의열단을 조직하다
② 서전서숙을 설립하다
③ 동양평화론을 집필하다
④ 시일야방성대곡을 발표하다

기출태그 #이상설 #서전서숙 #북간도 용정촌 #만국평화회의 특사 #권업회 #대한광복군

해설
이상설은 이준, 이위종과 함께 을사늑약 체결의 부당함을 알리기 위해 네덜란드 헤이그에서 열린 만국평화회의에 특사로 파견됐다. 이후 연해주로 이주해 이동휘와 함께 자치조직인 권업회를 조직하고 권업신문을 발행했다. 또한 공화정을 목표로 대한광복군 정부를 설립하고 정통령으로서 독립운동을 전개했다.
② 신민회의 회원인 이상설 등이 북간도 용정촌에 서전서숙을 설립해 민족교육을 실시했다.

09 (가) 전쟁 중 있었던 사실로 옳지 않은 것은? [2점]

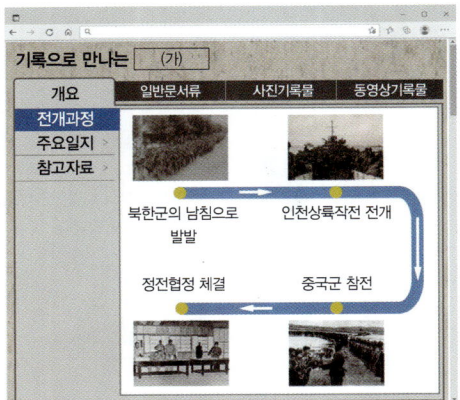

① 유엔군이 참전했다.
② 흥남철수작전이 펼쳐졌다.
③ 거제도에 포로수용소가 설치됐다.
④ 13도 창의군이 서울진공작전을 전개했다.

기출태그: #6·25전쟁 #흥남철수작전 #13도 창의군 #서울진공작전

해설
1950년 북한의 남침으로 6·25전쟁이 시작됐고, 서울을 점령당한 뒤 낙동강 방어선까지 밀려났다. 유엔군 참전 이후 인천상륙작전을 전개해 서울을 탈환하고 압록강까지 진격했으나, 중국군이 참전하면서 후퇴했다. 전쟁이 1여 년간 지속되자 소련측의 제의로 미국과 소련이 개성 판문점에서 휴전회담을 진행했고(1951), 전쟁포로 송환과 군사분계선 설정에 협의하면서 휴전협정을 체결했다(1953).
④ 한일신협약(정미 7조약)이 체결된 후 유생들과 해산군인들은 전국 의병연합 부대인 13도 창의군을 결성해 서울진공작전을 추진했으나 실패했다(1908).

10 (가)에 들어갈 내용으로 옳은 것은? [1점]

① 단오
② 동지
③ 칠석
④ 한식

기출태그: #동지 #팥죽 #작은 설 #한 해의 시작 #관상감 #달력

해설
② 24절기 중 하나인 동지는 북반구에서 일 년 중 낮이 가장 짧고 밤이 가장 긴 날로 양력 12월 22일이나 23일경이다. 동지가 지나면 차츰 밤이 짧아지고 낮이 길어지기 때문에 태양이 부활한다는 의미에서 중요하게 여겨져 '작은 설'이라고 불리기도 했다. 또한 양기가 새로 생겨나는 때이므로 한 해의 시작으로 여겼다. 이날이면 가정에서는 귀신이나 좋지 않은 기운을 쫓기 위해 팥죽을 쑤어 집 주변에 뿌렸고, 관상감에서는 달력을 만들어 벼슬아치들에게 나눠 주었다.

심화편(제63회)

01 밑줄 친 '이 시대'의 생활모습으로 옳은 것은? [1점]

이 그림은 한 미군 병사가 경기도 연천군 전곡리에서 이 시대의 대표적인 유물인 주먹도끼 등을 발견하고 그린 것입니다. 그가 발견한 아슐리안형 주먹도끼는 이 시대 동아시아에는 찍개문화만 존재하고 주먹도끼문화는 없었다는 모비우스(H. Movius)의 학설을 뒤집는 증거가 됐습니다.

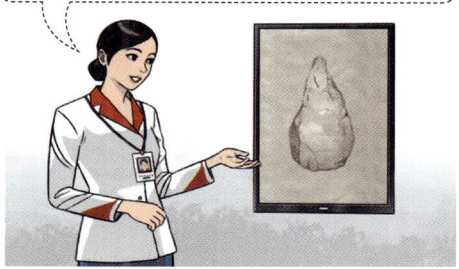

① 소를 이용해 깊이갈이를 했다.
② 빗살무늬토기에 식량을 저장했다.
③ 지배층의 무덤으로 고인돌을 만들었다.
④ 거푸집을 사용해 세형동검을 제작했다.
⑤ 주로 동굴이나 강가의 막집에서 거주했다.

기출태그 #구석기시대 #주먹도끼 #연천군 전곡리
#뗀석기 #슴베찌르개 #찍개

해설
연천 전곡리 유적은 대표적인 구석기시대의 유적지다. 구석기시대에는 주먹도끼, 슴베찌르개, 찍개 등의 뗀석기를 사용했으며, 연천 전곡리에서 동아시아 최초로 구석기시대의 전형인 아슐리안형 주먹도끼가 출토돼 동아시아에는 찍개문화만 존재했다는 기존의 학설을 뒤집었다.
⑤ 구석기시대에는 동굴이나 강가에 막집을 짓고 거주하며 계절에 따라 이동생활을 했다.

02 다음 상황이 나타난 시기를 연표에서 옳게 고른 것은? [2점]

[당의] 고종이 소정방을 신구도대총관(神丘道大摠管)으로 삼아 군사를 이끌고 바다를 건너 신라와 함께 백제를 정벌하도록 했다. 계백은 장군이 되어 죽음을 각오한 군사 5,000명을 뽑아 이들을 막고자 했다. …… 황산의 벌판에 이르러 세 개의 군영을 설치했다. 신라군을 만나 전투를 시작하려고 하자, [계백은] 여러 사람 앞에서 맹세하며 "지난날 구천(句踐)은 5,000명으로 오(吳)의 70만 무리를 격파했다. 오늘 마땅히 힘써 싸워 승리함으로써 나라의 은혜에 보답하자"라고 했다. 드디어 격렬히 싸우니 일당천(一當千)이 아닌 자가 없었다.

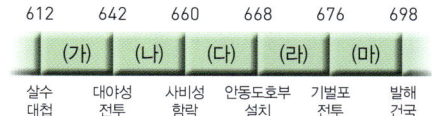

612	642	660	668	676	698
	(가)	(나)	(다)	(라)	(마)
살수대첩	대야성 전투	사비성 함락	안동도호부 설치	기벌포 전투	발해 건국

① (가)
② (나)
③ (다)
④ (라)
⑤ (마)

기출태그 #계백 #황산벌전투 #소정방
#사비성 함락 #의자왕 #김유신

해설
② 백제 의자왕은 윤충에게 1만의 병력을 주어 신라의 대야성을 비롯한 40여 개의 성을 함락시켰다(642). 이 과정에서 신라 도독 김품석이 전사하자 신라 김춘추는 고구려에 동맹을 청해 백제를 공격하려 했으나 실패했다. 이에 김춘추는 당으로 건너가 당 태종으로부터 군사적 지원을 약속받는 데 성공, 나당동맹을 성사시키고 나당연합군을 결성했다(648). 백제 계백의 결사대는 당의 장수 소정방과 김유신이 이끄는 나당연합군에 맞서 항전했으나 패배했다. 결국 수도 사비가 함락되고 의자왕과 태자 융이 당으로 송치되면서 백제는 멸망했다(660).

03 (가) 인물에 대한 설명으로 옳은 것은? [2점]

① 공산 전투에서 전사했다.
② 금마저에 미륵사를 창건했다.
③ 후당과 오월에 사신을 파견했다.
④ 김흠돌 등 진골세력을 숙청했다.
⑤ 국호를 마진으로 바꾸고 철원으로 천도했다.

04 (가)에 들어갈 내용으로 옳은 것은? [1점]

① 독서삼품과를 통해 인재를 등용했어요.
② 사액서원에 서적과 노비를 지급했어요.
③ 중등교육기관으로 4부 학당을 설립했어요.
④ 양현고를 설치해 장학기금을 마련했어요.
⑤ 초계문신제를 시행해 문신을 재교육했어요.

> **기출 태그** #견훤 #후백제 #후당 #오월
> #공산전투 #금산사 #경애왕

▶ **해설**
통일신라 말 상주의 군인 출신인 견훤은 세력을 키워 완산주(현재 전주)에 도읍을 정하고 후백제를 건국했다(900). 이후 신라의 금성을 급습하고 공산 전투에서 고려에 승리를 거두며 세력을 발전시켰다(927). 그러나 견훤이 넷째 아들인 금강을 후계자로 삼으려 하자 맏아들 신검이 금강을 죽이고 견훤을 금산사에 유폐시켰다. 이에 견훤은 탈출해 고려 왕건에게 투항했고(935), 후백제는 고려의 공격으로 멸망했다(936).
③ 견훤은 후백제를 건국한 뒤 중국의 후당과 오월에 사신을 파견해 외교관계를 맺었다.

> **기출 태그** #양현고 #7재 #국자감 #서적포 #관학
> #최충 #문헌공도 #사학 12도

▶ **해설**
④ 고려 중기 최충의 문헌공도를 대표로 하는 사학 12도의 발전으로 관학이 위축되자 숙종 때 관학진흥책의 일환으로 최고 국립교육기관인 국자감에 서적포를 설치해 모든 책판을 옮기고 인쇄와 출판을 담당하게 했다. 예종 때는 국자감을 재정비해 7재를 세우고 양현고를 설치하는 등 관학진흥책을 추진했다.

05 밑줄 친 '이 인물'에 대한 설명으로 옳은 것은? [3점]

> 해주향약을 시행해 향촌교화에 힘썼던 이 인물에 대해 말해보자.
>
> 동호문답에서 수취제도 개편 등 다양한 개혁방안을 제시했어.
>
> 격몽요결을 저술해 체계적인 성리학교육에 힘썼어.

① 명에 대한 의리를 내세운 기축봉사를 올렸다.
② 청으로부터 시헌력을 도입하자고 건의했다.
③ 양반의 허례와 무능을 풍자한 양반전을 저술했다.
④ 예학을 조선의 현실에 맞게 정리한 가례집람을 지었다.
⑤ 군주가 수양해야 할 덕목과 지식을 담은 성학집요를 집필했다.

기출태그 #율곡 이이 #성학집요 #동호문답 #격몽요결 #해주향약 #수취제도 개편

해설
⑤ 조선 중기의 성리학자 율곡 이이는 군주가 수양해야 할 덕목을 정리한 『성학집요』를 저술해 선조에게 바쳤으며, 왕도정치의 이상을 문답식으로 저술한 『동호문답』을 통해 다양한 개혁방안을 제시했다. 은퇴한 뒤에는 해주에서 우리나라의 지방행정조직 실정에 맞는 향약인 해주향약을 만들기도 했으며, 처음 글을 배우는 아동의 입문교재로 『격몽요결』을 편찬했다.

06 (가) 기구에 대한 설명으로 옳은 것은? [1점]

> 오늘에 와서는 큰일이건 작은 일이건 중요한 것으로 취급되지 않는 것이 없어, 의정부는 한갓 헛이름만 지니고 6조는 모두 그 직임을 상실했습니다. 명칭은 '변방의 방비를 담당하는 것'이라고 하면서 과거시험에 대한 판하(判下)*나 비빈간택 등의 일까지도 모두 (가) 을/를 경유해 나옵니다. 명분이 바르지 못하고 말이 이치에 맞지 않음이 이보다 심할 수가 없습니다. 신의 어리석은 소견으로는 (가) 을/를 고쳐 정당(政堂)으로 칭하는 것이 상책이라 생각합니다.
>
> *판하(判下) : 안건을 임금이 허가하는 것

① 사헌부, 사간원과 함께 3사로 불렸다.
② 서얼 출신 학자들이 검서관에 등용됐다.
③ 흥선대원군이 집권한 시기에 혁파됐다.
④ 서울과 수원에 설치돼 국왕의 호위를 맡았다.
⑤ 대사성을 수장으로 좨주, 직강 등의 관직을 두었다.

기출태그 #비변사 #삼포왜란 #을묘왜변 #임진왜란 #흥선대원군

해설
조선 중종 때 삼포왜란이 일어나자 외적의 침입에 대비하기 위한 임시기구로 비변사를 처음 설치했고, 명종 때 을묘왜변을 계기로 상설기구화 됐다. 임진왜란을 거치면서 조직과 기능이 확대돼 중앙기구로 자리잡았고, 의정부를 대신해 국정전반을 총괄하는 실질적인 최고의 관청으로 성장했다.
③ 고종 즉위 이후 정치적 실권을 잡은 흥선대원군은 비변사를 폐지하고 의정부의 권한을 강화했다.

03 ③   04 ④   05 ⑤   06 ③

07 (가), (나) 사이의 시기에 있었던 사실로 옳은 것은? [3점]

(가) 전라도 관찰사 정민시가 [진산의] 죄인 윤지충과 권상연에 대한 조사결과를 아뢰었다. "…… 근래에 그들은 평소 살아 계신 부모나 조부모처럼 섬겨야 할 신주를 태워 없애면서도 이마에 진땀 하나 흘리지 않았으니 정말 흉악한 일입니다. 제사를 폐지한 일은 오히려 부차적입니다."

(나) 의금부에서 아뢰었다. "얼마 전 죄인 남종삼은 명백한 근거도 없이 러시아에 변란이 있을 것이고, 프랑스와 조약을 맺을 계책이 있다는 요망한 말로 여러 사람을 현혹했습니다. 감히 나라를 팔아먹고자 몰래 외적을 끌어들일 음모를 꾸몄으니 즉시 참형에 처해야 합니다. …… [베르뇌를 비롯한] 서양인 4명을 군영에 넘겨 효수해 본보기로 삼도록 했습니다."

① 대종교 계열의 중광단이 결성됐다.
② 한용운이 조선불교유신론을 저술했다.
③ 보은에서 교조신원을 요구하는 집회가 열렸다.
④ 이수광이 지봉유설에서 천주실의를 소개했다.
⑤ 황사영이 외국군대의 출병을 요청하는 백서를 작성했다.

기출 태그 #황사영 #신해박해 #병인박해
#윤지충 #권상연 #베르뇌 주교

해설
(가) 신해박해(1791) : 정조 때 진산의 양반 윤지충이 신주를 모시는 대신 천주교 의식으로 모친상을 치르자 강상죄를 저지른 죄인으로 비난을 받았다(진산사건). 이때 같은 천주교인이었던 권상연이 그를 옹호하고 나서면서 사건이 조정에까지 알려졌고, 유학을 신봉해야 할 사림세력이 사학(邪學)을 신봉했다는 죄명으로 두 사람 모두 처형됐다.
(나) 병인박해(1866) : 흥선대원군은 천주교를 통해 프랑스와 조약을 체결하고 러시아의 남하정책을 견제하려 했으나 국내외에서 천주교에 대한 반발이 생겨나자 프랑스 선교사들을 처형하는 병인박해가 발생했다. 이때 조선 교구장이었던 프랑스인 신부 베르뇌 주교는 대원군으로부터 선교철폐와 출국을 요구받았으나 거부해 처형됐다.
⑤ 순조 때 천주교를 대대적으로 탄압한 신유박해가 발생하자(1801) 천주교 신자 황사영이 베이징에 있는 주교에게 천주교 박해를 멈추기 위해 조선으로 군대를 보내 달라는 내용의 청원서를 보내려다 발각됐다.

08 밑줄 그은 '개혁'의 내용으로 옳은 것은? [3점]

이 그림은 군국기무처에서 회의하는 모습입니다. 그림의 아래쪽에는 총재 김홍집 등 회의에 참여한 관리들의 이름이 적혀 있습니다. 군국기무처는 개혁을 추진하면서 수개월 동안 200여 건의 안건을 의결했습니다.

① 원수부를 두었다.
② 재판소를 설치했다.
③ 은본위제를 도입했다.
④ 태양력을 공식 채택했다.
⑤ 5군영을 2영으로 통합했다.

기출 태그 #제1차 갑오개혁 #은본위 화폐제도
#군국기무처 #김홍집 #조세금납제

해설
③ 김홍집을 중심으로 한 군국기무처를 통해 제1차 갑오개혁이 실시됐다(1894). 이에 따라 탁지아문이 재정사무를 관장하게 하고 은본위 화폐제도와 조세금납제를 시행했다. 또한 공사노비법이 혁파돼 신분제가 법적으로 폐지됐다.

09 (가) 부대에 대한 설명으로 옳은 것은? [2점]

① 간도참변 이후 자유시로 이동했다.
② 영릉가전투에서 일본군과 싸워 큰 승리를 거두었다.
③ 조선독립동맹 산하의 군사조직으로 개편됐다.
④ 영국군의 요청으로 인도·미얀마 전선에 투입됐다.
⑤ 중국 국민당정부의 지원을 받아 우한에서 창설됐다.

기출태그 #양세봉 #영릉가전투 #조선혁명군 #남만주 지역 #중국의용군 연합

해설
② 양세봉은 남만주 지역에서 조선혁명군을 조직했다. 1931년 일본이 만주사변을 일으켜 만주를 점령하고 독립군기지를 공격하자 조선혁명군은 중국의용군과 연합 작전을 전개해 치열한 접전 끝에 영릉가전투에서 일본군에 승리했다.

10 다음 뉴스의 사건이 있었던 정부 시기의 사실로 옳은 것은? [3점]

① 함평 고구마 피해보상 운동이 전개됐다.
② 저유가·저금리·저달러의 3저호황이 발생했다.
③ 미국과의 자유무역협정(FTA)이 체결됐다.
④ 경제협력개발기구(OECD)의 회원국이 됐다.
⑤ 최저임금 결정을 위한 최저임금위원회가 설치됐다.

기출태그 #박정희정부 #전태일 #근로기준법 준수 #함평 고구마 피해보상 운동

해설
박정희정부 때 서울 청계천 평화시장의 노동자였던 전태일은 저임금과 열악한 노동환경을 사회에 알리기 위해 근로기준법 준수를 요구하며 분신했다(1970).
① 함평 고구마 피해보상 운동은 1976년 11월부터 1978년 5월까지 계속된 고구마 보상문제 사건이다. 농협이 전남 함평 농민들에게 고구마를 전량 구입하겠다고 약속한 후 이를 지키지 않자 이에 고구마를 썩히거나 헐값으로 출하하는 등 큰 손해를 입은 농민들이 천주교단체를 중심으로 규탄대회를 열었다.

07 ⑤ 08 ③ 09 ② 10 ①

발췌 ▶ 2022 한국사능력검정시험 기출이 답이다 심화(1·2·3급)·기본(4·5·6급)

이슈&시사상식
답변의 기술

NCS 면접키워드
경력관리 3요소

경력관리(직무전환)라는 것은 단순히 업무변경을 넘어 직업인으로서 경력에 대한 방향성을 재설정하고 지원자의 성장을 구체화하는 가치관이며 행동입니다. 면접현장에서 면접관이 지원자의 직무전환 배경을 중요하게 알고자 하는 이유는 단순히 과거의 히스토리나 경험담 그 자체가 궁금한 것이 아니라 지원자가 새로운 조직에 성공적으로 안착해 조직의 목표에 구체적으로 이바지할 가능성을 예측하기 위함입니다.

일반적인 면접전형에서는 보통 초반은 공통질문을, 후반은 지원서류에 근거한 개별적인 질문을 받게 됩니다. 이때 경력관리와 관련해 자주 언급되는 세 가지 이슈에 대해 살펴보겠습니다.

> 1. 과거 직장의 이직사유에 대한 질문
>   → 최근·현재 직장이 있는 경우에 해당
> 2. 자사를 지원하는 (특별한) 사유에 대한 질문
>   → 회사정보, 니즈, 충성도 등을 기준으로 지원자의 생각, 가치관 파악
> 3. 경력기간에서 공백기간에 대한 질문
>   → 공백기간이 6개월 이상 되는 경우에 해당

1. 이직의 사유는?

면접관의 관심사는 지원자가 우리 회사에서 얼마나 오래 일할 것인가입니다. 잦은 이직은 회사로서는 채용 및 교육 비용손실로 이어지기 때문입니다. 이 질문을 통해 면접관은 지원자가 직장 내 어려움이나 불만족스러운 상황을 어떻게 인식하고 대처하는지에 대한 핵심적인 정보를 얻으려 합니다.

> **Q.** 귀하의 자기소개서를 보니 과거 재직하셨던 회사에서 오랜 기간 성과를 창출하신 것 같습니다. 그런데도 이직이라는 결심을 하게 된 동기는 무엇인가요? 또한 과거 재직하셨던 직장(직무)에서 더 이상 채워줄 수 없었던 지원자님의 장기목표는 무엇인가요?

이 질문은 지원자의 이직이 외부환경(연봉이나 상사와의 부적응)에 의한 도피성인가를 파악하고자 합니다. 또는 과거의 근무기간이 책임감과 인내심의 단서로 활용되는 만큼 조직에 대한 충성도나 이직의 재발성 여부를 판단하겠다는 것입니다.

> **지원자A**
>
> 저는 전 직장에서 오랜 기간 재직하며 제가 가진 전문지식과 기술을 바탕으로 누구보다 주도적으로 성과에 직접적으로 기여하기를 갈망했습니다. 하지만 저의 의견은 반영이 잘 안 됐습니다. 저는 더 이상 단순히 지시를 따르는 사람이 되기는 싫었습니다. 조직문화가 수평적이고 성과 중심적인 조직에서 일하고 싶었고, 귀사가 그런 곳이라고 생각했습니다. 그래서 지원했습니다. 저의 직업인으로서의 목표는 제 전문적인 기술이 조직의 목표에 핵심적으로 이바지하는 주인공이 되는 것이기에 과감히 이직을 결심하게 됐습니다.

먼저 단순히 지시를 따르는 역할에 머무르기 싫었다면 과거에 직무에서 주도적 성과에 직접적으로 이바지했던 경험담을 제시해야 합니다. 하지만 지원자A는 근거 없이 감정적인 측면만 드러냈습니다. 또한 전 직장의 부정한 측면을 단정적이고 추상적으로 표현한 데다가 자기중심적인 희망만 제시함으로써 지원자의 객관적인 역량을 부각하지 못했습니다.

지원자B

저는 현재 직장에서 'A 업무' 분야에 깊이 관여하며 안정적인 성과를 창출해왔습니다. 그러나 최근 몇 년간 'A 업무'의 효율과 혁신을 극대화하려면 'B 업무' 영역과의 전략적 결합이 필수적이라는 통찰을 얻게 됐습니다. 하지만 현 직장에서는 역할분리로 인해 이 두 영역을 융합해 성과를 내는 데 일부 한계가 있었습니다. 저의 경력목표는 두 분야를 경험하는 것을 넘어 이 융합된 역량을 바탕으로 제가 지원하는 분야에서 전문가로 명확하게 자리매김하는 것입니다. 그런 측면에서 'A 업무'와 'B 업무'가 융합되는 귀사의 ○○○ 업무는 지금까지의 제너럴리스트로서 쌓은 직무경험을 바탕으로 한 단계 더 성장하는 최적의 분야라고 생각합니다. 쉽지 않은 결정이었지만, 저는 이번 지원을 통해 귀사의 경쟁우위와 기업목표를 달성하는 융합된 전문가로서 성장할 것을 약속드립니다.

지원자B는 단순히 이직사유를 설명하는 것을 넘어 미래가치와 기여의지를 명확하게 제시했습니다. 특히 이번 이직이 직무의 미래변화를 예측한 전략적 선택임을 강조합니다. 이런 태도는 면접관에게 지원자의 주도성을 인식하게 합니다. 지원회사에 대한 직무를 깊이 있게 분석하고 있다는 것도 잘 드러냈습니다. 이는 지원자가 회사에 헌신할 의지가 있으며, 이직을 통해 개인의 이익을 넘어 회사의 성장에 이바지할 것인지를 드러나게 합니다. 전반적으로 논리적 일관성을 가지며 이직으로 인한 경력목표를 명확하게 어필했다는 것이 좋은 점입니다.

2. 지원사유는?

지원자에게 지원사유를 묻는 것은 지원자의 동기(Motivation), 진정성(Sincerity), 충성도(Loyalty)에 기반한 조직적합성(Fit)을 세심하게 알기 위해서입니다. 지원자가 오랜 기간 같이할 수 있을지를 파악하려는 의도도 있습니다.

> **Q. 수많은 동종업계 회사 중에서도 우리 회사를 선택하신 이유가 궁금합니다. 그리고 지원자님의 직업적인 핵심가치는 무엇이며, 우리 회사의 조직문화나 핵심가치 중에서 어떤 부분이 지원자님의 그 핵심가치와 가장 깊이 공명하여 이직을 결심하게 됐습니까?**

이 질문에는 자사 조직문화 정합성, 경력목표 명확성을 파악하겠다는 의도가 있습니다. 면접관은 지원자가 단순히 연봉이나 복리후생적인 환경(제도) 때문에 지원한 게 아니라 직업적인 측면에서 자발적인 비전을 향해 구체적으로 행동하는 인재인가를 확인하려 합니다.

지원자C

저는 현재 직장에서 정말 열심히 일했습니다. 잦은 야근과 주말근무 때문에 제 개인적인 일상을 돌볼 시간이 없었고, 만성적인 피곤함으로 인해 건강까지 나빠졌습니다. 저는 더 이상 이런 직장에서는 제 행복을 제대로 누릴 수 없다고 생각했습니다. 인간다운 삶을 되찾고, 일과 삶의 균형을 맞추기 위해 이직을 결정했습니다. 또한 이전에 재직했던 회사는 정체된 분위기라 제 열정과 희망을 받아주지 못하는 것 같았습니다. 하지만 귀사는 업계에서 앞으로 나아가는 미래지향적인 회사라는 평판을 계속 들었습니다. 그래서 아직은 막연한 생각이지만, 귀사라면 지금보다는 훨씬 좋은 환경에서 일할 수 있을 것 같았습니다. 저를 더욱 성장시켜줄 것 같다는 기대감이 컸습니다. 만약 저를 채용해 주시면 이번에는 정말 오래 재직하고 싶습니다.

지원자C의 답변에는 힘든 업무를 참고 견딜 의지도 책임감도 보이지 않습니다. 또 발전에 대한 구체적인 방향성도, 지원회사에 대한 진지한 고민도 부족해 보입니다. 표현 역시 부정적·감정적 단어를 과도하게 사용했습니다. 특히 자신은 피해자이며, 그 원인을 환경 탓으로 돌리는 것도 감점사유입니다. 무엇보다 "막연한 생각이지만", "훨씬 좋은 환경에서 일할 수 있을 것 같았습니다", "저를 더욱 성장시켜줄 것 같다는 기대감이 컸습니다" 등은 모두 막연하면서도 수동적이고 자의적인 태도를 드러냅니다. "이번에는 정말 오래 재직하고 싶다"는 표현도 근속의지가 오히려 부족하다는 의심을 일으킵니다.

지원자D

저는 현재 직장에서 오랜 기간 '○○분야'에 필요한 기본적인 지식과 다양한 실무경험들을 쌓아왔습니다. 그러면서 이 분야에서 더욱 깊이가 있고 확장된 전문성을 확보하거나 보다 넓은 업무를 수행할 수 있는 기회를 오랜 기간 찾았습니다. 하지만 안타깝게도 지금 재직하고 있는 회사는 이러한 저의 목표를 실현하기에는 구조적으로 어렵다는 결론을 얻게 됐습니다. 저는 단순히 평상적인 업무를 수행하는 것을 넘어 지금 지원한 ○○분야의 최신동향과 고차원적인 문제에 직접 부딪히며 제 역량을 더 높은 단계로 끌어올리고 싶습니다. 특히 귀사의 △△프로젝트나 ◇◇사업영역은 제가 오랫동안 갈망해온 전문성과 도전적 과제를 제시한다고 판단했습니다. 따라서 저는 지금에 안주하기보다는 끊임없이 성장하며 확장되는 직업인이 되고 싶습니다. 그리고 더 높은 목표를 성취하는 데에서 가장 큰 즐거움을 찾으려 합니다. 저는 귀사의 새로운 ▽▽도전에 적극적으로 참여해 제가 가진 역량을 바탕으로 귀사의 새로운 영역을 개척하고 성과를 창출하는 적극적이고 능동적인 인재가 되기 위해 지원했습니다.

이직의 사유를 전 직장에 대한 비난보다는 구조적 한계로 지적하며 지원하는 회사에서의 성장욕구를 잘 드러내고 있습니다. 또한 안정보다는 도전을 추구하는 직업관을 통해 적극적인 인재임을 어필했습니다. 특히 비교적 구체적인 연결고리(△△프로젝트, ◇◇사업영역 등)를 제시함으로써 조직에 대한 진정성을 엿볼 수 있게 했습니다. 도전적인 직업의식과 지원회사에 대한 구체적인 목표지향성을 드러낸 것도 돋보입니다.

3. 공백기간은?

지원자의 경력 공백기간에 대해 질문하는 주된 목적은 공백기간 자체에 대한 호기심일 수도 있지만, 단순한 내용적 측면의 확인이 아니라 그 기간 동안 지원자의 능동적인 주도성, 직업인으로서의 책임감, 그리고 직무역량의 구체적인 향상을 위한 지속적인 노력 등 여부를 파악하기 위함입니다.

> Q. 귀하는 지난 직장에서 재직 후에 짧지 않은 공백의 기간을 가지셨습니다. 이 공백기간에 귀하는 어떻게 역량을 유지하고 미래를 준비하기 위해 의미 있는 활동을 하셨는지 말씀해주시겠습니까? 특히 이 공백의 시간을 통해 지금 지원한 직무역량에 도움이 되기 위해 노력한 구체적인 노력이 있다면 말씀해주십시오.

면접관은 경력공백을 단순히 '휴식기'가 아닌 직무역량 개발이나 구직활동의 기간이었기를 기대합니다. 만약 지원자가 공백기간을 명확한 목적 없이 보냈다면 계획성이 부족하거나 위기대응력에 있어 취약한 자원으로 인식하게 됩니다. 따라서 지원자는 공백기간이 적극적이고 능동적인 재정비의 기간이었음을 구체적으로 입증하고, 자신의 주도성과 성숙한 직업관을 효과적으로 어필해야 합니다. 직무 관련 학습, 개인 프로젝트 수행, 또는 자격증 취득 등을 통해 업무감각을 지속적으로 유지했다는 것을 실증적 증거로 입증하는 것도 필요합니다. 아울러 재정비를 완료하고 완전히 충전된 상태로 현업에 재투입할 만반의 준비가 되었음을 면접관에게 어필해야 합니다.

지원자E

사실 이전 직장에서의 업무강도가 상당히 높았기 때문에 퇴사 직후에는 심신을 회복하는 데 주력했습니다. 심신이 너무 지쳐 있어서 아무 생각 없이 편안하게 쉬기도 하고, 때로는 국내외 여행을 다니며 재충전하는 시간을 가졌습니다. 하지만 그러는 동안에도 구직활동에 있어서는 적극적인 자세를 유지하려 노력했습니다. 매일 눈에 띄는 채용을 중심으로 많은 회사에 지원서를 제출하며 기회를 모색했습니다. 그러나 그 과정에서 일부 기업들은 제 능력에 합당한 연봉을 제시하지 못하거나 직무의 내용이나 방향이 맞지 않아 최종적으로 입사가 이뤄지지 않기도 했습니다. 물론 제가 미리 포기한 일도 있었습니다. 하지만 이번에 지원하는 귀사의 경우는 다를 것이라 확신합니다.

지원자E는 무계획적이며 직무 관련 고민이 부족하다는 것을 그대로 드러냈습니다. 자신의 가치를 제대로 파악하지 못하는 인상을 주는 데다가 이직의 기준도 모호합니다. 공백기간에 대한 면접관의 우려를 해소하기는커녕 오히려 직업관에 대한 심각한 의심을 일으키는 미흡함을 드러냈습니다. 휴식도 필요합니다. 하지만 지원자E는 '휴식만 했다'는 인상을 줬습니다. 그 기간만큼 직무역량이 정체됐다고 판단할 수 있는 대목입니다. 또한 구직노력이 비전략적이며, 지원 회사(직무)에 대한 특별한 고민이나 성찰도 부족합니다. 특히 이전 직장이 힘들어서 쉬었다거나 조건이 안 맞으면 포기한다는 답변은 면접관에게 '만약 우리 회사도 업무강도가 높거나 조건이 기대에 미치지 못하면 별 고민 없이 이직하겠구나'라고 생각하게 할 가능성이 큽니다.

지원자F

저는 이전 직장에서 느꼈던 한계를 스스로 극복하고 더 발전하는 단계를 준비하기 위해 공백기간을 제 역량강화의 소중한 기회로 활용했습니다. 특히 이전 직무에서 다소 부족했다고 판단했던 ○○역량을 보완하는 데 집중했습니다. 구체적인 노력으로는 ○○교육을 수강했으며, ○○자격증을 취득했습니다. 이러한 노력은 지원직무에 대한 저의 전문성을 깊게 하는 데 이바지했다고 자부합니다. 또한 공백기간 업계 트렌드에서 뒤처지지 않도록 업무감각을 유지하는 것을 목표로 삼았습니다. 매주 관련 보고서를 정독하고, 관련 공개 콘퍼런스에도 꾸준히 참석하는 등 귀사가 원하는 직무역량을 보유한 인재가 되기 위해 노력했습니다. 이러한 노력은 제가 지원하는 직무에서 즉시 이바지할 수 있는 준비된 인재가 되기 위해서였습니다.

지원자F는 약점을 인정하고, 이를 극복하기 위한 구체적인 실행력을 제시했습니다. 또한 지원하는 회사나 업무에 대한 지속적인 관심과 노력을 구체적으로 드러냈습니다. 이로써 지원자의 경력 공백기간에 대한 면접관의 우려를 완벽하게 불식시키고, 오히려 주도적인 성장의지와 직업관을 긍정적으로 인식시켰습니다. 노력의 구체적인 실행과정과 결과물을 구체적으로 표현해 면접관의 공감을 유도한 것도 바람직합니다. 즉, 경력단절 시 우려되는 점을 선제적으로 해소하면서 면접관이 '지원자가 공백기간에도 직업(직무)적 흐름(트렌드)을 놓치지 않으려 노력한 측면과 이러한 노력이 입사 후에도 조직에 적응하고 지속적인 성취를 이룰 것'이라는 확신을 하게 하는 답변입니다.

면접질문에 하나의 모범답안이 존재하지는 않습니다. 앞에서 살펴보았던 면접질문과 예상답변을 참고해서 실제 면접현장에서 여러분 스스로에게 가장 적합하고 합리적인 답변을 구사하시길 바랍니다.

필자 소개

안성수. 경영학 박사(Ph.D.)
리더십/인사컨설팅 및 채용 관련 콘텐츠 개발
NCS 채용컨설팅/NCS 퍼실리테이터/전문평가위원
공무원/공공기관 외부면접위원
인사/채용 관련 자유기고가

저서 〈NCS와 창의적 사고기법〉, 〈NCS직무가이드〉 외 다수

고객 자금의 든든한 안전망
금융권

금융권 직군 소개

금융이란?
말 그대로 '돈을 융통해주는 것'을 말한다. 즉, 가계, 기업, 정부 등의 경제주체들 사이에서 자금이 융통되는 과정을 말한다. 이러한 금융활동을 통해 자금이 효율적으로 배분되고, 투자와 소비가 원활히 이뤄지며 경제가 성장할 수 있다.

간접금융·직접금융이란?
- 간접금융 : 자금 공급자와 수요자가 은행과 같은 금융기관(제3자)을 매개로 거래하는 방식

- 직접금융 : 자금 수요자가 공급자로부터 자금을 직접 조달받는 방법

돈을 융통하는 방법은 크게 '간접금융'과 '직접금융'으로 나눌 수 있다. 이러한 구분은 금융권 직군을 이해하는 데 중요한 기준이 된다. 은행·보험사처럼 간접금융을 담당하는 직군은 중개자로서 자금을 모으고 빌려주는 과정에서 리스크 관리와 신용평가가 핵심적이다. 반면 증권사처럼 직접금융을 담당하는 직군은 주식·채권 발행을 통해 기업과 투자자를 연결하며, 투자상품 설계와 자금조달 구조화에 집중한다.

1. 금융권 직군에 어울리는 사람은?

금융권에는 다양한 업종이 존재한다. 은행, 증권, 보험 외에도 자산운용사, 투자자문사, 사모펀드, 연기금과 여러 금융공기업들이 있다. 이처럼 업종이 다양하다 보니 각 직군에서 요구하는 업무성향과 인재상도 크게 달라진다. 따라서 본인이 어떤 근무환경과 성과평가 방식을 선호하는지가 직무선택의 중요한 기준이 될 수 있다. 예를 들어 은행, 보험사, 공기업은 전반적으로 복지수준이 높고 안정적인 편이다. 개인성과보다는 조직 전체의 성과를 중심으로 평가한다. 순환보직에 거부감이 없고 안정적인 근무여건을 선호하는 성향에 적합하다. 반면 증권사는 타 업종에 비해 성과지향적이고 경쟁적인 분위기가 강하다. 개별성과가 직접적으로 평가와 보상에 반영되며, 대체로 관리자보다는 특정 분야의 전문가로 양성한다. 따라서 도전적이고 목표달성 의지가 강한 성향에 적합하다. 또한 외국계 금융사 신입채용의 경우 공채보다는 인턴십 이후 개별면접을 통해 채용하는 경우가 많다. 세일즈(Sales) 등 프런트 포지션에서는 국내 증권사보다 영업부담이 다소 높은 편이다.

단순히 '금융권에 가고 싶다'는 목표보다는 나의 성향과 업무스타일이 어디에 더 어울리는가를 먼저 고민하는 것이 중요하다. 다음에서 알아볼 금융권 업종별 구분을 바탕으로 각 업종별 특징을 이해하면 본인에게 가장 적합한 금융권 직군을 더욱 명확히 그릴 수 있을 것이다.

금융권 업종별 구분

❶ 은행
- 예금이 주요 자금조달 원천이며 주로 장·단기 대출을 통해 시장에 자금 공급
- 주요업무 : 예금, 대출, 펀드 및 금융상품 판매

❷ 보험
- 보험료 수입이 자금조달 원천이며 은행보다는 장기 대출을 통해 자금 공급
- 주요업무 : 보험 판매, 약관 대출, 보험상품 개발 및 자산 운용

❸ 증권
- 직접금융 시장의 중개업무 담당(발행·유통시장)
- 주요업무 : 주식 중개(개인, 법인), 펀드 및 금융상품 판매

❹ 자산운용
- 은행 및 증권사(판매사)를 통한 모집펀드 운용
- 주요업무 : 주식, 채권, 파생상품, 대안투자(부동산/자원/사모투자) 부문으로 구분 운용

❺ 투자자문
- 증권사를 통해 판매한 랩어카운트(Wrap Account)* 운용 담당
- 운용사의 스타 펀드매니저들이 독립해 창업한 경우가 많으며 일반적으로 소규모
  * 랩어카운트(Wrap Account) : 투자자의 투자 선호·성향에 맞춰 하나의 계좌에 주식, 채권, 펀드 등 각종 투자상품을 원하는 대로 담아 자산운용 전문가를 통해 운용 및 자문하는 상품

❻ 사모펀드
- 은행/증권계 자회사, 독립펀드(개인 파트너) 및 외국계 펀드 등
- 주요업무 : 투자 심사 및 집행, 투자자 모집 등

❼ 연기금
- 자산운용사 및 사모펀드와 함께 기관투자자의 한 축 구성

- 국내주식 및 채권이 주요 포트폴리오를 구성하지만 최근에는 해외투자, 부동산 및 사모펀드 등 대안투자에 대한 비중 증대

❽ 금융공기업
- 정부가 해당 기관의 의결권이 있는 주식 50% 이상을 보유한 금융기업으로 경제개발 촉진 및 지역경제 발전 도모 등 국가경제 발전에 기여

2. 금융권 직무에 대한 이해

금융권 주요업종 중에서도 은행과 증권사는 신입사원 채용이 상대적으로 활발하다. 두 업종은 금융권 내에서도 채용규모가 크고 직무범위가 넓어 취업 준비생들이 가장 많이 지원하는 분야이기도 하다. 물론 보험사의 영업관리, 상품계리 등의 직무도 있지만 이번에는 일반적인 금융권 업무에 대해 집중적으로 알아보고자 한다.

은행 주요업무

개인금융	상담을 통해 고객 자금사정 및 연령, 필요로 하는 상품 안내 및 가입 등의 지원업무를 수행
PB (증권투자 관리)	개인영업 기반의 유지 및 확충을 위한 고액 자산 고객을 중심으로 투자 포트폴리오 관리서비스, 세금 컨설팅, 부동산관리서비스 등 종합자산관리서비스를 제공
기업금융	기업 대상 고객의 여신 및 외환업무 관리, 고객 신규 발굴 및 관리업무를 수행

증권사 주요업무

주식영업	• 기관투자자(자산운용사 및 연기금) 대상 주식 중개 영업 • 중개하는 상품이 단순하다는 점에서 증권사 간 경쟁이 매우 심한 편
기업금융	발행시장과 관련해 주식 IPO팀(ECM)과 채권발행팀(DCM)이 있으며, 기업 인수합병을 담당하는 M&A팀, 기타 대체투자를 담당하는 부동산·실물자원팀 등이 존재
리서치	• 셀사이드(Sell-side) 애널리스트로 불리며 담당하는 섹터의 주식에 대한 분석 및 목표 제시 • 기관투자자(자산운용사 및 연기금)들이 요청하는 자료 및 회사·시황에 대한 분석자료 제공
파생결합증권 관련 업무	• 파생결합증권 : 기초자산 가격 등의 변동과 연계해 수익구조가 결정되는 금융투자상품 • 주식·채권·원자재 등을 기초자산으로 상품을 설계해 개인·기업 고객에게 판매하는 업무

3. 필요 역량과 자질 및 자격증

금융권 입사는 복잡한 업무 특성상 일반기업 입사보다 더 많은 노력이 필요한 것이 사실이다. 지원하고자 하는 기업의 업무특성도 잘 알아야 하며, 관련 지식과 상식들도 풍부하게 갖추야 한다. 은행권에서 매년 꾸준히 신입채용을 진행한다는 이유로 무작정 은행이나 넣어보자는 생각을 갖고 지원한 지원자가 있다면 100% 탈락을 면치 못할 것이다. 설령 운 좋게 서류전형에서 통과한다 하더라도 이후의 필기시험과 면접전형을 뚫기는 불가능하다고 단언한다. 그러므로 본인이 은행에 왜 입사하려 하는지, 그리고 입사를 위해 무엇을 준비해왔는지 정확히 파악한 뒤에 결정을 내리길 바란다. 먼저 은행권 입사에 필요한 조건에 대해서 '직무역량', '인성', '로열티' 세 가지 측면으로 진단해보자.

필요 역량

- 직무역량적 측면
  - 커뮤니케이션(표현 및 전달력) 및 분석력 : 상품설명 및 고객의 니즈를 파악, 조직 내 원활한 관계를 통해 시너지 창출
  - 신속·정확성 : 입출금 및 송금 등의 업무의 신속함과 정확성 요구
  - 금융지식 : 경제전반을 이해하고 고객에게 바른 안내를 할 수 있는 지식
  - 리스크 관리 : 수시로 변하는 금융상황과 고객의 자산 상태에 따른 리스크 관리 및 선조치
  - 글로벌 역량 : 중국, 미국, 동남아 등 각국 영업점에서 업무를 수행할 수 있는 언어능력 및 문화 이해도
- 인성적 측면
  - 성실과 신뢰 : 수많은 규정과 전문지식 숙지, 고객과의 약속을 지키는 신뢰, 책임감
  - 도덕성 : 은행원으로서 돈을 돌같이 대할 수 있는 자세
  - 배려와 공감 : 은행원의 입장에서 보는 것이 아닌 고객의 입장에서 이해, 고객지향의 자세
  - 열정 : 도전을 두려워하지 않는 자세, 신규업무 및 신규영업 창출, 적응할 수 있는 자세
  - 그 외 : 조직적합성, 진정성, 일관성 등도 평가
- 로열티적 측면
  - 금융업에 지속적으로 관심을 가지고 있었다는 것을 증명할 수 있는 관련 활동 또는 자격증
  - 지원 기업 관련 업종 유관 경험
  - 자기만의 스토리

지원자가 모든 것을 다 갖추는 일은 꽤 어렵다는 사실을 잘 알고 있다. 하지만 은행 입사를 결심한 이상 활동이나 자격증, 유관 경험, 그리고 자기만의 스토리 중 하나 정도는 필히 준비해두도록 하자. 다음은 금융권 취업을 준비하는 많은 지원자들이 가장 많이 묻고, 또 궁금해하는 자격증이다. 직무별 주요 필요 자격증에는 어떤 것들이 있는지 살펴보자.

은행 자격증

- 금융 영업 직군

리테일 영업	변액보험판매관리사, 펀드투자권유대행인, 자산관리사, AFPK, 세무사, CFP, 신용위험분석사
기업영업	펀드(증권)투자권유대행인, 외환관리사, 투자자산운용사, 신용분석사, 신용위험분석사, CFA, CFP, 공인회계사, 세무사

- 금융 전문가 그룹

여신심사	여신심사역, 신용분석사, 신용위험분석사, 신용관리사, KICPA, AICPA
기업금융	외환전문역 2종, 외환관리사, 신용분석사, 신용위험분석사, 투자자산운용사, KICPA, AICPA, CFA
영업&투자	파생상품투자권유대행인, 금융투자분석사, 증권분석사, 투자자산운용사, KICPA, AICPA, CFA
상품설계	재무위험관리사, FRM, 투자자산운용사, 증권분석사, CFA
위험관리	재무위험관리사, FRM

증권사 자격증

PB	자산관리사, AFPK, CFP
여신업무	신용분석사, 신용상담사, 신용위험분석사, 신용관리사
자산운용	투자자산운용사
위탁중개	증권(펀드)투자권유대행인

보험사 자격증

PB (보험자산관리)	자산관리사, AFPK, CFP
여신업무	신용분석사, 신용상담사, 신용위험분석사, 신용관리사
자산운용	투자자산운용사
상품계리	보험계리사
손해사정	손해사정사

4. 금융권 직무에 지원하기 위한 사전 준비항목

면접은 단순히 전공지식을 묻는 자리가 아니라 지원자가 해당 업종과 직무에 얼마나 적합한 사람인지 검증하는 과정이다. 따라서 기본적인 금융상식뿐 아니라 지원동기, 직무 이해도, 조직 적합성까지 종합적으로 준비할 필요가 있다.

면접 사전 준비항목

- 기업별 상·하반기 채용일정 파악
- 기업별 지원요건 파악 및 준비(어학점수, 필기시험 전형 등)
- 지원 회사에 대한 정확한 정보 및 최근 현황(주요 사업, 시장점유율, 재무상태 등) 파악
- 공백기간이 있는 경우 해당 기간에 대해 직무와 관련한 대응설명 준비
- 경제·경영 비전공자이면서 자격증이나 인턴 등 경험이 없는 경우 금융 관련 경험 또는 지식을 어떻게 보완했는지에 대한 상세한 설명 준비
- 신입공채의 경우 직무별 채용보다는 채용 후 배치가 일반적이므로 지원 회사의 고유업무에 대한 전반적인 이해 및 대응책 준비
- 업종별로 본인의 성향을 차별화해 어필
  - 은행&보험 : 개인의 역량보다는 조직에 대한 융화나 팀워크
  - 증권 : 적극적이고 진취적인 태도, 팀워크
- 외국계 은행 및 증권의 경우 직무별 채용이 일반적이므로 해당 업무가 자신의 선호도 및 성향과 맞는지 파악한 뒤 해당 업무에 대한 리서치 필요

구글도 모르는 직무분석집

취업준비 왕초보부터 오버스펙 광탈자까지! 취업 성공사례로 알아보는 인문상경계 및 이공계 직무에 대한 모든 것을 총망라했다.

저자 류정석
CDC취업캠퍼스 대표로서 15년간 대기업 인사팀 외 다양한 부서에서 근무한 경험을 바탕으로 직무 중심의 취업전략을 제공한다.

심층 취업컨설팅 문의 ceo@cdcjob.co.kr

이슈&시사상식
신입사원

상대를 배려한 보고
PREP

리더십이나 소통 관련 강의를 할 때 리더분들에게 하는 질문이 하나 있습니다.

"보고를 받는 입장에서
가장 답답한 순간이 언제인가요?"

대답이 나오기도 전에 여기저기 한숨이 터집니다. 그만큼 답답한 상황이 많다는 뜻입니다. 회사마다 답변의 우선순위는 다르지만, 항상 Top 3 자리를 지키는 답변이 하나 있습니다.

"결론(핵심)부터 말했으면 좋겠어요."

혹시 한 번쯤 들어본 말은 아닌가요? 어쩌면 상사분들에게 귀에 못이 박히게 들은 말이라서 당연하게 생각하고 있는 걸지도 모릅니다. 대부분 그렇게 하고 있다고 생각하실 수도 있죠. 하지만 결론부터 말하는 방식은 생각보다 쉽지 않습니다. 왜냐하면 사람들은 보통 상대방이 궁금해하는 순서가 아니라 내가 생각한 순서대로 말하는 경향이 있기 때문입니다. 예를 들어 이런 식입니다.

'오늘 점심은 뭘로 하지? 맞다. 저기 모퉁이에 새로 생긴 순대집 있지. 그 집은 매일 아침 직접 순대를 만들어서 파는 수제 순대집이어서 그런지 속도 꽉 차고, 서비스로 머리고기도 듬뿍 준단 말이야. 순대 참 잘하는 집이야. 오늘 점심메뉴는 순대국으로 해야겠다.'

나름대로 생각한 끝에 다음과 같은 말이 입으로 흘러 나갑니다.

"김 대리님. 사거리 모퉁이에 새로 생긴 순대집이 있는데요, 그 집 순대는 직접 만들어서 그런지 속도 꽉 차고 머리고기도 서비스로 듬뿍 넣어줘서…."

여기까지 듣고 있자니 김 대리 입장에서는 답답함이 철철 흘러넘칩니다. 기다리다 지쳐 결국 한마디를 하게 되죠.

"그래서 하고 싶은 말이 뭐야? 그 순대집을 가자는 거야? 아니면 홍보하는 거야?"

장황하고 두서없이 말하는 사람들은 머릿속에 떠오른 생각순서 그대로 전달하는 경향이 있습니다. 어떤 배경이나 근거를 떠올리고, 추론의 과정을 거쳐 하나의 결론을 만들어내는 과정을 전부 이야기하는

Point	**Reason**	**Example**	**Point**
핵심메시지, 결론을 이야기하고	핵심메시지에 대한 이유를 제시하고	이유를 뒷받침하는 객관적 근거, 사례	다시 한 번 핵심메시지를 반복, 강조한다.

겁니다. 하지만 간결하게 정리해서 말하는 사람들은 생각한 순서가 아니라 상대방이 궁금해하는 순서대로 전달합니다. 생각한 순서를 정확하게 뒤집어서 결론부터 말하는 거죠.

이렇게 말하는 기법을 'PREP'이라고 합니다. 각각 Point(결론), Reason(이유), Example(근거, 사례), Point(결론)를 의미하죠.

만약 PREP 기법을 장착한 사람이라면 아마 김 대리에게 이런 식으로 말하지 않았을까요?

결론 : 김 대리님, 오늘 점심은 모퉁이 순대집으로 가시죠.
이유 : 진짜 순대 잘하는 집이에요.
근거 : 순대를 직접 만들어서 속도 꽉 차 있고, 머리고기도 듬뿍 넣어줘요.
결론 : 늦기 전에 얼른 가시죠.

물론 공식처럼 딱딱 떨어지게 말하는 것을 싫어하는 사람들도 있습니다. 저도 처음에는 그랬거든요. 하지만 PREP은 나름 유용하게 사용된 순간이 많았습니다. 말하는 순서가 결정돼 있으니 그 순서대로 하고 싶은 말의 내용만 채우면 되니까 꽤 효율적이었던 것이죠. 특히 상사의 질문에 갑작스럽게 답변해야 할 때나 생각이 정리되지 않은 상태에서 내 의견을 말해야 할 때 효과적이었습니다.

PREP 기법은 고대 그리스 시대부터 활용한 인류 최고의 설득술이라는 역사적인 증거까지 있으니 설득 효과에 대해서는 굳이 더 의심하지 않아도 될 것 같습니다. 직장생활은 보고로 시작해서 보고로 끝난다고 해도 과언이 아닙니다. 그만큼 PREP 기법은 활용도가 높은 직장인의 중요한 말하기 스킬이라고 생각합니다. 앞서 제시한 PREP 기법을 적극 활용한다면 나의 보고스킬은 올리고 상대방의 시간은 절약하는 일석이조의 효과를 누리게 될 것입니다.

신입사원 비법서

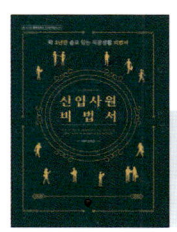

입사 후 모든 게 낯선 신입사원들을 위해! 첫 직장생활 3년간 활용하면 좋은 내용으로 알차게 구성한 신입사원 기본 입문서

저자 임영균
한국능률협회와 캐논 코리아 등에서 약 15년간 기획 업무를 담당했으며, 현재는 대기업에서 기획서 관련 컨설팅과 강의활동을 하고 있다.

화재감식평가기사 자격정보 소개!

최신자격정보

화재감식평가기사란?
화재현장에서 발생원인을 과학적으로 규명하는 전문가다. 화재원인 조사, 피해규모 평가, 분석 및 감식 등을 통해 화재의 발생 메커니즘을 체계적으로 밝혀낸다. 또한 화재의 원인을 판정하기 위해 전문적인 지식과 기술, 현장경험을 종합적으로 활용해 시각적 증거와 물적 단서를 바탕으로 구체적인 사실관계를 명확히 규명하는 역할을 수행한다.

 응시자격과 시험과목은?

화재감식평가기사는 일정한 응시자격을 충족해야만 지원할 수 있습니다. 응시자격은 주관기관인 한국산업인력공단 자격증 홈페이지(Q-Net)에서 '마이페이지 → 응시자격 자가진단' 메뉴를 통해 확인할 수 있습니다. 관련 전공 대학졸업자, 동일·유사 직무분야의 실무경력자, 해외에서 동일한 자격을 취득한 자 등 다양한 조건이 응시요건에 포함됩니다. 또한 학점은행제 이수를 통해서 자격을 갖추는 방법도 있으므로 본인에게 해당되는 경로를 꼼꼼히 검토해보는 것이 좋습니다.

〈시험과목〉

구분	시험과목	검정방법
필기시험	• 기사 : 화재조사론, 화재감식론, 증거물관리 및 법과학, 화재조사보고 및 피해평가, 화재조사 관계법규 • 산업기사 : 화재조사론, 화재감식론, 증거물관리 및 법과학, 화재조사 관계법규 및 피해평가	객관식 4지선다 택일형 과목당 20문항
실기시험	화재감식 실무	필답형

화재안전과 관련된 다른 자격증은?

화재감식평가와 유사하게 화재안전 및 소방 분야에서 전문성을 인증하는 다른 자격증도 있습니다. 예를 들어 소방설비기사(전기·기계), 소방안전관리자, 위험물산업기사, 가스기사 등은 시설의 안전관리나 위험물 취급, 화재예방 업무에 직접적으로 연관된 자격입니다. 따라서 화재 관련분야로 진로를 준비하고 있다면 본인의 전공과 경력방향에 맞춰 이러한 자격증들도 함께 고려해보는 것이 좋습니다. 특히 시설관리·산업안전·건축 분야 등과 연계해 자격을 조합하면 취업 경쟁력을 높이는 데 도움이 됩니다.

 ## 화재감식평가기사 자격 전망은?

산업구조의 대형화와 다양화로 인해 건축·시설물이 고층·심층화되고, 고압가스 및 위험물을 이용한 에너지 사용량이 증가하면서 화재발생 위험요소가 꾸준히 늘고 있습니다. 이로 인해 화재의 원인을 명확히 규명하고 피해규모를 평가할 수 있는 전문인력의 필요성이 더욱 커지고 있습니다. 또한 최근에는 화재원인 분석결과에 따라 재산 피해액 산정이나 보험금 지급을 둘러싼 분쟁이 증가하고 있기 때문에 객관적 감식능력을 갖춘 화재감식 전문가의 수요가 지속적으로 확대될 것으로 보입니다. 자격 취득 후에는 화재보험협회, 대기업 화재조사팀, 경찰·소방공무원, 화재감식 관련 연구소 등으로 진출할 수 있습니다. 아울러 국가기술자격법에 의해 공공기관 및 일반기업 채용 시 보수, 승진, 전보, 신분보장 등에 있어서 우대받을 수 있습니다.

2025년 화재감식평가기사·산업기사 시험일정

구분	필기원서접수	필기시험	실기원서접수	실기시험
1회	01.13.(월) ~ 01.16.(목)	02.07.(금) ~ 03.04.(화)	03.24.(월) ~ 03.27.(목)	04.19.(토) ~ 05.09.(금)
2회	04.14.(월) ~ 04.17.(목)	05.10.(토) ~ 05.30.(금)	06.23.(월) ~ 06.26.(목)	07.19.(토) ~ 08.06.(수)
3회	07.21.(월) ~ 07.24.(목)	08.09.(토) ~ 09.01.(월)	09.22.(월) ~ 09.25.(목)	11.01.(토) ~ 11.21.(금)

화재감식평가기사·산업기사 필기 한권으로 끝내기

언제 어디서든 쉽고 간편하게 핵심이론을 공부할 수 있는 '빨리보는 간단한 키워드', 앞서 공부한 이론을 점검할 수 있는 과목별 '출제예상문제', 기출문제를 변형한 '과년도 기사·산업기사 기출변형문제' 총 4회분을 수록해 다양한 문제를 풀어보면서 실전감각을 쌓을 수 있습니다.

상식 더하기 +

생활정보 톡톡!	154
초보자를 위한 말랑한 경제	156
유쾌한 세계사 상식	158
세상을 바꾼 세기의 발명	160
지금, 바로 이 기술	162
잊혀진 영웅들	164
발칙한 상상, 재밌는 상식	166
일상을 바꾸는 홈 스타일링	168
문화가 산책	170
3분 고전	172
독자참여마당	174

이슈&시사상식
생활정보 톡톡

스마트폰 1시간 더?
아이들 근시위험 높여요!

흔한 시력질환인 '근시', 단순 시력문제 아냐

전 세계적으로 유병률이 가장 높은 시력질환은 바로 '근시'입니다. 눈의 굴절에 이상이 생겨 물체의 상이 망막 앞쪽에 맺히면서 먼 거리에 있는 물체를 뚜렷하게 볼 수 없는 것인데요. 각종 통계를 종합하면 전 세계 인구 10명 중 3명 이상이 근시로 일상생활에 불편을 겪고 있습니다.

이 중에서도 소아·청소년 근시 증가세가 폭발적입니다. 통상 소아청소년기 시력이상의 90% 이상은 근시가 원인으로 지목됩니다. 대한안과학회에 따르면 국내 소아·청소년의 시력이상 비율은 1980년대 9%에서 2024년엔 57%로 6배 넘게 뛰었습니다. 문제는 근시가 단순 시력문제가 아닌, 망막과 시신경이 늘어나면서 구조적 손상이 일어나고, 결국 시력회복이 불가능한 합병증으로 이어질 수 있다는 겁니다.

1시간 이상 디지털 화면 보면 근시 확률 늘어나

근시는 유전적 요인뿐 아니라 환경적 요인과 생활습관이 결정적입니다. 무엇보다 아이들이 스마트폰, 태블릿, 온라인 학습 등 근거리 작업이 늘고, 실외활동이 줄어든 탓이 큰데요. 실제로 서울대병원 안과 김영국 교수팀이 전 세계 33만여 명의 소아청소년(평균 나이 9세)을 대상으로 이뤄진 45개 연구를 메타분석 해 발표한 논문을 보면 하루에 스마트폰, 태블릿, 컴퓨터, TV 등 디지털 화면 기기를 1시간 더 사용할수록 근시가 발병할 확률이 약 21% 높아지는 것으로 분석됐습니다. 눈 건강과 관련해서 1시간이 분기점인 셈입니다.

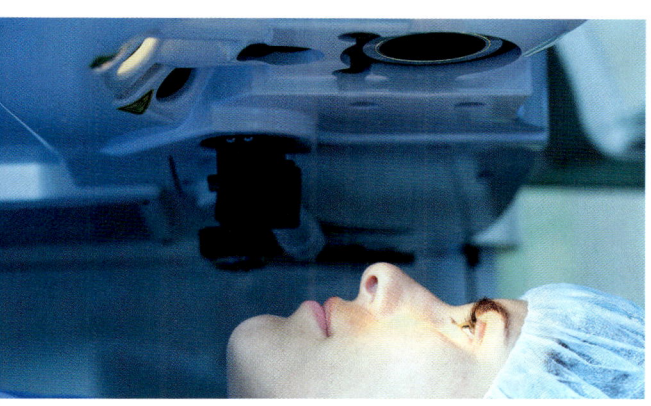

불편한 근시, 다양한 관리법 통해 방지해야

아이들의 근시를 막기 위해서는 하루 2시간 이상 야외활동이 권장됩니다. 야외활동을 하면 햇빛에 의해 망막에서 도파민이 분비돼 안구의 과도한 성장을 억제하는데요. 실내생활이 길어지면 이 과정이 차단된다는 게 학회의 설명입니다.

또 독서나 태블릿 사용 시에는 30~35cm(컴퓨터는 50cm) 거리를 유지하고, 근거리 작업 땐 45분마다 10분 이상 쉬어야 합니다. 너무 어둡거나 밝은 조명도 눈의 피로를 가중하므로 위에서 고르게 비추는 조명이 적절하죠.

아울러 운동을 할 때에도 주의가 필요합니다. 농구, 복싱 등 눈에 충격을 주는 운동은 망막열공이나 망막박리 등을 유발할 수 있어 고도근시 환자에게는 금물이며, 수영(물안경 착용), 요가 등 눈에 부담이 적은 운동이 바람직합니다. 학회는 6세 이후부터 매년 안과검진을 받는 게 근시관리의 기본이라고 강조합니다.

수능 끝났으니 시력교정술? … 장단점 체크 꼼꼼하게 해야!

11월 13일 올해 수능이 종료되면서 특히 안경이나 렌즈를 착용한 학생들은 '시력교정술'을 생각하게 됩니다. 하지만 시력교정술을 너무 가볍게 생각해서는 안 됩니다. 시력교정술의 종류가 많고, 각 수술의 장단점에 차이가 커 수술 전 자신에게 맞는 방식을 신중하게 택하는 게 무엇보다 중요합니다.

먼저 라식수술은 신경노출이 없어 통증이 적고, 수술 다음 날이면 80% 정도의 교정시력이 나올 정도로 빠르게 시력이 회복됩니다. 하지만 각막이 너무 얇거나 고도 근시가 있다면 라식을 적용하기 어렵죠. 또 근시와 난시를 동반하는 경우 수술 시 각막을 깎아내는 양이 늘어나면 예기치 않은 후유증이 발생할 수 있어 주의해야 합니다.

최근에 많이 하는 스마일라식의 경우 각막손상을 최소화할 수 있어 통증이나 부작용의 우려가 적은 편입니다. 다만 라식 및 라섹과 비교하면 비용이 더 비싸고, 수술 후 1~2주 동안 약간 뿌옇게 보이는 증상이 있을 수 있습니다. 초고도근시 환자이거나 각막 두께가 너무 얇아 라식·라섹 등 레이저를 이용한 수술이 불가능한 사람들은 각막을 깎지 않는 렌즈삽입술을 고려해볼 수 있습니다. 보통 1~2주가 지나면 90% 이상의 시력 개선효과를 볼 수 있지만, 삽입하는 렌즈도 여러 종류가 있는 만큼 수술 전 충분한 상담을 받는 게 좋습니다.

이슈&시사상식
말랑한 경제

한국경제의 온도계
코스피(KOSPI)

지난 11월 3일 코스피가 대형 반도체주의 강세에 힘입어 사상 처음으로 4,200선을 돌파했습니다. 매일 "코스피가 올랐다", "코스닥이 하락했다"는 뉴스가 쏟아지지만, 정작 이 숫자들이 무엇을 의미하는지 정확히 아는 사람은 많지 않습니다. 코스피와 코스닥은 무엇이 다르고, '지수'는 왜 이렇게 오르내릴까요? 이번 호에서는 우리나라의 대표적인 주식시장인 코스피에 대해 알아보겠습니다.

주식시장은 크게 발행시장과 유통시장으로 나눌 수 있습니다. 발행시장은 기업이 IPO(기업공개)나 공모주 청약 등을 통해 신규주식을 발행해 자금을 조달하는 시장이죠. 유통시장은 이렇게 발행된 주식이 투자자들 사이에서 거래되며 가격이 형성되는 공간으로 코스피(KOSPI)와 코스닥(KOSDAQ)이 여기에 속합니다. 코스피는 우리나라를 대표하는 주식시장으로 삼성전자, SK하이닉스 같은 대형기업의 주식이 거래됩니다. 코스닥은 중소·벤처 기업의 주식이 거래되는 시장으로 기업규모가 작고, 성장성이 큰 만큼 실적변화나 뉴스에 따라 주가가 크게 움직이는 편입니다. 이 외에도 코스닥보다 한 단계 작은 코넥스(KONEX), 비상장주식을 사고팔 수 있는 K-OTC 시장도 존재합니다. 코스피, 코스닥, 코넥스는 모두 한국거래소(KRX)가 운영하며, K-OTC 시장은 한국금융투자협회가 관리합니다.

주식시장은 어떤 방식으로 운영되나요?

주식시장은 정해진 시간에만 열리고 닫히는 규칙적인 구조로 운영됩니다. 코스피와 코스닥 시장은 평일 오전 9시에 개장해 오후 3시 30분에 마감하며, 주말과 공휴일, 연말 휴장일에는 시장이 열리지 않습니다. 정규 거래시간 외에도 매매가 가능한데요. '장전 시간외 거래'는 오전 8시 30분~8시 40분에 전날 종가로, '장후 시간외 거래'는 오후 3시 40분~4시에 당일 종가로만 거래할 수 있습니다. 투자자는 증권사 앱이나 홈트레이딩시스템(HTS)을 통해 주식을 사고팔 수 있으며, 거래는 주식 매매체결 4가지 원칙에 따라 자동으로 이뤄집니다. 이처럼 일정한 규칙 안에서 투자자들의 주문이 실시간으로 모여 하나의 시장가격, 즉 '주가'가 형성되는 것이죠.

코스피 지수는 무엇을 의미하나요?

코스피는 원래 우리나라 주식시장의 대표 지수를 뜻하지만, 코스피 시장(유가증권시장)을 가리키는 말로도 쓰입니다. 코스피 지수는 코스피 시장에 상장된 모든 기업의 주가변동을 종합해 만든 수치로 한마디로 말하면 '국내증시의 성적표'라고 할 수 있습니다. 1980년 1월 4일의 시가총액(상장된 모든 기업의 주가 × 주식 수)을 기준으로 현재 시점의 시가총액이 그때보다 얼마나 커졌는지를 수치로 보여줍니다. 예를 들어 코스피 지수가 2,500이라면 1980년 대비 전체 시장가치가 25배로 늘어났다는 뜻이죠.

> 코스피 지수 = 현재 시가총액 ÷ 1980년 1월 4일 시가총액 × 100

코스피 지수가 오르면 대체로 시장 전반의 주가가 상승했음을, 하락하면 주가가 전반적으로 하락했음을 뜻합니다. 참고로 코스피200 지수는 코스피에 상장된 기업 가운데 시장 대표성, 업종 대표성, 유동성을 고려해 선정한 200개의 주요종목으로 구성된 지수입니다. 이들 종목의 시가총액이 코스피 전체 시가총액의 대부분을 차지하기 때문에 두 지수는 대체로 비슷한 흐름을 보이죠. 결국 코스피 지수는 단순한 숫자 이상의 의미를 지니며, 우리 경제의 흐름을 비추는 거울이라 할 수 있습니다.

주식시장이란?
기업이 주식을 발행해 자금을 조달하며, 투자자들이 그 주식을 사고파는 시장 공간

주식 매매체결 4가지 원칙

❶ 가격우선
: 팔 때는 낮은 가격을, 살 때는 높은 가격을 먼저 체결시키는 것

❷ 시간우선
: 같은 가격의 주문이라면 먼저 접수된 주문을 먼저 체결시키는 것

❸ 수량우선
: 같은 가격의 주문에서 접수시간의 선후가 분명하지 않을 때 수량이 많은 주문을 먼저 체결시키는 것

❹ 위탁매매우선
: 가격, 시간, 수량이 모두 같은 주문은 개인투자자들의 주문이 외국인이나 기관투자자들의 거래보다 우선한다는 것

넥스트레이드(NEXTRADE)

❶ 개념
: 금융위원회가 인가한 국내 최초의 대체거래소(ATS)로 한국거래소(KRX)가 아닌 민간에서 운영하는 전자 주식거래 플랫폼. 2025년 3월 4일 출범했으며, 경쟁체제를 도입해 거래 효율성과 투자자 선택권을 높이기 위해 만들어진 시장

❷ 시장구조
: 오전 8시부터 오후 8시까지 총 12시간 동안 경쟁매매로 매매거래를 체결하는 정규시장, KRX에서 종가가 형성되는 시점인 오후 3시 30분부터 오후 4시까지 KRX 종가로 매매거래를 체결하는 종가매매시장, 그리고 오전 8시부터 오후 6시까지 특정 당사자 간 합의한 가격과 수량으로 매매거래를 체결하는 대량·바스켓매매시장으로 구분

이슈&시사상식
세계사

우긴다고
진실이 되지는 않아
뮬란

"할 수 있다고 믿으면
해낼 수 있을 거예요."

– 애니메이션 '뮬란' 중에서

전 세계에서 가장 잘 알려진 중국 여성은 누구일까? 아무래도 디즈니 애니메이션에 이어 실사 영화로도 제작된 '뮬란'의 주인공이자 중국판 잔 다르크로 불리는 뮬란(木蘭)이 아닐까 싶다.

그녀의 정체

1998년 미국 디즈니가 애니메이션으로 제작한 '뮬란'이 개봉하기 전만 하더라도 우리나라 사람 중에 뮬란을 아는 사람은 거의 없었다. '뮬란'은 '인어공주'에서부터 '미녀와 야수', '라이온 킹', '노트르담의 곱추', '포카혼타스', '타잔'까지 연이어 성공을 거둔 디즈니가 아시아시장에서 더 많은 이익을 내기 위해 중국 남북조시대에 쓰인 '파뮬란(花木蘭)'을 원작으로 재구성한 작품이다.

디즈니의 '뮬란'의 배경은 북방의 흉노족이 중국에 쳐들어왔을 때다. 당시 집집마다 남자 1명씩을 병사로 징집했는데, 외동딸인 뮬란이 늙은 아버지 대신 남장하고 군에 입대해 흉노족을 무찌르고 황제를 구한다는 게 주된 줄거리다. 여기서 주인공 뮬란은 당연히 중국 본토의 한족(漢族)이다.

흉노(훈, Hun)는 나름의 문명을 갖고 유럽 동부 평원부터 아시아 동쪽 끝에 이르는 드넓은 중앙아시아 초원지대에서 북방아시아 황인종 및 튀르크족에 스키타이 백인종까지 다양한 인종집단이 결합한 세력으로 오랜 기간 중국보다 더 크고 강한 집단이었다. 지금의 헝가리와 핀란드가 이들을 기원으로 하고 있다. 다만 자체 문자가 없어 기록을 남기지 못한 탓에 이들에게 패배하고 짓밟힌 이들의 악의적 기록만 남아 있다. 만리장성까지 만들어 이들의 남침을 막아야 했던 중국 역시 '훈'을 음차하면서 발음이 비슷한 '흉(匈)'에 노예를 의미하는 '노(奴)'를 붙여 나쁜 이미지만 남긴 것이다.

그런데 이상하다. 뮬란은 원래 흉노족 여전사 집단 '무랑(武郎)'에서 온 말이기 때문이다. 어떻게 흉노족 여전사 명칭이 나라를 구한 한족 영웅의 이름이 된 걸까? 시작은 중국의 오랜 전술인 '이이제이(以夷制夷)', 즉 '오랑캐를 오랑캐로 이긴다'였다. 북위 시절 중국은 흉노 내부의 반목을 이용해 일파를 포섭, 이들로 흉노의 본거지를 공략했는데 이때 선봉에서 활약한 이들이 바로 여전사 집단, 뮬란이었다.

이런 사실이 한족 입장에서는 멋쩍었을 것이다. 그래서 사람들 사이에서 이야기가 전달되면서 점차 영웅은 흉노가 아니라 중국 여성이 됐고, 여성이 군인이 될 수 없는 현실과 유교의 효사상을 반영해 남장하고 아버지 대신 징집에 응했다는 식으로 변질해갔다. 왜곡이다. 이런 왜곡을 바탕으로 시대마다 관련 문학작품이 여러 버전으로 등장하기도 했다. 첫 서사시 '목란사(木蘭詞)'에서 주인공은 성씨 없이 그저 뮬란으로만 기록됐지만 후에는 뮬란에게 '화(花)'라는 성씨가 붙었고, 급기야는 수양제의 고구려 원정에 참여하는 에피소드까지 첨부됐다.

실존인물로 거듭나는 중

디즈니도 이 왜곡을 그대로 수용하고 나아가 미화하는 데 공을 들였다. 시대는 그대로 북위(386~534) 때로 했지만 건물이나 의상은 참고할 사례가 풍부한 당나라(618~907) 때의 것을 사용했고, 훈족 임금의 칭호인 선우(單于)의 중국발음 샨유(Shan Yu)를 침략군 대장의 이름으로 쓰기도 했다. 참고로 '뮬란' 개봉 당시 작품 속 의상이 일본의 기모노 같고 하얗게 칠하는 화장법 역시 일본 스타일이라는 비난이 있었는데, 이는 원래 당나라 스타일이고 일본에 전파돼 오늘에 이른 것이다.

한편 최근 훈족의 후예인 몽골이 전해져 오는 서사시를 인용해 "뮬란은 몰골 토바족 여전사 '잠바가'이며, 416년 왕명을 받아 중국이 점유하던 영토를 되찾아온 영웅"이라고 주장하고 나섰다. 이에 중국은 뮬란은 북위 시절 북방의 유연(선비족)국과 맞서 싸운 허난성 위청현 사람이라며 반박하고 나섰다. 설화 속 인물을 변변한 근거도 없이 실존인물로 만들어가고 있는 셈이다.

알아두면 쓸데 있는 유쾌한 상식사전 -사라진 세계사편-

내가 알고 있는 상식은 과연 진짜일까?
단순한 호기심에서 출발할 수 있는 많은 의문들을
수많은 책과 연구 자료를 바탕으로 파헤친다!

저자 조홍석
아폴로 11호가 달에 도착하던 해에 태어났다.
유쾌한 지식 큐레이터로서
'한국의 빌 브라이슨'이라 불리길 원하고 있다.

이슈&시사상식
세기의 발명

전기시대의 문을 열다
화학전지

1786년, 이탈리아 볼로냐 대학의 생물학자이자 해부학 교수였던 루이지 갈바니(Luigi Galvani, 1737~1798)는 죽은 개구리를 구리판 위에 올려놓고 나이프를 가져다 댔다. 순간 개구리의 다리가 움찔하는 것이 포착됐다. 이런 현상은 개구리를 구리 철사에 매단 후 나이프를 갖다 댈 때에도 똑같이 발생했다.

> "개구리 다리의 근육신경조직을
> 두 가지 다른 금속 조각들에 접속해 놓으면
> 개구리의 다리에 경련이 일어난다."

해부학자였던 갈바니는 이것을 전기현상의 한 가지라고 봤다. 그리고 전기뱀장어처럼 개구리의 다리가 전기를 발생시키는 것으로 생각하고 '동물전기'라는 이름을 붙여 세상에 발표했다.

그런데 당시 전기현상에 관심이 있던 물리학자 알레산드로 볼타(Alessandro Giuseppe Antonio Anastasio Volta, 1745~1827)는 다른 주장을 내세웠다.

> "전기가 만들어진 원인은
> 개구리의 '동물전기'가 아니라
> 개구리를 두고 맞닿은 두 금속 사이에
> 발생한 '금속전기'다."

구리판이 아니라 철로 된 판에 개구리를 올려놓고 실험을 했을 때에는 개구리의 다리가 움직이지 않는다는 게 근거였다. 갈바니와 볼타는 이후 20년 동안이나 이를 두고 논쟁을 했고, 논쟁의 최종 승자는 볼타였다. '볼타의 전기더미(Voltaic Pile)'를 이용한 실험으로 그의 가설을 입증했기 때문이다.

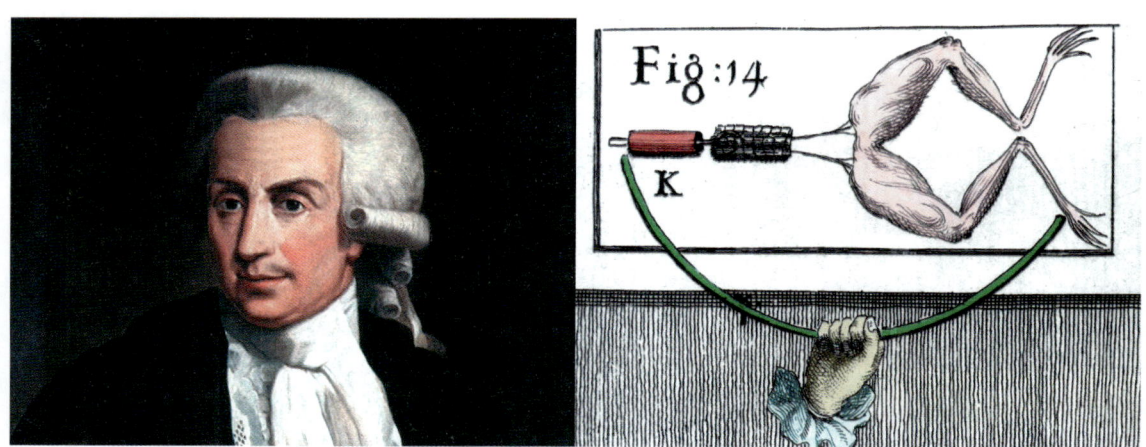

루이지 갈바니와 그의 '개구리 실험'

 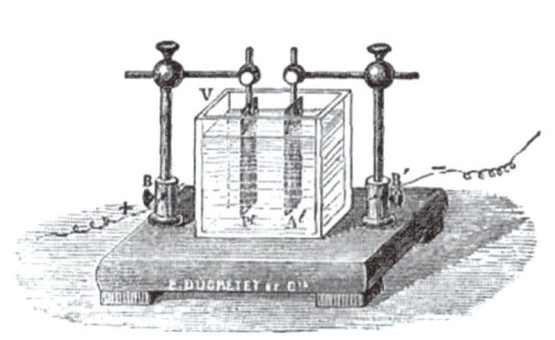 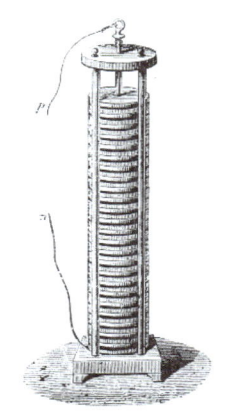

알레산드로 볼타와 '볼타전지' 및 '볼타의 전기더미'

볼타는 두 종류의 금속에 전기를 통하게 하는 액체를 놓으면 전기가 만들어질 거라는 가설 아래 은판과 아연판 사이에 소금물을 적신 종이를 끼운 것을 겹겹이 쌓아 올려 전기가 흐르는지 실험했다. '은-소금물 종이-아연'을 한 묶음으로 만들어 위아래로 서로 다른 금속이 맞닿도록 기둥처럼 쌓아 올린, 이른바 전기더미에 전선을 연결한 것이다. 그러자 전류가 흘렀다. 볼타는 이 '볼타의 전기더미'를 만든 업적을 인정받아 귀족 작위와 훈장까지 받았다.

볼타의 실험은 계속됐다. 그는 두 종류의 다른 금속을 산성용액에 담그고, 잠기지 않은 두 끝을 연결하면 전기가 계속 흐르게 되는 것을 발견했다. 이 원리를 이용해 만든 최초의 화학전지가 바로 '볼타전지(Voltaic Cell)'다.

이렇게 오늘날까지 이용되는 모든 금속과 전해질을 이용한 배터리의 기원이 만들어졌다. 더불어 전기가 통하기 위해서는 양극, 음극, 전해질의 역할을 하는 재료가 필요하다는 사실을 확인할 수 있었다. 물론 볼타의 전지는 산업화하기에는 무리가 있었다. 부피와 무게가 상당한 데다가 전력이 급격히 떨어지는 문제가 있었기 때문이다.

화학전지를 실용화한 사람은 물리학자이자 화학자인 존 프레더릭 다니엘(John Frederic Daniell)이다. 볼타전지가 발명된 지 20년 뒤였다. 그런데 진짜 배터리의 기원은 기원전 3세기에서 기원후 7세기 사이로 추정된다. 구리판과 철 막대기를 항아리 안에 넣어 전기를 발생시킨 것으로 보이는 진흙 항아리가 이라크 고대유적에서 발견됐기 때문이다. 이쯤에서 궁금해진다. 도대체 고대와 중세 사이에 무슨 일이 있어서 기술문명까지 죄다 사라진 것일까?

나폴레옹 앞에서 전기더미 실험 중인 볼타

이슈&시사상식
지금, 이기술

대학가 AI 부정행위
AI 윤리는 어디로?

최근 연세대 한 강의의 중간고사에서 집단적인 부정행위 정황이 발견돼 학내 파장이 일었다. 특히 이 과정에서 적지 않은 학생이 챗GPT 등 인공지능(AI)을 사용한 것으로 알려졌다. 해당 강의 담당교수는 "학생들의 부정행위가 다수 발견됐다"며 "자수하는 학생은 중간고사 점수만 0점 처리하고, 발뺌하는 학생은 학칙대로 유기정학을 추진하겠다"고 공지했다. 약 600명이 듣는 이 수업은 인원이 많은 만큼 비대면으로 진행됐는데, 중간고사 또한 비대면으로 치러졌고 그 과정에서 부정행위 사태가 발생한 것이다.

최근 우리나라의 대표적 명문대로 꼽히는 서울대와 연세대에서 인공지능(AI)을 사용한 대규모 부정행위 정황이 드러나며 대학가에 비상이 걸렸다. 사회 전방위로 생성형 AI 사용이 보편화된 현재, AI를 활용해 논문과 과제를 작성하는 일은 이미 거스를 수 없는 '뉴 노멀'로 자리 잡은 상태다. 간단한 자료조사부터 섬세한 발표자료 제작까지 AI의 손을 빌리지 않고서는 끝낼 수 없다는 학생이 적지 않다. 이 때문에 이번 사태를 두고 "올 것이 왔다"는 평가도 나왔다.

최근 학생들의 이야기를 들어보면 대학가에서 AI가 어떻게 활용되는지 엿볼 수 있다. 한 언론과의 인터뷰에서 한 4학년 학생은 "강의자료와 필기내용, 녹음파일 등을 모두 챗GPT에 학습시키고 있다"고 했다. 이후 강의내용을 모두 숙지한 챗GPT가 문제를 내주거나 예상답안을 작성하면 이를 토대로 공부하면 된다는 것이다. 다른 3학년 학생은 "자료조사와 과제 작성에 AI를 다양하게 활용하고 있다"고 말했다. 학생들은 시험과 과제에 챗GPT 등 AI를 사용했다가 발각된 사례가 주위에 적지 않다고 입을 모았다.

일부 교수들은 'AI 표절'을 걸러내기 위해 판독기도 활용하지만, 이를 우회할 수 있는 프로그램이 학생들 사이 인기를 끌고 있다고 한다. 다소 추상적 느낌이 드는 어휘를 다른 단어로 교체하거나 일부러 띄어쓰기 등에 오류를 내는 식이다. AI 판독기의 판독률이 떨어지며 엉뚱하게 표절범으로 몰린 학생들이 교수에게 항의하는 사례도 있는 것으로 전해졌다.

대학별 AI 가이드라인, 있으나 마나

이렇듯 AI 부정행위 파문이 이는 가운데 대학들이 스스로 마련한 가이드라인마저 선언적 내용에 그치며 실질적 도움이 되지 못한다는 지적이 나오고 있다. 현재 전국 131개 대학 중 생성형 AI에 대한 가이드라인을 적용·채택한 곳은 30곳에 불과하다. 서울대는 AI 윤리 가이드라인을 수립하기 위해 논의를 계속하고 있다. 이 대학들의 AI 가이드라인도 적지 않은 수가 변화한 교수·학습 현장의 현실을 제대로 반영하지 못하고 있다는 지적이다. 대부분 챗GPT 열풍이 일기 시작한 지난 2023년께 서둘러 마련한 뒤 개정 노력을 게을리한 탓이다.

연세대의 '생성형 AI 활용 가이드라인'의 경우 교수에게 수업 내 생성형 AI 허용 여부는 수업의 특성에 맞게 결정하라고 제시했다. 그러면서 "생성형 AI 기술은 급격히 변화하므로 항상 최신정보를 파악하고, 새로운 업데이트 내용과 동향을 파악해달라"고 했다. 사실상 각 교수에게 일임한 듯 보이는 대목이다. 시험과 과제평가 등과 관련해서는 비교적 구체적 방안이 언급됐다. 교수에게 AI 활용 가능 여부를 강의계획서에 명시하고, 공정성 확보를 위해 온라인 시험보다는 구술평가나 오프라인 시험을 시행할 것을 권고했다. 온라인 시험을 하는 경우에는 카메라를 통한 감독 및 화면녹화 등을 병행하는 것을 고려해달라고 안내했다. 이번 부정행위 사태가 발생한 수업도 이 같은 가이드라인을 따른 것으로 보인다. 그러나 이는 사후적 대응책이 됐을 뿐 부정행위 파문이 일어나는 것을 막지 못했다.

학교에서의 AI 활용윤리 고민해봐야

전문가들은 생성형 AI의 눈부신 발전속도에 맞춘 대학들의 가이드라인 현실화와 새로운 학습평가 연구가 필요하다고 입을 모은다. 고삼석 동국대 AI융

합대학 석좌교수는 "AI 활용은 불가피하기 때문에 학생들이 올바르게 AI를 사용하도록 윤리적인 관점에서 지도가 필요하다"고 말했다. 최병호 고려대 AI연구소 교수도 "AI의 활용법을 학생들과 교수, 교직원이 필수로 이수하도록 해야 한다"고 제언했다.

학교에서 AI 사용이 보편화되면서 우려되는 부작용은 또 있다. 학생들 스스로 생각하는 과정을 뛰어넘어 AI가 뽑아낸 결과를 그대로 베끼는 행태가 일반화된다면 사고력 저하는 불 보듯 뻔하다는 우려가 그것이다. 이형빈 가톨릭관동대 교육학과 교수는 "학생들이 조금만 어려운 과제가 나와도 AI로 검색하는 모습을 자주 보고 있다"며 "서투르고 깔끔하지 않더라도 학생들이 스스로 생각하고 표현하는 연습을 해야 한다"고 했다.

아울러 AI가 허위정보를 생성하는 할루시네이션(hallucination) 현상이 속속 보고되면서 AI가 만든 잘못된 정보를 검증 없이 습득하고 이를 과제와 시험대비에 그대로 활용하는 상황이 벌어질 수 있다는 우려도 나온다. 누구나 AI 기술의 수혜를 입을 수 있는 시대에 이를 적절하게 사용하는 AI 윤리와 AI 리터러시 교육이 절실하다.

이슈&시사상식 / 잊혀진 영웅들

독립운동이 아니라 독립전쟁이다
이용준 지사

충청북도 제천시 봉양읍과 백운면 경계에 해발 504m의 고개가 있다. 박달재다. 조선시대 과거를 보러 간 선비 '박달'이 돌아오지 않자 주막집 딸 금봉이가 상사병으로 죽었다는 전설이 전해지지만, 그보다는 '울고 넘는 박달재'라는 노래로 더 유명한 곳이다. 물론 그 노래를 부른 가수가 조선의 젊은 청년들에게 일본제국주의의 총알받이가 되라고 선동했다는 것은 잘 모른다. 그리고 그 옆에 일제에 항거했던 독립운동가 형제의 추모비가 있다는 것도 잘 모른다.

이용준 지사
(1907.8.16.~1946.1.17.)

1938년 12월 베이징에서 한 한국인 청년이 일제경찰에 체포됐다. 그는 곧바로 경성으로 압송돼 '육삼정 테러 미수사건'과 관련해 치안유지법 위반 및 강도미수, 살인미수, 폭발물취급 위반으로 재판을 받고 5년형에 처해졌다.

일제가 의병본거지 말살정책으로 도시 전체에 불을 질러 소개하고, 수많은 주민을 학살한 정미년(1907년) 충청북도 제천에서 태어나 3·1만세운동에 참가했다는 이유로 13세에 체포되고 신간회(新幹會) 회원으로 1930년 중국으로 망명해 아나키스트로서 독립전선 최전방에 서 있던 이용준 지사였다.

육삼정은 중국 상하이에 있는 일본 요릿집 상호이자 일제요인 암살미수 사건의 명칭이기도 했다. 해당 사건은 1933년으로 거슬러 올라간다. 그해 3월 17일 상하이 주재 일본 총영사 아리요시 아키라가 친일파 중국인들과 함께 육삼정에서 비밀리에 연회를 열 예정이었다. 중국 국민당에 친일적 인물을 양성하고, 국민당정부 주석 장제스를 4,000만엔에 매수해서 만주를 포기하도록 회유하기 위한 자리였다. 만주 일대의 독립군 근거지를 장악하겠다는 의도에서였다.

정보를 입수한 이회영 선생과 유자명 선생이 중심이 돼 결성된 의혈투쟁 행동조직 '흑색공포단(黑色恐怖團, BTP；Black Terrorist Party)'도 움직였다. '검은 옷을 입은 공포의 대상'이라는 의미의 흑색공포단은 1931년 상하이에서 결성된 아나키스트 단체인 남화한인청년연맹을 중심으로 같은 해 10월 조직된 한·중·일 3국의 아나키스트 연합체인 항일구국연맹의 비밀결사 행동조직이었다.

이들은 3월 5일 단원 백정기의 집에 모여 거사를 논의했다. 아리요시 아키라를 처단하기로 하고, 모두가 자신이 하겠다고 나서는 바람에 제비뽑기로 실행자를 정했다. 그 결과 백정기와 이강훈이 뽑혔고, 이들과 일본총영사관에 폭탄을 던졌던(1931년) 이용준 지사는 아쉬운 마음을 삼키고 이들을 대신해 권총과 도시락폭탄을 준비했다. 거사 당일, 백정기와 이강훈 두 사람은 수류탄과 권총으로 무장하고 유자명의 인도를 받아 육삼정에서 200m가량 떨어진 송

육삼정 의거에 사용하려고 제작된 폭탄

임정요인들의 귀국 환영 사열식(1945년, 오른쪽 맨 앞)

강춘이라는 음식점에서 목표물이 참석하기를 기다렸다. 하지만 이들은 제 발로 송강춘을 나서지 못했다. 갑자기 들이닥친 일경에 체포된 탓이다. 처음에는 밀정에 의해 동선이 탄로난 것으로 알았다. 하지만 실상은 밀정에 의한 역정보에 당한 것이었다. 즉, 일경이 밀정을 이용해 연회정보로 덫을 놓고 이들이 움직이기를 기다리고 있었던 것이다.

육삼정 의거 이후 흑색공포단 활동은 침체되고 말았다. 핵심인물들이 체포된 데다가 젊은 단원들이 개인적인 의열활동에 한계를 느끼고 조직적이고 체계적인 군사활동을 교육하는 군관학교 등으로 발길을 돌렸기 때문이다. 이런 상황에서도 이용준 지사는 체포되기 전까지 친일파 이용로 총살계획에 가담하는 등 친일파 및 밀정 처단활동을 전개했다. 또한 1937년에는 충칭에서 결성한 조선민족혁명당에 가입해 중앙위원으로 활동했다.

하지만 일제는 육삼정 의거 관련자들을 집요하게 괴롭혔고, 쫓았다. 체포된 백정기는 옥중에서 순국하고, 이강훈은 옥중에서 광복을 맞아야 했다. 흑색공포단으로서 의거를 함께 계획했던 이용준 지사 역시 의거 5년 만인 1938년에 결국 체포돼 광복 1년 전인 1944년 9월까지 서대문형무소에서 옥고를 치러야 했으며, 출소 후에는 일경의 감시를 받아야 했다. 그렇게 광복을 맞았다.

이용준 지사는 1945년 11월 23일 임시정부 요인들과 함께 미군이 내준 C-47 중형 수송기편으로 귀국했다. 미군정이 이들의 귀국을 알리지 않아 환영객 하나 없는 쓸쓸한 귀환이었다. 이후 이용준 지사는 대한보국군단이라는 무장단체에서 제1사단 사령관을 맡아 활동하다 신탁통치를 둘러싼 갈등이 격화되던 중 반대파에 피격돼 세상을 떠났다. 귀국 6개월 만이었다.

한편 이용준 지사가 참여한 육삼정 의거는 이봉창 의거(1932년), 윤봉길 의거(1932년)와 함께 독립운동사를 대표하는 해외 3대 의거로 평가받는다. 이 사건으로 중국 국민당정부와 일본과 밀약이 있었음이 드러나면서 결국 국민당정부가 무너지는 계기가 됐고, 중국 내 항일연대전선을 형성해 조선민족혁명당 결성에 일조했기 때문이다. 또한 비록 실행도 못해보고 끝나고 말았지만 직접투쟁으로 일관한 아나키즘 계열 항일독립운동사의 최고정점에서 빚어낸 의열투쟁이기 때문이다.

대한민국 정부는 이용준 지사의 독립운동 공훈을 기려 1977년 건국포장, 1990년에는 건국훈장 애국장을 추서했다.

이슈&시사상식
재밌는 상식

왕자 살해범
돼지의 선물

베르나르 기의 '연대기 개요집'에 수록된 필리프 황태자의 낙마(15세기)

1131년 10월 13일, 지금의 프랑스로 이어진 카페왕조의 왕 루이 6세의 장남이자 2년 전 대관식을 올리고 아버지 루이 6세와 함께 공동왕(Rex Junior)이었던 어린 왕 필리프(1116~1131)가 파리 근교에서 낙마한 지 몇 시간도 되지 않아 숨을 거뒀다. 떨어질 때 하필이면 돌에 머리가 부딪쳤고, 설상가상 떨어진 어린 왕의 몸 위로 말발굽이 연달아 박힌 탓이다. 얼굴에 한 번, 심장에 한 번, 갈비뼈에 또 한 번.

장래가 기대됐던 어린 왕의 낙마는 그가 왕실 자손으로서 어릴 때부터 승마를 익혀온 것을 생각하면 실상 있을 수 없는 일이었다. 갑자기 말 앞으로 튀어나온 그것만 없었다면 말이다. 애통함 속에서 어린 왕의 장례식이 있기도 전인 사고 다음 날 파리 곳곳에 루이 6세의 이름으로 포고령이 붙었다.

"오늘부터 파리 시내에서 돼지사육을 금지한다."

장례준비로 애통함과 분주함이 오가는 때에 난데없는 돼지사육 금지령이었지만, 사람들은 당황은 했어도 반발하지는 못했다. 필리프 왕이 탄 말 앞으로 뛰어들어 그를 죽음으로 이끈 그것이 바로 돼지였기 때문이다.

사고는 시내에서 돼지를 풀어놓고 키웠기 때문에 일어났다. 당시 유럽에는 목욕탕과 화장실이 없었다. 고대로마가 건설했던 목욕탕과 화장실이 중세의 기독교 중심의 세상을 거치면서 파괴됐기 때문이다. 화장실이 없으니 대소변은 거리에 마구 버려졌다. 음식쓰레기도 마찬가지였다. 당시 유럽의 거리는 말 그대로 화장실이었고 쓰레기장이었다.

그래서 그들은 돼지를 풀어 키웠다. 그들에게 돼지는 도시의 청소부였다. 게다가 잘 자랐고, 맛도 좋았다. 그러다 보니 시내에서 돼지사육을 금지한다는 것은 위생의 문제는 둘째 치고 신선한 고기를 더 이상 먹을 수 없다는 의미였다. 마차를 이용한 운송으로는 다른 지역의 돼지고기를 공급받을 수 없었으니까. 결국 그들은 기름이 적은 돼지 넓적다리 고기를 소금 항아리에 묻어 삼투압으로 수분을 제거하고, 여기에 나무향이나 숯향을 입혔다.

물론 기원전 1000년쯤 고대그리스에서도 소금에 절인 고기를 먹었다. 고대로마의 군인들 역시 원정길에 소금에 절인 고기를 가지고 갔다. 하지만 이때는 그저 짜고 마른 육포에 가까웠다. 이것을 훈제해 풍미를 살린 것이 바로 프랑스 사람들이 만든 가공육이다. 오늘날 우리가 먹는 햄과 베이컨이다.

한편 돼지는 중세 라틴어로 목구멍을 의미하는 '굴라(Gula)'였다. 그 의미는 탐식. 더럽고 불결했으며, 음욕으로 가득하며, 절대 하늘을 바라보지 않고 지옥을 상징하는 땅만 바라본다고 해서 '악마의 동물'로 여겼다. 이런 돼지에 의해 죽었다는 것은 불명예였다. 그래서 소문이 돌았다. 필리프 왕의 죽음을 두고 '신이 내린 벌'이라고 말이다. 여기에 죽은 필리프 대신 왕위에 오른 루이 7세(필리프의 동생)는 왕으로서 무능했다. 2차 십자군전쟁에 직접 나섰다가 실패하고 전쟁 중의 불화로 부인과도 이혼하자 '신벌'이라는 주장에 더 힘이 실렸다.

상황이 여기에 이르자 루이 7세의 자문이던 쉬제르 생드니 수도원장 등이 예수의 어머니 성모마리아와 그 순결함을 상징하는 하얀 백합과 천상의 색으로 여겨진 파란색을 앞세워 소문을 덮기 시작했다. 이것이 오늘날 프랑스 국기의 흰색과 파란색의 시작이었다.

이슈&시사상식
홈 스타일링

생활습관이 묻어나는 공간
옷방

옷방은 이제 단순한 수납공간을 넘어 개인의 취향과 생활패턴을 반영하는 공간으로 자리 잡았다. 그러나 아무리 감각적인 인테리어라도 어질러진 옷더미에 묻히면 그 가치가 드러나지 않는다. 깔끔하고 체계적으로 옷을 정리하는 방법을 함께 살펴보자.

흐트러짐 없는 단정한 옷방 만들기

옷장에 옷을 걸어놓는 것만으로는 옷방이 깔끔히 유지되지 않는다. 입었던 옷이나 벗은 잠옷, 들고 다니는 가방, 편의점 갈 때 잠깐 걸친 외투를 아무 데나 두지 않는 것이 중요하다. 그래서 스탠드행거, 폴행거처럼 옷을 편하게 걸어둘 자리를 마련하면 바닥에 옷이 뒹구는 상황을 피할 수 있다. 또한 손님이 방문했을 때도 외투나 가방을 정갈하게 보관할 수 있다. 편리함이 우선이라면 행거를 방문과 가깝게 두고, 깔끔함이 우선이라면 방문 밖에서 보이지 않는 사각지대나 옷장 옆 눈에 띄지 않는 곳에 두면 된다.

옷을 정리할 때는 처음부터 계절별로 분류하는 것이 좋다. 크게는 겨울, 여름과 간절기를 아우르는 옷으로 나누고 그 안에서도 길이나 색감이 비슷한 옷을 가까이 모아둔다. 비교적 길고 두꺼운 옷을 가장자리에 정리한다. 어두운 색상부터 점차 밝아지는 순서로 정리하거나 무채색과 유채색 옷을 분리해서 걸면 찾기도 쉽고 정돈돼 보인다. 서랍장에 옷을 정리할 때는 세로로 세워 넣으면 뒤져볼 필요 없이 한눈에 확인할 수 있다. 홈웨어나 이너웨어, 양말, 스타킹 등 부피가 작은 것들은 분류해서 서랍에 담으면

편하다. 옷걸이는 한 가지 종류로 통일하고, 한 방향으로 거는 것만으로도 훨씬 깔끔해진다. 옷이 각양각색이므로 옷걸이는 차분한 모노톤을 추천하고, 옷이 흘러내리지 않는 논슬립 옷걸이를 사용하면 편하다. 옷장에는 대개 긴 옷을 걸 수 있는 전용 칸이 있지만, 행거를 쓸 때는 하부의 봉 높이를 조절해서 원피스나 롱코트처럼 긴 옷을 건다. 그 외 상의는 상부에, 하의는 하부에 걸어두는 것을 기본으로 한다.

공간의 틈을 채우는 잡화 수납 아이디어

가방이나 모자와 같은 패션잡화는 옷방에 함께 둬야 편하다. 가구를 추가하지 않더라도 작은 아이디어와 정리용품으로 수납을 해결할 수 있다. 옷장은 대개 규격이 정해져 있어 방에 배치하고 나면 벽과 옷장 사이에 틈새 공간이 생긴다. 행거도 마찬가지다. 행거를 설치하고 나면 천장의 커튼박스나 몰딩 때문에 여백이 생긴다. 방문 위, 가구와 가구 사이 자투리 공간에 압축봉을 설치하고 고리를 추가하거나 벽에 꼭꼬핀만 꽂아둬도 모자나 벨트를 걸어 둘 수 있다. 방문에 문걸이 후크를 걸거나 방문 뒤 벽에 벽걸이 행거를 설치해서 패션잡화를 걸어도 좋다. 옷장과 수납장 도어 안쪽 또는 측면에 부착형후크를 붙이면 벨트나 모자를 정리하기 충분하다.

옷장이나 행거 옆에 생긴 틈새에는 바퀴 달린 이동식 선반을 넣어 패션잡화를 정리할 수 있다. 접이식 테이블, 다리미판, 빨래건조대 등 자리가 애매한 물건을 두기에도 좋다. 옷장은 가구 상부 여백을, 행거는 하부 여백을 활용해서 이불 보관함이나 수영복, 스키복, 계절 지난 옷을 담은 리빙박스를 둘 수 있다. 특히 행거는 둘 수 있는 짐 크기에 제약이 없는 편이라 여유만 있다면 선풍기, 캐리어 등 큰 짐까지 보관할 수 있고, 커튼으로 가려두면 깔끔하다. 일반 수납장도 내부에 옷 봉이나 선반을 추가하면 여분 옷과 잡화를 정리하기에 유용하다.

셀프 홈 스타일링

누구나 손쉽게 해볼 수 있는 인테리어 가이드북! 변화를 시도하고 싶지만 저마다의 이유로 망설이는 사람들에게 맞춤형 솔루션을 제공한다.

저자 심지혜

실내디자인 전공 후 인테리어 회사에서 공간기획 및 브랜딩 일을 한다. 유튜브 채널 '심지썸띵'을 통해 시작한 홈 스타일링 활동을 병행하고 있다.

영화와 책으로 보는 따끈따끈한
문화가 소식

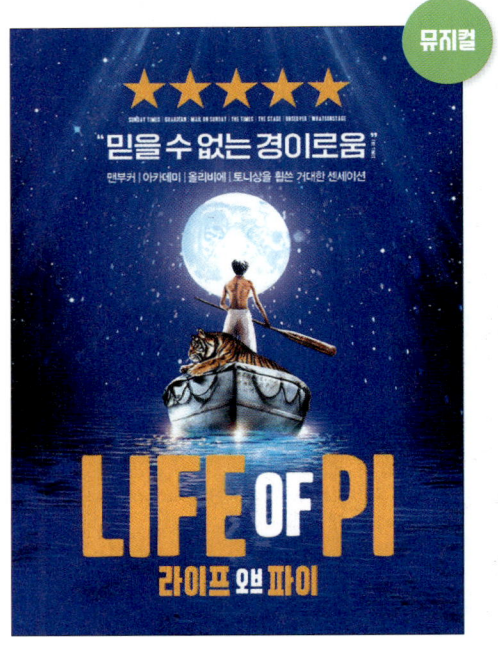

리처드 용재 오닐 듀오 리사이틀

2021년 그래미상 수상자이자 한국인이 사랑하는 비올리스트 리처드 용재 오닐이 6년 만에 국내에서 듀오 리사이틀 공연을 가진다. 미국의 피아니스트 제레미 덴크가 함께하는 이번 무대는 비올라 본연의 작품으로 곡을 구성해 정통 리사이틀을 추구한다. 비올라의 서정성과 다이내믹이 피아노와 만나며, 특히 리스트가 편곡한 베를리오즈의 〈이탈리아의 해롤드〉를 통해 원곡의 비올라 부분을 살리면서도 피아노에 오케스트라적 음향과 화려함을 가미한 연주를 감상할 수 있다. 이 외에도 비올라로 연주하는 바흐의 첼로 모음곡, 베토벤의 변주곡 · 피아노 소나타 등이 예정돼 있다.

장소 성남아트리움, 부천아트센터, 세종문화예술회관 등
출연 리처드 용재 오닐, 제레미 덴크
날짜 2025.12.20, 24, 26, 27

라이프 오브 파이

소설로는 맨부커상을 수상한 베스트셀러, 영화로는 아카데미상 등을 수상한 〈라이프 오브 파이〉가 이번에는 뮤지컬로 한국 초연을 펼친다. 뮤지컬 〈라이프 오브 파이〉는 뉴욕타임즈, 가디언 등 30여 개 매체에서 찬사를 받았으며 토니상, 올리비에상 등을 수상했다. 폭풍우 치는 바다, 각종 해양생물들이 무대를 장악하는 프로젝션으로 등장하며 혁신적인 시각효과 · 음향 · 연출이 동물원 · 시장 · 망망대해를 배경으로 관객들에게 눈부신 광경을 선사한다. 이번 한국 초연에는 오리지널 크리에이터가 퍼펫티어를 포함한 27인의 주역을 선택했다.

장소 GS아트센터
주요 출연진 박정민, 주아 등
날짜 2025.11.29~2026.03.02

클림트와 리치오디의 기적

전시회 〈클림트와 리치오디의 기적〉에서 클림트의 유일한 이중 초상화인 〈여인의 초상〉이 이탈리아 외부로서는 세계 최초로 공개된다. 〈여인의 초상〉은 1997년 도난됐다가 2019년 크리스마스 시즌에 기적처럼 발견돼 전 세계의 이목을 집중시켰다. 〈여인의 초상〉은 클림트가 사랑했던 이의 죽음을 애도하며 또 다른 여인의 초상 위에 완성한 것으로 알려져 있다. 전시회에서는 이 밖에도 이탈리아 피아첸차 리치오디 현대미술관의 주요 소장품 70여 점이 인상주의에서 모더니즘에 이르는 근현대 이탈리아 미술의 흐름을 조망할 수 있게 해준다. 시뇨리니, 만치니 등 당대 거장들이 표현한 자연의 빛, 도시의 삶, 인물들의 표정이 12개의 전시테마로 분류돼 한국 관람객들을 맞이한다.

장소 마이아트뮤지엄   **날짜** 2025.12.19~2026.03.22

알아두면 쓸데 있는 유쾌한 상식사전·일상생활 편

〈알아두면 쓸데 있는 유쾌한 상식사전〉 시리즈의 첫 번째 도서인 –일상생활 편–의 개정판이 출간됐다. 본서는 인류가 지구상에 등장한 이래로 생겨난 의식주, 그리고 스포츠 분야에서 가짜 오리지날 상식을 분석했다. 20만 독자들의 사랑을 받은 저자는 인기 프로그램 '유퀴즈 온 더 블럭'에서 시사·상식 퀴즈를 맡아 1기 자문위원을 지냈으며 99%의 사람들이 믿는 '잘못된' 지식을 파헤쳐 한국의 빌 브라이슨이라는 평가를 받고 있다. 평범한 상식으로 시작해 지식의 원천을 찾아가는 스토리텔링은 구어체 설명을 통해 평범함과 특별함을 결합하는 독특한 특징이 장점이다. 독자들은 이 책을 통해 세상의 모든 상식과 지식이 서로 연결돼 있음을 확인하게 된다.

저자 조홍석   **출판사** 트로이목마

관계가 술술 풀리는 감정 치트키

78만 구독자, 누적 1억뷰를 달성한 심리 유튜버 '비치키'가 감정 매뉴얼을 첫 출간했다. 사람들은 보통 감정을 통제하거나 회피하지만 이 책은 불안, 질투, 분노 같은 감정을 '관계를 움직이는 신호'로 해석했다. 저자는 수년간의 상담경험에 인문학과 심리학을 접목시켜 감정이 관계를 읽어내는 가장 섬세한 언어임을 보여준다. 감정을 밀어낼수록 길을 잃지만 감정을 받아들이고 파악할 때 새로운 길이 열리는 것이다. 이러한 '감정 치트키'는 복잡한 문제를 푸는 알고리즘이 돼 감정을 통제하지 않고도 새로운 관계를 설정하는 것을 돕는다. 이 책은 일상에서 감정을 알아가는 방법을 구체화해 독자들이 자신의 내면을 정리하고 정서적 건강을 찾는 지침서가 될 것이다.

저자 비치키   **출판사** 21세기북스

이슈&시사상식
3분 고전

내 인생을 바꾸는 모멘텀
박재희 교수의 마음을 다스리는 고전이야기

광채를 줄이고 세상의 눈높이에 맞춰라
화광동진(和光同塵) - 〈도덕경(道德經)〉

지위가 높은 사람의 가장 큰 문제는 '내 생각과 결정만 옳다'고 믿는 것입니다. 자신만이 올바른 판단과 결정을 내릴 수 있다고 생각하기 때문에 도무지 자신의 주장과 고집을 거두려 하지 않습니다. 하지만 때로는 자신의 똑똑한 광채를 줄이고 세속의 눈높이에 맞출 필요가 있습니다. 노자는 화광동진(和光同塵)이란 말로 이런 자세를 말하고 있습니다.

똑똑한 사람들이여!
당신의 그 날카로운 지혜를 꺾어버려라.
그리고 그 복잡하게 얽힌 꼼수에서 풀려나라.
당신의 그 잘난 빛[光]을 누그러트리고[和]
이 세상의 세속[塵]과 함께[同]하라.

화(和)는 온화하게 조화(harmony)시킨다는 뜻입니다. 광(光)은 빛남(brightness)입니다. 내가 가지고 있는 광채를 줄여서 주변의 빛과 조화를 맞추라는 것입니다. 동(同)은 함께(together)입니다. 진(塵)은 세속(world)입니다. 즉, 잘남을 숨기고 세속과 함께 하라는 것입니다.

和其光 同其塵
화기광 동기진

자신의 광채를 줄이고
세속과 눈높이를 함께하라!

영웅이 필요한 시대가 있었습니다. 그러나 누군가 앞장서서 밀어붙여야 일이 되는 시대는 갔습니다. 주변을 믿어야 합니다. 이해(理解)와 배려(配慮), 그리고 소통(疏通)이 우리 생활의 중심에 들어와 있습니다. 내 인권이 소중한 것처럼 타인의 권리도 소중하다는 것입니다.

**자신의 빛을 줄이는 사람이
이 시대의 좋은 사람입니다.**

和	光	同	塵
화할 화	빛 광	같을 동	티끌 진

이야기로 읽는 고사성어

출전 / 《사기(史記)》〈열전(列傳)_유협전(遊俠傳)〉

염량세태(炎凉世態)

중국 전국시대 제(齊)나라에 유명한 권력자가 있었습니다. 바로 맹상군(孟嘗君, ? – BC. 279)입니다. 젊은 시절 진(秦)나라의 소양왕(昭襄王)이 자국의 재상 자리를 제안했을 정도로 재능이 뛰어났던 맹상군은 제나라의 재상으로서 국내외 정치를 맡아 제의 국력을 높인 인물입니다.

재능도 출중했지만 그를 유명하게 한 것은 따로 있었습니다. 바로 적극적으로 식객을 받아들이고 잘 대접한다는 것이었습니다. 그래서 그의 집에는 언제나 식객들로 북적북적했습니다. 식객들의 한 끼 식사량이 일반 가정의 한 달 식사량에 버금갈 정도였습니다. 그는 그렇게 뜻을 이루지 못한 선비나 기거할 곳 없는 지사 등 재주 있는 자들을 마다하지 않고 식객으로 받아들였는데, 식객 중에는 자질이 뛰어난 이도 많아서 그 자체로 그의 명망을 높이고 자산이 되기도 했습니다.

그러다 보니 맹상군의 정적들에게는 공격의 빌미가 됐습니다. 맹상군이 세력을 늘려 왕위를 노린다고 모함을 한 것입니다. 이에 불안을 느낀 제나라 임금은 급기야 맹상군을 나라 밖으로 쫓아내고야 말았습니다. 그러자 그의 식객들은 모두 도망치듯 순식간에 떠나가 버렸습니다. 의리도 없이 말입니다.

하지만 얼마 안 가 제나라 임금은 맹상군의 추방이 잘못된 것임을 깨닫고 그를 불러들여 복권을 시켰고, 그러자 떠나갔던 식객들이 다시 모여들기 시작했습니다. 이를 두고 불평하는 목소리가 커졌습니다.

"식객들이 하나같이 은혜도 모르고 의리도 없다. 맹상군이 추방당할 때는 행여나 같이 추방될까 싶어 재빨리 사라지던 자들이건만, 어찌 이리도 뻔뻔하게 다시 얼굴을 내민단 말인가."

맹상군도 계속 식객을 받아야 하는지 고민하기 시작했습니다. 그때 참모가 이렇게 조언했습니다.

"사람들이 아침이면 시장으로 모이고 저녁이면 너 나 없이 뒤도 돌아보지 않고 뿔뿔이 흩어져 제 집으로 가버립니다. 이는 사람들이 아침시장을 특별히 좋아하고 저녁시장을 유달리 미워해서가 아닙니다. 저녁시장에는 필요한 물건이 이미 다 팔리고 없는지라 떠나가는 것이지요. 지극히 자연스러운 현상입니다. 주군을 찾는 식객들도 마찬가지입니다. 주군이 권세를 잃자 떠나간 것이고 되찾자 모여드는 것뿐입니다. 주군, 마음으로야 어찌 원망이 없겠습니까? 하지만 그렇더라도 저들을 물리치지 마십시오. 훗날 모두 주군의 힘이 될 것입니다."

맹상군은 참모의 말을 듣고 고개를 끄덕였습니다. 그날부터 다시 맹상군의 집은 이전과 마찬가지로 식객들로 북적북적해졌습니다.

생명이 있는 존재들에게는 생존본능이 있습니다. 조그마한 이익이 있으면 마구 내달리는 것도 생존본능에 기인한 것입니다. 그래서 한비자는 이런 성향, 즉 '이익을 좋아하는 사람의 본성[好利之性]'이 백성을 움직인다고 말했습니다. 한편 사람에게는 또 다른 본성이 있습니다. 태어날 때부터 사회공동체 내지 국가공동체 내에서 삶을 영위하는 까닭에 명예를 숭상하는 마음[好名之心]이 그것입니다.

이익 앞에서는 신의도 없고 동지도 없다고 합니다. 역사 또한 이익을 중심으로 한 이합집산의 거듭이라고 해도 과언이 아닙니다. 하지만 이익을 좇는 것이 인간의 본성이라하고, 더우면 모이고 추우면 멀어지는 것이 당연한 일이라지만, 우리에게는 명예라는 것이 있고 그것을 좇는 마음도 있습니다. 비록 소나무가 되지는 못할지언정 갈대가 되지는 말아야 하지 않을까요?

炎	凉	世	態
불꽃 염	서늘할 량	세상 세	모습 태

이슈&시사상식
독자참여마당

완전 재미있는 낱말퀴즈

가로

① 치마의 늘어진 끝 부분 또는 자락
③ 용액의 산성 또는 염기성 여부를 판별하는 데 사용되는 대표적인 지시약
⑤ 닥나무 껍질로 만든 전통방식의 종이
⑦ 설날 아침에 아랫사람이 윗사람에게 하는 새해 첫인사
⑨ '초나라는 진나라를 정벌할 수 있다'는 뜻의 고사성어

세로

② 매년 12월 25일
④ 벤처기업, 중소기업, IT 및 첨단기술 기업들의 자금조달을 위해 설립된 한국의 주식시장
⑥ 과세대상 물품의 가격(가치)을 기준으로 해 일정비율(%)의 세금을 부과하는 방식
⑧ '물을 등지고 진을 친다'는 뜻의 고사성어
⑩ 매우 싼 가격 또는 원래 가격보다 낮춘 값

참여방법: 문제를 보고 가로세로 낱말퀴즈를 풀어보세요. 낱말퀴즈의 빈칸을 채운 사진과 함께 <이슈&시사상식> 211호에 대한 감상평을 이메일(issue@sdedu.co.kr)로 보내주세요. 선물이 팡팡 쏟아집니다!

❖ 아래 당첨선물 중 받고 싶으신 도서와 이름, 주소, 전화번호를 함께 남겨주세요.

<이슈&시사상식> 210호 정답

	¹⁰중		⁸코	
⁹수	수	께	끼	
	청		⁷리	증	후	⁶군
						계
¹단	²오		⁴실		일
	죽		⁵명	리	학
³입	헌	군	주	제

참여해주신 모든 분들께 감사드립니다.
당첨되신 분께는 개별적으로 연락드립니다.

당첨선물

정답을 맞힌 독자분들 중 가장 인상적인 감상평을 남기신 분께는 <날마다 도시락 DAY>, <가볍게 읽는 부동산 왕초보 상식>, <냥꽃의 사계정원>, <미국에서 기죽지 않는 쓸만한 영어 : 일상생활 필수 생존회화> 등 푸짐한 선물을 드립니다!

❖ 참여하실 때는 반드시 희망 도서를 하나 골라 기입해주세요.

실전에 직접 활용할 수 있는 자료

 김X성(경기 안성시)

저녁 식사 후에 조금 쉬었다가 뉴스를 보는 것이 일상입니다. 요즘 디지털 디톡스라고 하면서 폰을 의도적으로 조금만 사용하고자 노력하는 추세이고 저 또한 그렇게 하고 있는데, 〈이슈&시사상식〉을 읽으면서 최신 뉴스에 대한 심도 있는 추가정보와 내용들을 접할 수 있어 좋습니다. 특히 조지아 사태에 대해 종합적으로 정보를 얻을 수 있는 것이 가장 마음에 들었고, 1위 뉴스인 한미 정상회담 이야기도 숏폼이나 뉴스보다 보다 깊이, 구체적으로 이해할 수 있어 유익했습니다. 앞으로도 이슈가 되는 것들에 대한 한 걸음 더 나아간 정보를 부탁드립니다.

취업에서 상식까지 알찬

 김X현(대구광역시)

시사상식은 단순히 시험을 위해 공부하는 것이 아니라 우리가 살아가는 데 꼭 필요한 정보다. 다양한 분야에서 일어나는 사건들은 우리의 일상과도 밀접하게 연결되어 있다. 이 책은 시사상식을 빠르게 습득할 수 있도록 도와주는데, 가장 큰 장점은 핵심이슈를 정리해준다는 것이다. 요즘의 이슈는 복잡하고 방대해서 어디서부터 파악해야 할지 막막할 때가 많다. 하지만 이 책은 중요한 시사이슈를 간결하고 명확하게 정리해주고, 구성도 체계적이라 쉽게 접근할 수 있다. 이슈의 배경과 의미를 이해할 수 있도록 서술돼 있어 사고의 폭을 넓히는 데에도 도움이 된다.

지식확장에 큰 도움이

 김X상(서울 서대문구)

이번 210호 〈이슈&시사상식〉은 최신 시사이슈와 다양한 분야의 상식을 간결하고 체계적으로 담아내어 지식확장에 큰 도움이 됐습니다. 특히 인공지능 윤리문제와 반려동물 관련 정보, 구독경제 현상 등 현대사회의 실질적인 이슈를 심층적으로 다루어 현실감 있고 흥미로웠습니다. 더불어 취업 및 학습 준비에 필요한 시험 기출문제와 실전정보도 풍부하게 제공되어 실용성이 뛰어나다고 느꼈습니다.

모든 것을 담아낸 필독서

 나X정(경기 양평군)

이 책은 시사상식의 모든 것을 담아낸 필독서입니다. 최신 뉴스부터 심도 있는 분석, 취업 준비에 필요한 모든 정보까지, 한 권으로 완벽하게 대비할 수 있습니다. 특히 기업별 면접공략, 최신기출문제, 직무별 취업전략 등 전문가들의 팁이 가득해 경쟁력을 높여줍니다. 시사논점 분석자료와 예상문제, 기출문제를 통해 어떤 시험에도 흔들리지 않는 탄탄한 실력을 갖출 수 있습니다. 젊은 감각으로 풀어낸 다양한 콘텐츠로 최신이슈를 지루할 틈 없이 접하게 해줍니다. 취업준비생은 물론 시사상식에 관심 있는 모든 이들에게 강력 추천합니다.

독자 여러분 함께해요!

〈이슈&시사상식〉은 독자 여러분의 리뷰를 기다리고 있습니다. 분야·주제 모두 묻지도 따지지도 않습니다. 채택된 리뷰는 다음 호에 수록됩니다.

참여방법 ▶ 이메일 issue@sdedu.co.kr

당첨선물 ▶ 가장 인상적인 리뷰를 남기신 분께는 〈날마다 도시락 DAY〉, 〈가볍게 읽는 부동산 왕초보 상식〉, 〈낭꽃의 사계정원〉, 〈미국에서 기죽지 않는 쓸만한 영어 : 일상생활 필수 생존회화〉 등 푸짐한 선물을 드립니다!

❖ 참여하실 때는 반드시 희망 도서를 하나 골라 기입해주세요.

나눔시대

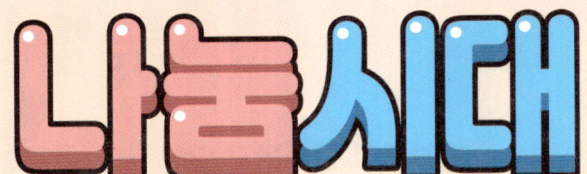

함께 배우고 성장하는 배움터! (주)시대고시기획 시대교육(주) 입니다.
앞으로도 희망을 나누는 기업으로서 더 큰 나눔을 실천하겠습니다.
나눔은 행복입니다.

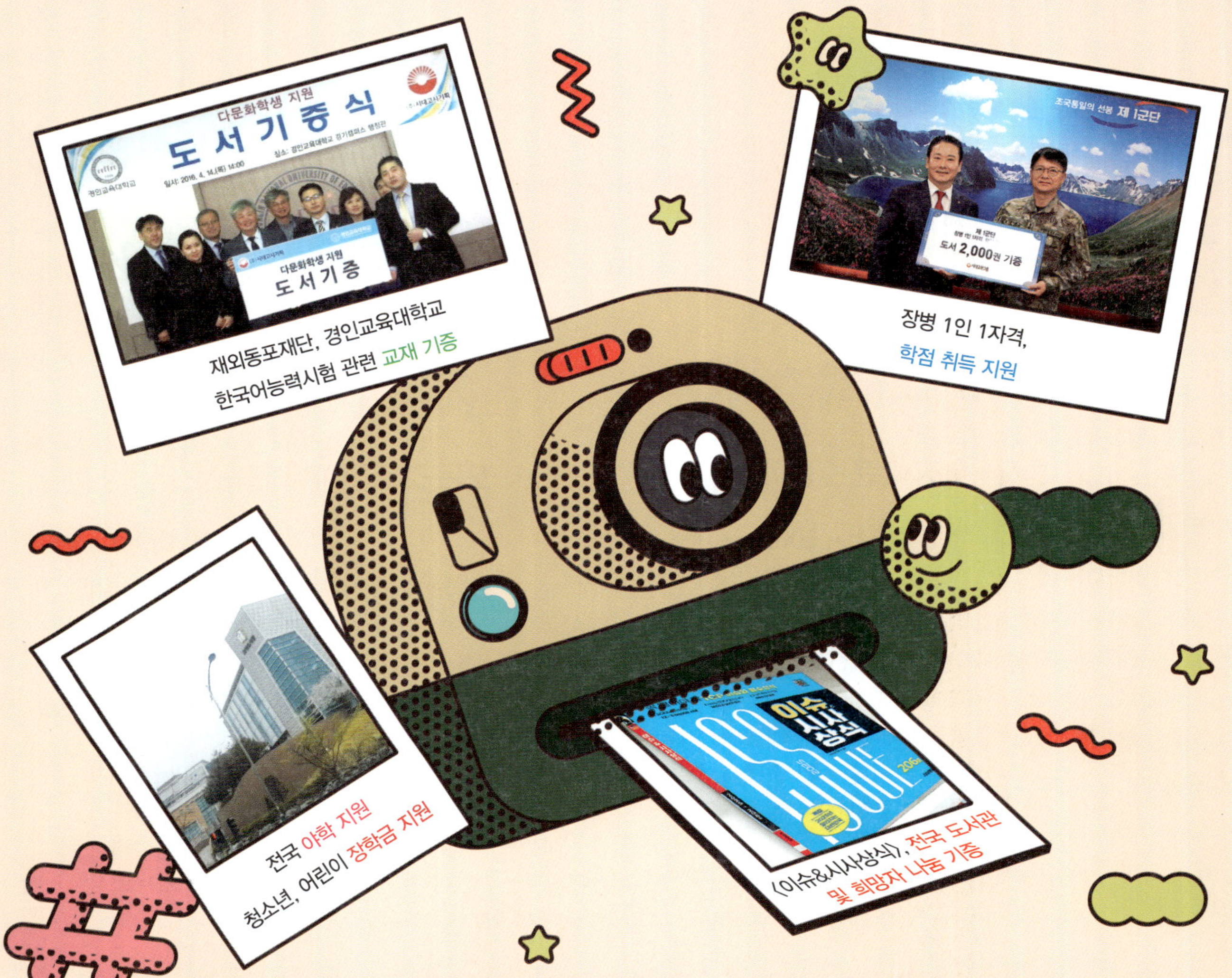

다문화학생 지원
도서기증식
다문화학생 지원
도서기증
재외동포재단, 경인교육대학교
한국어능력시험 관련 교재 기증
조국통일의 선봉 제1군단
도서 2,000권 기증
장병 1인 1자격,
학점 취득 지원
전국 야학 지원
청소년, 어린이 장학금 지원
이슈 시사상식
〈이슈&시사상식〉, 전국 도서관
및 희망자 나눔 기증

"<이슈&시사상식>을 함께 나누세요!"

대학 후배들이 하루의 대부분을 보내고 있을 동아리 사무실에
〈이슈&시사상식〉을 선물하고 싶다는 선배의 사연에서
마을 도서관에 〈이슈&시사상식〉이 비치된다면 그동안 아이들과 주부들이 주로 찾던 도서관을
온 가족이 함께 이용하게 될 것 같다는 바람까지…

시대에듀

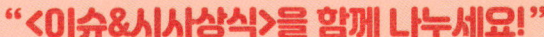

양서가 주는 감동은 나눌수록 더욱 커집니다. 저희 〈이슈&시사상식〉도 힘을 보태겠습니다.
기증 신청 및 추천 사연을 보내주세요. 사연 심사 후 희망 기증처로 선정된 곳에 1년간 〈이슈&시사상식〉을 무료로 보내드립니다.

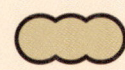

★ 보내주실 곳 : 이메일(issue@sdedu.co.kr)
★ 희망 기증처 최종 선정은 2025 나눔시대 선정위원이 맡게 됩니다. 선정 여부는 개별적으로 알려드립니다.

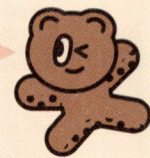

대한민국
모든 시험 일정 및
최신 출제 경향·신유형 문제

꼭 필요한
자격증·시험 일정과
최신 출제 경향·신유형 문제를
확인하세요!

출제 경향·신유형 문제

◀ 시험 일정 안내 / 최신 출제 경향·신유형 문제 ▲

- 한국산업인력공단 국가기술자격 검정 일정
- 자격증 시험 일정
- 공무원·공기업·대기업 시험 일정

시험 일정 안내

합격의 공식
시대에듀

각종 자격증, 공무원, 취업, 학습, IT, 상식부터 외국어까지!

이 시대의 모든 합격을 책임지는 시대에듀

 보장! 각종 '자격증' 취득 대비 도서

각 분야의 전문가들과 집필! 각종 기능사·기사·산업기사 및 국가자격·기술자격, 경제·금융·회계 분야 자격증 등 각종 자격증 '취득'을 보장하는 도서!

직업상담사 2급

사회조사분석사 2급

스포츠지도사 2급

사회복지사 1급

영양사

소방안전관리자 2급

화학분석기능사

전기기능사

드론 무인비행장치

운전면허

유통관리사 2급

텔레마케팅관리사

"100만명 이상 수험생의 선택!"

독자의 선택으로 검증된 시대에듀의 명품 도서를 소개합니다.

 보장! 각종 '시험' 합격 대비 도서

각 분야의 1등 강사진과 집필! 공무원 시험부터 NCS 및 각종 기업체 취업시험, 중졸·고졸 검정고시와 같은 학습 관련 시험 및 매경테스트, 그리고 IT 관련 시험 및 TOPIK, G-TELP, ITT 등의 어학시험 등 각종 시험에서의 '합격'을 보장하는 도서!

회계기초 탈출기

NCS 기출문제

SOC 공기업

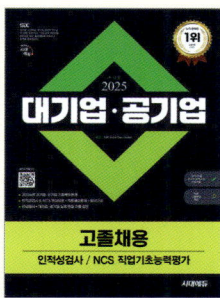
대기업·공기업 고졸채용

ROTC 학사장교

육군 부사관

한국사능력검정시험

영재성 검사

일본어 한자

토픽(TOPIK)

영어회화

엑셀

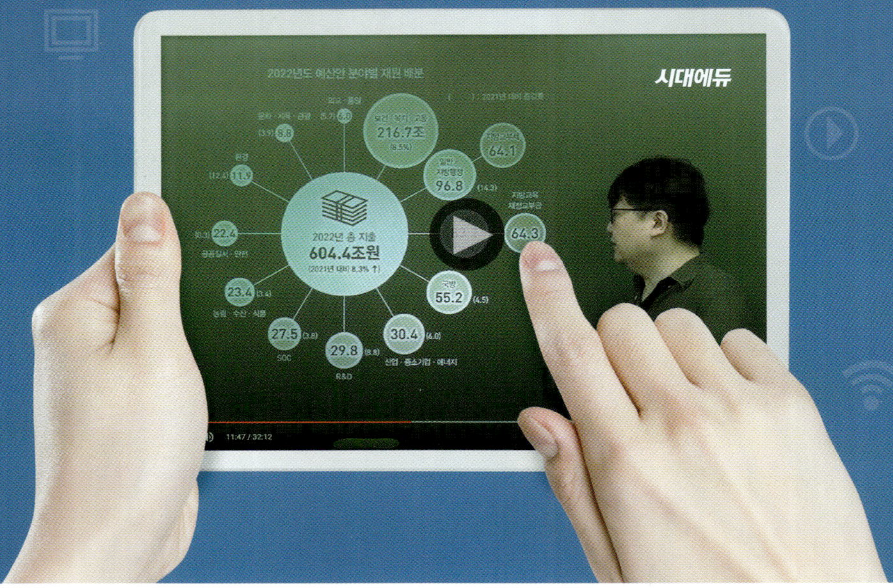